Volborth Johann Karl

Erklärung des Propheten Hosea

Erste Abteilung

Volborth Johann Karl

Erklärung des Propheten Hosea
Erste Abteilung

ISBN/EAN: 9783337044565

Printed in Europe, USA, Canada, Australia, Japan

Cover: Foto ©Lupo / pixelio.de

More available books at **www.hansebooks.com**

Erklärung des Propheten Hosea

Erste Abtheilung

von

M. Johann Carl Volborth

Professor der Theologie und Prediger zu Göttingen.

Göttingen
bey Johann Daniel Gotthelf Brose
1787.

Ihro Excellence
dem
Frey-Herrn
Detlev Alexander
von Wenkstern
Königl. Großbritann. und Churfürstl. Braunschw.
Lüneb. Hochbetrautem würklichen
Geheimten Rathe
und
Cammer-Präsidenten

Seinem gnädigsten
und Hochgebietenden Herrn

unterthänigst
gewidmet vom Verfasser.

Vorrede.

Ich erfülle hier einen Theil des Versprechens, welches ich in der Vorrede vor der Uebersetzung der zwölf kleinen Propheten 1783 gethan habe, aber auf eine etwas andere Weise, als ich mir damals vorgenommen hatte. Ich war zu jener Zeit gesonnen, in einem zweiten Bändchen alle meine Abweichungen von der gewönlichen Uebersetzung jenes wichtigen Theils der Bibel nach ihren Ursachen und Gründen anzugeben. Als ich aber würklich Hand an diese Arbeit legte; fand ich so viele nicht gewönliche Aufklärungen besonders über den Hosea, den schwehrsten unter den Propheten, in einzelnen Büchern zerstreuet, daß ich es der Mühe werth achtete, den grossen Vorrath von Materialien

Vorrede.

alien zur Erklärung dieses Propheten in ein Magazin zusammen zu bringen, damit Jeder, welcher über den Hosea Licht und Aufklärung suchet, nicht nöthig habe, sich durch so viele Folianten und Quartanten, wie ich thun muste, durchzuarbeiten, sondern gleich in einem Buche das Wichtigste vorfinde und allenfalls, wofern er weiter zu gehen Lust haben sollte, seinen Fleis auf diejenigen Schriften wenden könnte, welche ich entweder übersehen habe oder welche nach mir zur Aufklärung dieses kurzen und abgebrochnen Schriftstellers dürften geschrieben werden. Wie ich bey meiner Arbeit zu Werke gegangen sey, will ich nun anzeigen.

Ich habe, wie ich das für die erste Regel der Auslegung eines alten Buches halte, zuvörderst den Hosea selbst studirt, die gleichzeitige Geschichte mir so bekannt gemacht, als die wenigen Bruchstücke, welche aus dem Schifbruche der Zeit auf uns gekommen sind, es verstatten, den Ausdruck in den übrigen kleinen Propheten, über die ich mehrmals Collegia gelesen

Vorrede.

sen habe, mir geläufig gemacht, und sodann, ohne Rüksicht auf irgend einen Commentator, den Schriftsteller so gut erklärt, als meine Einsicht und Sprachkänntnis es mir erlaubten. Diese meine eigne, von keinem Ausleger abhängige, Erklärung habe ich bey jedem Verse vorausgeschikt. Was mir nun da zu abgebrochen, zu dunkel, zu sehr in unbekannter Geschichte vergraben, oder falsche Leseart s. w. schien, das führte mich zu Andern, das trieb mich an, bey frühern Auslegern Hülfe zu suchen, ob die vielleicht, da sie dem Hosea näher lebten, oder grösseren Scharfsinn oder mehr Gelehrsamkeit in Sprachen und Geschichte besassen, als ich, meine Zweifel heben oder mir grösseres Licht anzünden könnten. Ich habe aber bey folgenden Auslegern Hülfe gesucht.

Vor allen Dingen zogen die in der Londner Polyglotte befindlichen alten Uebersetzungen meinen ganzen Fleis und meine erste Verehrung auf sich, da ich aus anderweitigen Arbeiten ihren grossen Werth für die Auslegung der Bibel ken-

Vorrede.

ne und nicht einen von ihnen für die ganze neuere Kennicottsche und de Rossische Handschriftenvergleichung hingeben möchte. Diese Ausleger gehen aber oft so sehr von unserm gewönlichen Texte ab, sind so dunkel und so schwehr, daß Jeder seine eigene Erklärung nöthig hat; es auch schwehr ist, jedesmal genau zu bestimmen, wie sie gelesen und ob sie nicht oft unsre gewönliche Leseart nur freyer und nach den Idiotismen ihrer Sprache in ihrer Uebersetzung ausgedrükt haben. Ich habe Wort vor Wort Jeden mit dem Masorethischen Texte verglichen und dankbar angeführt, wo mir Cappellus, Bahrdt im Adparatu critico und Michaelis in der Orient. Bibl. vorgearbeitet haben. Doch wird jeder Kenner, welcher nur ein Kapitel ganz durchstudirt, mir die Gerechtigkeit wiederfahren lassen, daß ich noch manche Stelle in den alten Uebersetzern, besonders in den LXX und dem Jonathan, auch in der Vulgata erläutert habe, welche von meinen Vorgängern übersehen war. Selbst den Eustathius über den Homer habe ich zur Erklärung der LXX.

be=

Vorrede.

beſonders bey dem Worte τεμενος S. 287. gebrauchen können. Man lernt weit mehr aus dieſen alten Ueberſetzern, wenn man ſie als einen fortlaufenden Commentar Wort vor Wort ſtudirt, als wenn man ſie nur zur unbedeutenden Jagd nach Varianten gebraucht, wobey man immer mehr überſieht, als man findet.

Ferner wandte ich mich zu den Bruchſtücken, welche in Montfaucons Hexaplis Origenis geſammelt ſind, wodurch oft manches Hebräiſche Wort glüklich erklärt und Veranlaſſung gegeben wird, dieſe Griechiſchen Ueberſetzer theils unter ſich, theils mit den LXX zu vergleichen. Hieronymus iſt ſeines Alters, ſeiner Gelehrſamkeit im Hebräiſchen und ſeiner Känntnis in der Erdbeſchreibung des Jüdiſchen Landes wegen ſehr oft einer der beſten Ausleger ſchwüriger Stellen und darum nicht ohne Nutzen von mir gebraucht worden.

Die übrigen Ausleger, davon ich Gebrauch gemacht habe, ſind folgende: Cappellus, mit den gelehrten Erinnerungen des ſel. Scharfenbergs, Houbigant, in welchem man noch

Vorrede.

noch immer einige Goldkörner finden kann, **Ludwig de Dieu**, ein herrlicher Ausleger, von unsern berühmtesten Schriftforschern mehr gebraucht, als genannt, Pagnini meist sclavische, doch zuweilen zugebrauchende, Uebersetzung in der Ausgabe des **Arias Montanus**. Aus den in den meisten Händen befindlichen criticis sacris gebrauchte ich blos den **Grotius**, theils um seines vorzüglichen Werthes willen, theils wegen der schäzbaren Anmerkungen, womit Hr D. **Döderlein** die neueste Ausgabe bereichert hat, doch habe ich **Münstern, Vatablum** u. a. nicht ganz ungenüzt gelassen; **Burks** Gnomon habe ich erst vom neunten Capitel an genuzt, mein Urtheil davon in der Einleitung finde ich mit jedem Tage mehr bestätigt; die Noten in der Hallischen Bibel behaupten immer ihren Werth und würden noch schäzbarer seyn, wenn nicht, nach damaligen Geschmacke, allzuviel Typisches darinn wäre. **Dathe**, welchen ich schon in meiner Uebersetzung genuzt habe, ist bey dieser neuen Arbeit fleissig von mir zu Rathe gezogen worden.

In

Vorrede.

In **Bahrdt's** adpar. crit. sind ohnstreitig manche glükliche Erläuterungen des Textes, das abgerechnet, worinn er zuweilen seinen Schriftsteller augenscheinlich modernisirt und sich überhaupt zu ungleich ist. **Michaelis** Anmerkungen habe ich dankbar genuzt, sie waren mir desto willkomner, da ich über die kleinen Propheten nie bey ihm Vorlesungen gehöret hatte, ich verband mit ihnen den Unterricht in seinen andern Schriften, besonders in seinen Supplementis ad Lexica Hebr. So sehr **Schröder's** Arbeit nach der Dogmatik und Pastoral schmeckt, so sind doch für den Kenner manche Goldkörner aus ihr herauszuscharren. **Pfeifer's** Uebersetzung habe ich auch genuzt und oft die Kürze seiner Anmerkungen bedauert. **Hezel's** Bibelwerk VIIr Th. enthält oft trefliche Aufschlüsse verwickelter und dunkler Stellen. **Newcome**, welchen ich auch erst im Anfange des 9ten Kap. erhielt, enthält zwar für einen Deutschen nichts Neues; wo er von der gewönlichen Leseart abgehet, folgt er einem alten Uebersetzer, doch war es mir angenehm zu lernen, wie man in England manche Stel-

Vorrede.

le im Hosea betrachtete, und ich freute mich daß Dathe und Bahrdt, auch unser Hr HR Michaelis, bis zu jener Insel der Freyheit gedrungen waren. Hin und wieder lernt man auch daraus Varianten kennen, die aber den Besitzern des Kennicottschen Werks weniger wichtig sind Ich verweise übrigens auf die Recension dieses Englischen Werks in den Götting. Anz. 1786. S. 2067. Mehrere Schriften, welche ich gebrauchte, habe ich in der Einleitung vor dem Hosea angegeben und angezeigt, wo von ältern Nachricht zu finden. Manger's Commentar konnte ich, aller Mühe ohnerachtet, selbst hier nicht auftreiben.

Ich glaube gern, daß manche Erklärung einzelner Stellen des Hosea schon in kleinen Schriften irgendwo vergraben liegt. Ich fand aber keinen Beruf, in dieser Rüksicht auf Programmen und Disputationen Jagd zu machen. Wenn man den Regeln einer gesunden Critik und Auslegung folgt, die Sprache versteht und die berühmtesten Ausleger gebraucht,

Vorrede.

braucht, so kann man seinen Weg ruhig fortgehen, unbekümmert, ob zwanzig oder nur drey Zeugen unsre Erklärung billigen. Jedoch sollen mir bescheidne Erinnerungen gelehrter Männer, welche in der Auslegung der Bibel mehr Einsicht, Gelehrsamkeit, Scharfsinn und Erfahrung, als ich, besitzen, nicht allein sehr willkommen seyn, sondern ich bittte auch inständigst darum.

Die Nähe der Messe hat es unmöglich gemacht, den Druck der ganzen Arbeit vorher zu vollenden. Daher habe ich die erste Abtheilung mit dem neunten Kapitel geschlossen, die zweite Abtheilung, in welche die übrigen Kapitel und ein brauchbares Register kommen sollen, wird in der Mitte des Sommers nachfolgen.

Ich wünsche, daß das gelehrte Publicum diese und meine künftigen Arbeiten billigen, Gott aber meine Bemühungen so segnen möge, daß seines grossen Namens Ehre und das Wohl seiner

Vorrede.

ner Kirche dadurch befördert werde. Geschrieben auf der Kön. Großbrit. und Churfürstl. Braunschweig. Lüneb. Georgaugustus-Universität am 19 März 1787.

M. Joh. Carl Volborth.

Einleitung zur Erklärung der zwölf kleinen Propheten.

1) allgemeine Einleitung: von den kleinen Propheten überhaupt.

Hier verdienen nachgelesen zu werden: Hieronymi Prooemium ad Pammachium vor seinem Commentario in XII Prophett. minorr. opp. omnia ed. *Gensch.* T. VI. Münster und Drusius vor der Erklärung Hoseä, die Praefatio in XII minores Prophetas der Hallischen Bibel von Joh. Heinr. Michaelis, die historische Einleitung, welche Joh. Dav. Michaelis seinen deutschen Anmerkk. üb. die kleinen Propheten bey der Uebers. derselben vorangeschickt hat, und besonders, was der berühmte Hr. Hofr. Eichhorn in seiner Einleit. ins A. T. Th. 3. geschrieben hat; auch Hezels vorläufige Anmerkungen (Bibelwerk VIIr Th. S.

3 ff. vieler einzelnen Schriften jetzt nicht zu gedenken.

a) von der Beschaffenheit der Sammlung der kleinen Propheten.

Sie besteht aus den einzelnen Sammlungen der verschiednen Männer, welche in ganz verschiednen Ländern gelebt und ganz verschiedne Absichten gehabt haben. Eben diese Verschiedenheit des Ausdrucks und der Gedanken macht diese Schriften sehr geschikt, sich an ihnen in der Auslegungskunst zu üben. Mit Usiä Regirung in Juda und Jerobeam's des 2ten Reg. in Israel geht die Zeit dieser Sammlung von Weissagungen an. Blos die Kürze ihrer Bücher war die Ursache, daß man sie in eine besondre Sammlung brachte. Daher heissen sie auch die kleinen Propheten (Münster ad Hos. s. init.) Die Sammlung selbst ist so alt, als wir Spuren von den kleinen Propheten selbst haben, und so weit die Geschichte des Kanons zurükgeführet werden kann, findet man die zwölf kleinen Propheten vereiniget. (Eichhorn Einl. III. 108) In den LXX stehen sie schon als eine besondre Sammlung. Sirach 49, 11 kommen δωδεκαπροφηται vor, welche auch wol auf unsre Sammlung gehen. Die τριϰ ϰαι δεϰα βιβλια προφητων beym Joseph contra Appion. I, 8. werden von den Commentatoren bekanntlich so

Einleitung.

verstanden, daß die 12 kleinen Propheten als ein Buch gezählet werden. Die Juden nennen diese Bücher שׁני עשׂר oder Chald. תרי עשׂר. Im N. T. heissen sie Act. VII. 42 βιβλος τ. προφητων. Auch unter den Christlichen Scribenten werden sie als ein Buch citirt. Euseb. Hist. eccl. VI. 25. wo Stroth Not. 9. der Uebers. zu vergleichen ist. Vor der Gefangenschaft hat eine solche Sammlung nicht statt finden können: denn einige haben gerade um die Zeit der Gefangenschaft geweissagt. Wie diese Schriften aufbewahret worden, davon mangelt es uns an Nachrichten. Die grosse Sorge für die Aufbewahrung nach der Gefangenschaft läßt schliessen, daß man auch vor der Gefangenschaft für ihre Erhaltung besorgt gewesen seyn müsse. Von wem aber diese Aufbehaltung geschehen sey, ob von Priestern oder Propheten läßt sich nicht gut ausmachen. Daß sie erst nach Malachiä Zeit gemacht sey, ist gewiß; ungewiß, ob er sie selbst gemacht habe, oder ein andrer. Zu Sirachs Zeiten war sie schon als eine ganz gewönliche Sammlung bekannt. Daß man Danielen unter die Hagiographa rechnete, geschahe, weil er nicht seinem Amte nach Prophet war, ob er sonst gleich göttliche Eingebung hatte. Dis sagen die Juden selbst.

b) **Von der Ordnung der Sammlung.**

Daß die kleinen Propheten nicht nach der strengsten Zeitordnung folgen, ist wohl gewiß.

Eigentlicher würde folgende Ordnung seyn: Jona, Hosea, Amos, Micha, Joel, Nahum, Habacuc, Zephanja, Obadja, Haggai, Zacharias, Malachias. Ueber das Alter der Propheten ist aber immer Uneinigkeit in der Welt gewesen. Demohnerachtet glaube ich, daß man die Zeitordnung zum Bestimmungsgrunde ihrer Folge gemacht habe; und daß ein Irrthum obwaltete. Die Hauptuneinigkeit ist in der Bestimmung der Zeit ihrer Weissagung. Joel hat keine Zeitbestimmung. Kurz vor der Hungersnoth, sagt man, muß er wol gelebt haben, die beym Amos vorkömmt. Also folgt Amos auf den Joel. Die übrigen stehen meist nach der Zeit der Könige. Man ist also wol willens gewesen, die Zeitordnung zu beobachten. In den LXX ist sonst eine andre Ordnung gewesen, als im hebr. Texte, wie aus Hieronymi Prooem. in Joel. erhellt, und so findet man es auch noch in Handschriften: Hosea, Amos, Micha, Joel, Obadja, Jonas, Nahum, Habakuk, Zephanja, Haggai, Zacharias, Maleachi. In der zweifelhaften Zeit bey einigen kleinen Propheten mag wol der Grund dieser Folge gelegen haben. Aus der Ordnung kann also wol nichts anders, als etwas Allgemeines geschlossen werden: ob etwa ein Prophet vor oder nach der Gefangenschaft gelebt habe. Eben hiervon ist die Abtheilung in priores und posteriores prophetas zu verstehen. Unter jenen versteht man die kleinen Propheten, welche vor, unter die-

sen,

sen, welche nach der Gefangenschaft gelebt haben. S. Drusius ad Hos. s. init. Um etwas genauer zu wissen, muß man jedes kleinen Propheten Innhalt mit der Geschichte vergleichen. Daß nach Hieron. ad Pamm. vor Joel, und Augustin Doctr. Christ. II, 18. und Codd. Vat. und Alex. der LXX, die kleinen Propheten in den LXX sonst vor den grossen gestanden, mag wol daher gekommen seyn, weil einige kleine Propheten früher, als Jesaias, gelebt haben.

c) **Von den vornehmsten Schriften, welche ich bey den kleinen Propheten überhaupt gebraucht habe.**

Von den einzelnen werde ich bey jedem Propheten besonders reden. Die Londner Polyglotte, Montfaucon's Hexapla Origenis, mit besonderm Fleisse die LXX und Vulgata, wovon Grotii Urtheil zu bemerken ist: horum 12 librorum versio non est vetus ab Hieronymo correcta sed pura puta Hieronymi, die Criticos sacros, Angl. besonders die Vogelsche, von Döderlein fortgesezte, Ausgabe der Grotiussischen Scholien, Dathe Prophetae minores Lips. 1772. und 1779. 8 (S. Gött. Anz. 1774 S. 594 und Michaelis orient. Bibl. V. 126.) Joh. Heinr. Michaelis Noten zu der hall. Bibel, Joh. Dav. Michaelis Variantensammlung in der Orient. Bibl. T. 19. s. und Noten zu s. Bibelübers.

überſ. auch manche Erklärung einzelner Stellen in ſeinen übrigen Schriften, *Cappelli* critica sacra nach des ſel. Scharfenbergs Ausgabe, Houbigants Bibel, *Lud. de Dieu* Critic. sacr. und *Bahrdtii* Appar. crit. Struenſee's Ueberſ. mehrerer kleinen Propheten, und Hieronymi Anmerkungen in ſeinem ſchon gerühmten Commentar, in welchem beſonders viel wichtiges für die Geographie iſt. Auch habe ich Kennicott's Bibel zuweilen gebrauchen können. *Phil. Dav. Burkii* Gnomon in XII prophetas minores (Heilbrunn 1753. 4) hat nicht ſehr viel Empfehlendes. Er vergleicht die kleinen Propheten mit der Offenbarung Johannis, ahmt darinn ſeines Schwiegervaters, des ſel. Bengels, Grundſätzen nach und bekümmert ſich um das Arabiſche nicht. S. Gött. Anz. 1753. S. 857. Hetzels Bibelwerk VIIr Theil iſt auch gut zu gebrauchen.

2) **beſondre Einleitung: vom Hoſeas.**

a) Von ſeiner Perſon und Herkommen läßt ſich nichts Gewiſſes beſtimmen, auſſer, daß er nach I, 1. ein Sohn Beeri geweſen. Eichhorn l. c. §. 553. Wer dieſer Beeri geweſen, wird wol nie von uns ausgemacht werden können. Die Juden haben gleich einen Propheten aus ihm gemacht, weil ſie die Regel haben: jeder in der Bibel erwähnte Vater eines Propheten müſſe auch ein Prophet geweſen ſeyn. 1 Chron. V, 6.

V. 6. kömmt ein Mann vor, נאריה, welchen man mit באר verglichen hat, um daraus zu beweisen, daß Hoseä Vater aus dem Stamme Ruben gewesen. Nach den ältesten Christl. Schriftstellern soll er aus dem Stamme Isaschar gewesen seyn. Hieron. ad Hos. cap. I. Pseude-piph. in lib. de Prophett. Er muß allerdings wol aus einem der 10 Stämme des Ißr. Reichs gewesen seyn.

b) Daß er von Amts wegen ein Prophet war, lehrt sein Buch selbst. Der Prophet scheint also von seinen jüngern Jahren bis ins Alter geweissagt zu haben. Sein erster Beruf war die c. I. von Gott befohlne Heirath.

c) Die Zeit seiner Prophezeyungen muß aus I, 1. hergeleitet werden. Unter Ussia war der Anfang, der Schluß unter dem Hißkia. Da die Wegführung aller 10 Stämme im 6 Jahre der Regirung Hiskiä erfolgte: so hat er nur noch in den ersten Regirungsjahren Hiskiä weissagen können. Von den Königen Ißraels wird nur Jerobeam 2. erwähnt. Als Ussias im Jüdischen Reiche zur Regirung kam, hatte Jerobeam 2 schon eine Weile in Ißrael gelebt. Es scheint mir also Hoseä Weissagungszeit in die Periode vom Regirungsanfange Ussiä (27ten Regirungsjahre Jerobeams 2) bis auf das 6 Jahr Hiskiä ohngefähr gesezt werden zu müssen. vergl.

Einleitung.

Michaelis Anmerkk. z. d. kl. Propheten in der Bibelübers. S. 12. 13. Daß er die ganze Zeit über geweissagt habe, da Jerobeam und Usias zusammen regirten, läßt sich nicht erweisen; daß er aber kurz vor dem Ende der Regirung Jerobeams 2. zu weissagen angefangen habe, läßt sich aus den ersten Weissagungen schliessen. Herr Hofr. Eichhorn hat III, §. 553. richtig bemerkt, daß in den Weissagungen der Eroberungen nicht gedacht werde, wodurch sich doch Jerobeams 2 Regirung so sehr auszeichnete. Dis bestätigt eben die Vrmuthung, daß er wenig unter diesem Könige weissagte; und der Haupteindruck von den Eroberungen also schon verschwunden war. Er scheint sein Prophetisches Amt angetreten zu haben, als es die Zeit zum Heirathen war. Ehe er eigentliche Prophetische Reden vortrug, mußte er zuvörderst sein Amt durch symbolische Handlungen verrichten. Es müssen manche Zeitbestimmungen ihre Dunkelheit behalten, weil sich gerade in der Zeit Jerobeams 2 unter allen Ißraelitischen Königen die meisten Chronologischen Schwierigkeiten finden (2 Kön. XIV. 22) welche sich auch durch die sogenannten Interregna, welche man annimmt, nicht heben lassen. Selbst die angenommenen Interregna gründen sich zum Theil nur auf Vermuthung. Eins nimmt Hr. Hofr. Michaelis an Anmerkk. S. 4. Die Sache ist hier zu weitläuftig und gehört in die Chronologie des A. T. Vgl. Fried. Wilh. Beer Ver-

Einleitung.

Vereinigung der Regirungsjahre der Könige von Juda und Ißrael Leipz. 1751. 8. und seine Abhh. zur Erläur. d. alt. Zeitr. u. Gesch. 3r Th. Leipz. 1756. 8. Ueber einige 50 Jahre scheint Hoseas nicht geweissagt zu haben, daß er es aber über 50 Jahre gethan habe, ist erweislich. Daß er über 90 oder 100 Jahre gelebt habe, ist nicht unmöglich, aber nicht erweislich. S. Grotius ad Hof. in Anf. und Hezel ad I, 1. Jerobeam hatte eine ziemlich gute Regirung, aber die Umstände der Religion besserten sich bey den 10 Stämmen nicht. Das vierte Glied, welches dem Hause Jehu verheissen war, ging hier zu Ende. Das nun folgende Unglück zu verkündigen, macht seine ganze Beschäftigung aus. Zacharias, der Sohn Jerobeams II, (von dessen Regirung S. Michaelis a. a. O. S. 2 ff.) regirte nach seinem Vater nur 6 Monate, v. Chr. 773. J. R. 202. 2 Kön. XV. 8—12. Hernach rieb sich das Volk selbst auf, ein König verdrängte den andern, Schallum, der Königsmörder, den Zacharias v. C. 772. J. R. 203. u. s. w. Michaelis Anmerkk. S. 3 ff. Unter Hosea, dem Sohne Ela (v. Chr. 730. J. R. 245. 2 Kön. XVII. 1—6. Michaelis de exsilio X tribuum) erfolgte die ganze Wegführung von Salmanasser. Unter diesen Umständen weissagte Hoseas. Es traten nebst ihm mehrere Propheten auf, hauptsächlich doch aber er, denn Amos weissagte nur ein Jahr.

In Juda war zu dieser Zeit Jesaias und Michas. Anfänger können manches Wissenswürdige und Lehrreiche aus der kurzen Historie von den 10 Stämmen Ißrael lernen, welche Herr Past. Schröer seinem erläuterten Hoseas vorgesezt hat.

d) Der Innhalt besteht aus Weissagungen von den Schiksalen der 10 Stämme nach der Wegführung. Alle Reden beziehen sich unmittelbar auf den Staat Israel und sind, falls sie öffentlich deklamirt und nicht blos schriftlich verfaßt sind, vor Volksversammlungen im Staate Israel gehalten worden. Doch wird auch gelegentlich des Reichs Judä gedacht IV. 5. V. 12. 13. 14. VI. 4. 9. 10. VIII. 14. XII. 1. 3. Der erste Theil des Propheten besteht aus Symbolischen Vorstellungen von den Schiksalen dieser 10 Stämme, welche der Prophet durch seine Heirath und seine Kinder geben müssen, und geht bis auf das 3 Kap. Der andre Theil enthält eigentliche Weissagungen, bis auf K. 14. Diesen Abschnitt kann man wieder in 2 Theile unterabtheilen, wovon sich der erste mit dem XI Kap. und der andre mit dem Ende des Propheten schliesset. In diesem Falle ist die Aussicht in glükliche Zeiten nach den Zeiten der Strafe Gottes die Gränze; und alle Drohungen der Propheten pflegen ja ordentlich mit Schilderungen glücklicher Zeiten zu verhallen. Der Innhalt aller dieser
Re=

Einleitung.

Reden ist sehr einfach. Wenn man den Propheten von seinem poetischen Gewande entkleidet, so bleibt schwehrlich mehr als der einfache Satz übrig: auf die Untreue der Israeliten gegen Gott wird Verstossung, als Strafe, und auf dieselbe, weil sie das Volk zu bessern Gesinnungen führen wird, wird neue Begnadigung folgen. Da nun die Verstossung des Volks in einem Exil bestehen sollte (wie die alten Propheten von Mose an alle lehrten) so ist das Trostbild die Rükkehr ins Vaterland. vergl. **Eichhorn** II. S. 554. 555. **Niemeiers** Charakteristik Vr Th. S. 421 f.

e) Daß vom Hosea dis Buch herkomme, daran kann Niemand zweifeln; denn α) die 3 ersten Kapitel legt er sich selbst bei und β) in den übrigen herrscht derselbe Charakter und Geist. Dis hat Hr. H. **Eichhorn** gut ausgeführt a. a. O. S. 268. 69.

f) Ausser den Hülfsmitteln über die 12 kleinen Propheten überhaupt, habe ich beym Hosea noch besonders gebraucht α) *Edw.* Pocoke Commentary on the Prophecy of Hosea Oxf. 1685 fol. worinn manches Brauchbare für Historie und Geographie enthalten ist β) Neue Uebersetzung der Weissagungen Hoseä nach dem Hebr. Texte mit Zuziehung der Griechischen Version von N. D. E. (welches die Anfangsbuchstaben von **Christian Gottfried Struensee**

ensee seyn sollen) Frankft. u. Lpz. 1769. 8. (S. Gött. Anz. 1770 S. 868 ff.) Hosea, aus dem Ebräischen neu übersetzt, von Aug. Fridr. Pfeifer Erlangen 1785. 8. 72 Seiten mit Anmerkk. (S. Allgem. Litterat. Zeitung 1786 Nr. 270) d) M. Carl Fr. Stäudlins Beytr. zur Erläuterung der biblischen Propheten und zur Gesch. ihrer Auslegung Ir Th. Tübingen 1785. (Hoseas, Nahum, Habakuk übersetzt) e) *Christian Ghilf Hensler* Animadverss. in quaedam duodecim Prophetarum minorum loca Kilon. 1786. 2 Bog. 4. die übrigen will ich bey jeder Stelle selbst bemerken. Die ältern kann man aus *Walchii* biblioth. Theolog. T. IV. p. 561 sqq. und aus Lilienthals biblischen Archivario kennen lernen. Vgl. Pfeifers Vorrede vor s. Hosea. Vor einigen Jahren sind noch zwey Erklärungen des Hosea herausgekommen κ) von Johann Gottlob Schröder Dessau 1782. 8. S. Gött. Anz. 1783. S. 779. und ג) von S. H. Manger in Lat. Sprache Campis 1782. 4. Diese ist noch nicht auf der hies. Bibliothek. Ich habe sie also noch nicht gebrauchen können.

Hosea

Kapitel I.

V. 1.

Vergl. die Einleitung, wo von Beeri und den Jüdischen und Israelitischem Königen gehandelt ist; auch Pocoke gibt gute Nachrichten von den genannten Königen. Diese Ueberschrift ist wahrscheinlich später hinzugesetzt und nicht von dem Propheten selbst. Denn der Prophet würde gewiß mehr nach den Israelitischen Königen gerechnet haben, als nach den Jüdischen. Juden scheinen die Ueberschrift hinzugefügt zu haben. Mit v. 2 scheinen erst die eigentlichen Worte Hosea anzugehen. דְבַר יְהוָה LXX. λογος κυριυ. *vulg.* verbum Domini. Struensee: Wort des Herrn. Michaelis: Göttliche Ansprüche an Hosea. Da mir dis im Deutschen zweydeutig vorkam, habe ich übersezt: Auftrag Gottes. So auch Hr. HR. Pfeifer, nur nimmt er es collective und übersezt in der mehrern Zahl. Bahrdt: oracula Jouae, quae contigerunt Hoseae &c. His verbis vtuntur prophetae, vbi *immediatas*, quas in scholis dicimus, dei reuelationes describunt.

V. 2—5.

V. 2—5.

Erste symbolische Handlung: der Prophet muß auf göttlichen Befehl eine vorhin berüchtigte Person zur Ehe nehmen. דָּבָר תְּחִלַּת דִּבֶּר wird von einigen als ein Nomen, von Andern als ein Verbum betrachtet. Wäre das erste, so wäre es eine seltnere Form, welche doch aber Jerem. V. 13. auch von Reden der Propheten vorkömmt. Es könnte der eigentliche Name der Prophetischen Reden gewesen seyn; da aber im 1 V. דִּבֶּר steht, so könnte man auch hier die gewönlichere Punktation annehmen, welche 1 cod. Regiom. Lilienthalii hat. LXX. Syr. Chald. scheinen eben so gelesen zu haben. Struensee und Michaelis (Or. Bibl. T. 19. S. 170.) haben auch so gelesen. Ich habe in meiner Uebers. auch diese Leseart vorgezogen, welches der mir unbekannte Berliner Recensent meiner Uebersetzung billigt. A. D. Bibl. LIX, 28 Stk. S. 519. Will man דִּבֶּר als ein verbum annehmen, so muß אֲשֶׁר supplirt werden, welches oft ausgelassen wird. תְּחִלַּת nehmen auch einige als eine absolute Partikel an, so viel, als בְּרֵאשִׁית. Da es aber ein stat. constr. ist, so muß es wol ein Nomen seyn. Initium sermonis d. i. primus sermo, das erste, was Gott vortragen ließ. Eccl. X. 13. S. auch Pococke a. d. St. Vergl. Marc. I, 1. Bahrdt: infinitiuus nominascens [בְּיַשׁ das בְ ist hier synonym mit dem bald folgenden אֶל. Die Leßart προς in den LXX ist um des Arab.

Uebsz.

Uebſz. willen beſſer, als die ɛv. Vgl. Bahrdt Adpar. critic. ויאמר ‎- die gewönliche Wiederholung, ehe die Rede Gottes folgt. Aehnlicher Gebrauch im Homer, welcher oft glücklich gebraucht werden kann, das Alter der bibliſchen Sprache Kennern zu beweiſen. לך ‎ iſt das bloſſe age der Lateiner.

לקח קח לך ‎- wird vom Heyrathen eben ſo gebraucht, wie unſer deutſches, ihm entſprechendes, nehmen. Auf אשת ‎ kann und muß man alſo dis Wort mit Recht ziehen; aber einige wöllen קח ‎ mit ילדי ‎ verbinden, ſo, daß das לקח ‎ nicht nehmen, wie die LXX λαβε τεκνα πορνειας, ſondern Zeugen bedeute. So hat es Hr. D. Dathe: liberos genituros meretricios. Ihm folgte ich, als ich überſezte: und zeuge mit ihr Hurkinder. Ich kann mich aber, aus Ermanglung gehöriger Beyſpiele für dieſen Sprachgebrauch, jezt nicht mehr überzeugen, daß לקח ‎ vom Erzeugen der Kinder genommen werden müſſe, ob ich gleich wol weiß, daß die vulg. hat: fac tibi liberos, und Hr. Döderlein bis gegen Grotii Zweifel vertheidigt. Man hat dabey wol zu ſehr an das Lateiniſche ſuscipere ſobolem gedacht. Houbigant erregt auch Zweifel gegen die Ueberſetzung der Vulgata. Bahrdt hält die Worte: fac tibi vor eine Gloſſe, welche vom Rande in den Text gekommen ſey. Dieſe Kinder müſſen alſo wol von ſolchen Kindern verſtanden werden, ben, welche die Gomer ehemals in der Hurerey gebohren hatte, und welche der Prophet mit aufnehmen sollte. So nimmt es auch *Michaelis* a. b. O. aber der obgedachte Hr. Recensent tritt meiner Uebersetzung bey, auch hat Hr. HR. Pfeifer: Zeuge unächte Kinder, auch Hr. Hezel: zeuge Kinder mit ihr, die an verhurten Neigungen ihrer Mutter ähnlich seyn werden. Die Sprache im Hosea ist freylich hart.

זְנוּנִים 'der plur. vom sing. זָנוּן Scortatio; die Form ist, als wenn der rad. זָנַן wäre. Das Wort ist von allen Arten der Hurerey gewönlich, eine öffentliche Hure. Dergleichen gab es im Morgenlande viele. Wer kennt die Thamar nicht? Man duldete sie, um Eheweiber zu schützen. In Absicht des Befehls selbst theilen sich die Ausleger in 2 Meynungen 1) einige nehmen einen Befehl einer eigentlichen leiblichen Handlung an, und diese sind wieder verschiedner Meynung. Manche nehmen eine öffentliche Hure, andre eine ehrliche Person, welcher er nur diesen Namen geben sollte und wiederum andre eine geistliche Hure, eine Götzendienerin, an. Dieser Meynung ist Hr. Inspector Schröer zugethan. 2) Die es uneigentlich nehmen, verstehen eine Vorstellung der Sache in einem prophetischen Gesichte (in ex*s*tasi.) oder sie machen es zu einer parabolischen Rede: Stelle dich an meine Stelle;

le; mein Weib, das Israelitische Volk, ist zur Hure geworden. Das Uneigentliche macht hier viele Schwierigkeiten in der Anwendung. Der einzige Grund dafür ist, daß man etwas schändliches in der Sache findet, eine Hure zu gebrauchen. Ein solcher Befehl, sagt man, schicke sich nicht für Gott und die Vollziehung davon für keinen Propheten. Allein man hat hier ganz unnöthiger Weise Schwürigkeiten gemacht. S. **Hieronymus, Pococke, Grotius** und **Michaelis. Bahrdt** versteht eine zu Falle gekommene, aber keine öffentliche Hure. **Pfeifer**: eine **Coquette.** Die Beywohnung des Propheten selbst wird ja keine Hurerey genannt. Sie war eine Hure gewesen, aber in Absicht auf ihre Verbindung mit dem Propheten war sie es nicht. Sie war nun seine Ehefrau, welche von der Hurerey abstand. Hr. HR. Hezel Bibelwerk VIIr Th. Vorr. S. VIII. übs. Weib von ehebrecherischer Neigung. Eine solche Heirath war nach dem Mosaischen Rechte blos den Priestern verboten und dazu gehörte Hoseas nicht. Es war nur etwas Außerordentliches und dis muß bey göttlichen Gesichtern seyn. Solche paradoxe, auf unsere Sitten nicht mehr passende, Befehle Gottes findet man mehrere in der Bibel, vgl. Jes. XX. Jerem. XXVIII. Ezech. IV. und XVI. Gott wollte das ausserordentliche zeigen, das er an den Israeliten gethan hatte. Ezech. XVI. Daß er sich aber eheliche Treue von ihr müsse bedungen ha-

haben, erhellet daraus, daß sie hernach nicht mehr eine Hure, sondern eine Ehebrecherin genannt wird. Wenigstens redet der Prophet von der Person, welche im 3 Kap. erwähnt wird, als von einer bekannten und nicht von einer neuen; nur die Benennung scheint sich zu ändern, welche hier eine Hure heißt, heißt dort eine Ehebrecherin. Drey Kinder hatte Hoseas von der Gomer, sie verfiel wieder in eine liederliche Lebensart und ward eine Ebrecherin; darauf ging jener neue Befehl an ihn. Wenigstens hienge bis so ganz gut zusammen. S. Kap. 3. Zur symbolischen Vorstellung gehört mit, daß Gott die Untreue dieser Person gegen den Propheten zum voraus sahe. [וילדי und Hurkinder d. i. zugleich mit ihren vorher auffer der Ehe erzeugten Kindern.

[כי זנה תזנה Hier wird die Bedeutung jener symbolischen Vorstellung, die Absicht jenes Befehls, zu erkennen gegeben. Die Untreue des Volks, welches als Gottes Gemalin in d. Propheten vorgestellt wird, gegen ihren Eheherrn sollte hierdurch abgebildet werden. Daß זנה von Abgötterey und Ruchlosigkeit vorkomme, ist ganz bekannt. Der irreguläre Infinitiv, welcher bey verbis 3 rad. ה ein ת haben sollte, ist zu bemerken, kömmt doch aber mehr in der Bibel vor. Da die tempora der Hebräer wahre Aoristen sind, so möchte ich תזנה nicht, wie ich in der Ueberse=

setzung gethan habe, in der zukünftigen Zeit ausdrücken, sondern jetzt werde ich bey einer neuen Auflage in der gegenwärtigen Zeit übersetzen. Die Partikel כי verwandelt mehrmals das Fut. ins Praeter. S. Houbigant. ארץ geht auf das Reich Israel, die 10 Stämme. מאחרי יהוה von hinter dem Jehova wörtlich, d. h. das Volk, welches sich allein zu Jehova, als seinem eigentlichen Manne, halten sollte, läuft als eine freche Hure andern Männern nach, d. ist, ehret andre Götter. Jerem. V. 1. 3. Zu Bethel war nämlich der Götzendienst, worauf dann der Baalsdienst folgte 2 Kön. XVII. 7 – 18. vgl. Dathe und Döderlein. Herr HR. Pfeifer übersezt das Ganze כי יהוה blos: weil das Land dem Jehova untreu ist.

V. 3.

ויקח der Syrer hat gelesen: ויקח לו. גמר und ihres Vaters דבלים Namen suchen die Ausleger allerley geheime Bedeutungen, dazu aber kein Grund vorhanden ist. Man vgl. Hieron. Pocock und Grotius a. d. St. Der Prophet bezeichnet durch die Namen blos die Personen genauer. Diblaim ist ein Mannsname, wie Ephraim. Seine Bedeutung, wenn uns daran gelegen wäre, findet man in den angeführten Werken, besonders handelt davon gründlich Simonis. Die alten Ausleger kommen mit unsrer Lesart überein, und der Araber hat: sumfit Gamaram ex Bethlehem. Hr. Bahrdt glaubt, entweder sey die Arab. Uebersetzung hier interpolirt, oder der Uebersetzer habe einen verdorbenen Codex der LXX vor sich gehabt, wo auch wol die Abschreiber aus Δεβηλαειμ hätten Βηθλεεμ machen können. הרה ותהר ist seiner Bedeutung nach bekannt. vgl. Luc. I. 30. Exod. II. 2. בן. Herr Hofr. Michaelis glaubt, das tapfere Zeitalter unter Jehu und Jerobeam 2 werde unter dem Bilde eines Sohnes vorgestellt, das folgende schwächere Zeitalter aber unter dem Bilde einer Tochter. Pfeifer übs. gut deutsch: die zu gehöriger Zeit ihm einen Sohn gebahr.

V. 4.

יזרעאל — eine bekannte Stadt im Jßraelitischen Reiche, dem Stamme Jissachar gehörig Jos. XVIIII. 18. Hauptstadt der Fläche zwischen dem See Genezareth und dem mitteländ. Meere, Griechisch Esdraelon, wo allen Umständen nach der gottlose König Achas zu Hause war. Seine Kinder und seine Frau Jesabel wohnten nach ihres Mannes Tode da. Eben daß die Stadt in einer grossen Ebene lag, ist der Grund, warum sie v. 5. Thal Jißreel, oder 2 Kön. IX. 36. 37. Feld Jißreel heißt. Andre Ausleger sehen es als einen symbolischen Namen an, welcher um der Aehnlichkeit willen dem ganzen Jßraelitischen Volke beygelegt werde. Sie kann desto eher für das ganze Reich gesetzt werden, da
sie

Hosea I, 4

sie würklich eine Zeitlang die Residenz der Könige der 10 Stämme gewesen. Sie war seit Ahabs Regirung die eigentliche Königsstadt, wo sich die Kön. Familie oft aufhielt, obgleich das 4 Meilen davon liegende Samarien die Hauptstadt des Reichs blieb. Es ist aber ein ganz andrer Name, als Jßrael, wie die Hebr. Orthographie zeigt. Die Etymologie des Wortes ist זרע und אל. זרע heißt säen, aber auch zerstreuen und, wie Hr. Hofr. Michaelis nach dem Arab. will, überfallen. Entweder also: das Gott gepflanzet und gegründet hat, oder, das Gott bald zernichten wird. Die Folge ist für die lezte Erklärung; die erste zieht Vitringa vor ad Jes: LX. 22. T. II. p. 818. b. Hr. Bahrdt zieht die Bedeutung sparsit vor. Jonathan: dispersos. Pfeifer: und mache dem Jsraelitischen Königreiche ein Ende. Es wird zuvörderst die Stürzung des königl. Hauses Jehu verkündigt, welche unter dem vierten Erben, dem Zacharias, geschah. Dis war der Anfang des Untergangs des Jsraelit. Reichs. Ob Jehu aus dieser Stadt gebürtig gewesen, entscheidet die Geschichte nicht, es scheint aber wahrscheinlich zu seyn. Eine Paronomasie auf die Bedeutung dieses Namens findet man Kap. II, 24 f.

כי־עוד מעט ופקדתי — den Worten nach: denn noch ein wenig (Zeit) und ich will bestrafen d. i. ich will bald ahnden oder bestrafen. Vgl. Jos. XVI, 16. Das sonst bekannte Wort

פקד

פקד kann man bey Bahrdt erklärt finden. דְמֵי־
דָמִים heißt zwar ursprünglich Blutschulden,
Mordthaten, aber auch Gewaltthätigkeiten,
IV. 2. alle grobe Sünden, alle Arten der
schändlichen Abgötterey gehören mit hieher.
Mir scheint es fast, als wenn Hr. Hofr. Michaelis allzusehr bey der ersten Bedeutung stehen bliebe. Jehu war ein sehr grosser Abgötter. 2. Kön.
X. 31. 22. XIII. 3 ff. „die von Jißreel aus durch
das ganze Land sich verbreitenden groben Sünden„
S. Pocock̃e und Döderlein, welcher, wie ich
sehe, es recht gut durch facinora gibt; und
Struensee: durch erschrekliche Sünden. Ich
habe in meiner Uebersetzung beyde Bedeutungen
zu vereinigen gesucht. Bahrdt: homicidia &
generatim facinora quaeuis violentiae in ali-
os, vt Es. I, 15. עַל־בֵּית יֵהוּא. Mit dem
Sturze des Hauses Jehu wird schon der Anfang
der Assyrischen Regirung gezählt. Ich ziehe es
auf die Aufhebung der königlichen Würde vom
Hause Jehu, welches unter dem Zacharias geschahe. Die Leseart b. LXX. Ιουδα, יהודה scheint
auf Unkunde der Abschreiber, die יהוא nicht kann-
ten, zu beruhen. S. Cappelli Crit. sacra T. II.
ed. Scharfenberg p. 641. וְהִשְׁבַּתִּי cessare
faciam, nehmlich auf einige Zeit; bis geht auf
das oben erwähnte Interregnum von mehrern
Jahren. S. Einleit. das ו übersezt Bahrdt:
postea que. ישראל hier steht der eigentliche Name Israel, das Reich der 10 Stämme. Das
völlige

völlige Ende erreichte der Israelitische Staat unter Hosea, dem fünften König von Zacharias Mörder und Thronfolger, Sallum, an gerechnet. Vgl. Hezel bey d. St.

V. 5.

וְהָיָה וְשָׁבַרְתִּי kann man mit einem einzigen Worte ausdrücken. Das היה wird oft zu Umschreibungen gebraucht, drum lassen es auch einige Alte, Vulg. und Syr. aus. Vgl. Bahrdt. Das ו vor שברתי hat nur Jonathan, die andern alten Uebss. scheinen es nicht gelesen zu haben. Pfeifer: und zugleich brech' ich Israels Bogen. וו nimmt Hr. Inspector Schröder vom Mannsalter. Er glaubt so werde das Wort 1 Reg. XIV., 14. vom Propheten Ahia gebraucht. קשת der Bogen, steht hier für die Kriegsmacht überhaupt. Jer. 49. 35. Ezech. 30, 22. 39, 3 Ps. 76, 4. 78, 9. Targ. Ion. fortitudo bellatorum Israel. Ich will die Kriegsmacht des Isr. Reichs schwächen. Die Sünden des Jehu hatte Gott durch die Syrer gestraft, unter dem Joas half aber Gott wieder und in die besten Umstände kam das Reich wieder unter Jerobeam 2. 2 Kön. XIII, 23. 25. XIV, 25. 27. Mehr Historie würde diesen Vers besser erläutern. Sie fehlt uns aber. S. Michaelis und Hieronymus, welcher besonders gut עמק erklärt, indem er schreibt: prope hanc vrbem sunt campi latissimi et vallis nimiae

miae vaſtitatis, quae plus quam decem milhibus tenditur paſſibus. In hac commiſſo certamine caeſus eſt Israel ab Aſſyriis. Ioſ. XVII. 16. Iud. VI, 33. Jeßreel ſoll alſo aufhören, den Israeliten eine Zuflucht zu ſeyn. Vielleicht iſt auch Zacharias ſelbſt zu Jeßreel ermordet worden. Houbigant: clades regni Iſrael futura eſt talis, qualis fuit clades vallis Iezrahel. Hezel: Sehr viele der gröſten und entſcheidendſten Schlachten waren hier vorgefallen; und deswegen braucht es hier der Prophet als Symbol des Krieges und der Schlacht. Vgl. Relandi Palaeſtina S. 366.

V. 6.

Zweyte ſymboliſche Vorſtellung durch das zweyte Kind des Propheten. וַתַּהַר בַּת‎ hat das Targ. Ion. ganz anders: etaddiderunt & fecerunt opera mala. Von בַּת‎ vgl. v. 3. הָאֹמֵר — וַיֹּאמֶר‎ ſc., oder יְהוָֹה‎, denn Gott iſt offenbar das Subject der Rede. לוֹ — zu dem Propheten. לֹא רֻחָמָה‎ — LXX ὐκ ἠλεημένη. Vulg. absque misericordia d. i. die kein Mitleiden mehr findet, über welche man ſich nicht mehr erbarmet. Hr. Hfr. Pfeifer übſ. Nicht Geliebte. Hr. HR. Hezel erklärt es, wie ich in m. Ueberſ. gethan habe, die Erbarmungsloſe. Hr. Inſp. Schröder: Ohnerbarmen. Die Folge erklärt es gleich. Daß es eben eine Tochter iſt,

dar-

darinn wollte ich nichts symbolisches suchen; so stehen II, 3 Brüder und Schwestern ohne weitern Nachdruck. Jes. 47, 4. 5. Ich will mich gar nicht mehr erbarmen. 2 Kön. X. 31.| 32. Es zielt auf das Mitleiden, welches Gott in Errettung von den Syrern bewiesen hatte. vgl. v. 5. Da sich das Volk gar nicht besserte, so drohet Gott jezt, er wolle sie vor dem gänzlichen Untergange ihres Reiches nicht ferner bewahren (κρισις ανιλεος Jac. II, 13), aber nicht, daß er sie nie wieder als sein Volk aufnehmen wolle. Von כי לא־ישראל folgt die Erklärung von dem Namen der Tochter. עוד — vt saepius misertus sum: expositam in Aegypto adoptaui Ez. XVI. 4. ff. prostratam sub iudicibus erexi Ps. 106, 44. sqq. adulteram sub regibus reuocaui Jer. III. 1. *Vrsinus.* כ — wer dis aduersatiue nimmt, kann נשא nicht durch remittere übersetzen; welches HsR. Pfeifer thut: daß ich ihnen vergeben sollte, und Hr. Insp. Schröder: sondern muß entweder mit den LXX αντιτασσομενος αντιταξομαι, anders lesen, oder annehmen daß ל in להם nota accus. sey und mit Darbe, Luther und Struensee נשא durch tollere übersetzen, oder mit der Vulg. und Michaelis נשׁא אשׁא lesen, wovon jene eine Verwechselung das א und ה angenommen, die Bedeutung von נשׁה obliuisci vorgezogen und übersezt hat: sed obliuione obliuiscar. S. *Cappelli* crit. sacr. T. II.

T. II. ed. *Scharfenberg* S. 878. Diesen aber bey der zweyten Bedeutung stehen geblieben ist, da das Wort heißt, wuchern, Capital mit Zinse einfordern und es dem zufolge übersezt: ich will die Schulden nach der Strenge von ihnen einfordern. Es gibt auch einige, welche נשא reciproce geben: ich will mich gegen sie erheben. Ich nehme כי nicht aduersatiue, sondern glaube, man müsse es entweder interrogatiue nehmen: sollte ich ihnen denn noch immer vergeben? oder, wie Deut. XIV. 25: ita, vt. So gab ich es in meiner Deutsch. Uebers. und freue mich, daß ich jezt finde, daß Hr. D. Döderlein ad Grot. es eben so genommen hat, es auch der Berliner Recensent nicht misbilligt, wiewol er Luthers Ueberßetzung vorzieht. Vgl. Houbigant.

V. 7.

בית יהודה— Das Haus Juda ist das Jüdische Reich der 2 Stämme, zu Jerusalem. Ar. und LXX haben τοὺς δὲ υἱούς. Das ו haben sie recht übersetzt, statt בית aber scheinen sie in ihrem Exemplare בני gelesen zu haben. Vgl. Bahrdt. ארחם והושעתים. Das erste Wort, ich will mich ihrer erbarmen, steht in Beziehung auf den Namen der Tochter des Propheten Loruchama v. 6. und das zweyte, ich will sie erretten, ich will ihnen helfen, geht auf die

Er-

Geschichte Jef. 36. Da die Aſſyrier unter Salmanaſſer glücklich gegen das Iſraelitiſche Reich geweſen waren, ſo machten ſie ſich unter dem Sanherib nun auch an das Jüdiſche Reich. Sie kamen aber, wie bekannt iſt, bey dieſer Unternehmung ſchlecht weg. Herr Inſp. Schröder verſteht dieſe Verheiſſung von der ewigen Dauer des Stuhls Davids durch Chriſtum. ביהוה – Alle alten Ueberſetzer: in Deo oder per Deum, nur der Chald. hat es: per verbum Dei gegeben. Solet enim Chaldaeus, macht hierbey **Grotius** die Bemerkung, in magnis Dei actionibus *verbi Dei* mentionem facere. Es iſt hier wol Rückſicht auf den Tempel genommen, welcher in Jeruſalem war, non vi humana, sed mea regno Iudaico opem feram; auf eine ganz extraordinaire Weiſe will ich dem Jüdiſchen Reiche helfen. Nomen pro pronomine. *Per Jovam i. e. per me.* Das non vi humana drücken die folgenden Worte aus, welche menſchliche Offenſiv- und Defenſivwaffen bezeichnen. Vgl. **Vitringa** ad Ieſ. T. I. 241. a. T. II. p. 105. a. 550. b. und **Houbigant** h. h. St. Nach הרב hat der Araber den Zuſatz: neque curribus. Und der unbekannte Ueberſetzer beym **Montfaucon** hat: ουδε αρμασιν. Da der Araber den LXX folgt, ſo ſcheinen auch jene Alexandriner nach ובחרב geleſen zu haben ובמרכב. Vgl. **Bahrdt.** Hr. Inſp. Schröder findet einen groſſen Nachdruck in בידוה für den Messias. Die Erfüllung s. 2. Kön. 18/19. Jes. 36—38.

V. 8.

Dritte symbolische Handlung; der Prophet muß einem neuen Sohne, welchen ihm die Gomer gebieret, einen bedeutenden Namen geben.

ותגמל-גמל ist vom Entwöhnen gebräuchlich. Gen. XXI. 8. 1 Sam. I. 22. 24. Hrn. Struensee's Uebers: als die Lorhama abgewöhnet war, ist nicht ganz genau nach der Grammatik, Michaelis nimmt das Plüsquamperf. an, als sie L. entwöhnet hatte, denn die tempora der Hebräer sind wahre Aoristen. Die übrigen Worte sind schon im vorhergehenden erläutert worden. Syr. LXX. und Araber haben nach ותהר noch עיר gelesen. Hr. Schröder bemerkt, der Prophet habe also in einem ordentl. Ehestande gelebt, eine Hure würde auch vor der Entwöhnung schwanger geworden seyn.

V. 9.

ויאמר — vgl. v. 6. der Syr. hat den Zusaz: mihi dominus. לא עמי — dieser Name bezeichnet die gänzliche Verwerfung der 10 Stämme und die

die Ausschliessung vom Volke Gottes, also den ganzen Zustand der 10 Stämme im Assyrischen Elende. Bahrdt: עם cum pronomine possessiuo, si de priuato dicitur, notat ciues, Landsleute, Mitbürger, si de rege, subditos. כי אתם לא עמי, אחיו sc. Houbigant hatte hier keine ganz unglückliche Conjectur. Er wollte statt ואנכי לא אהיה לכם lesen: ואנכי לא אלהיכם. Herr Insp. Schröder nimmt hier alles geistlich. Hr. HofR. Pfeifer suppliret auch das Wort: Gott.

Kapitel II.

Nähere Anwendung jener bildlichen Handlungen, bestehend aus Drohungen und Verheissungen.

V. 1.

כחל הים — Wie der Sand am Meere; eine gewönliche sprüchwörtliche Redensart von einer grossen Menge, wie sonst die Sterne gebraucht werden. Vitringa ad Jes. T. I. p. 282 b. Auf die Drohungen folgen nun Verheissungen. S. Houbigant. ימר — das fut. Niph. von מרד, messen, eigentlich ausdehnen. יספר ein synon. von jenem. Der Sinn ist: deshalb soll das ganze Volk nicht vertilgt werden! bey weitem nicht! Es soll übrig bleiben, obschon nicht in seinem Lande, bis es endlich mit den Juden wieder

wieder vereinigt werden wird. Hr. D. Döderlein will dis היה in der vergangnen Zeit nehmen
und meynt, es würde auf den Anfang des Volks
in Egypten gezielt, Herr HR. Pfeifer tritt seiner Erklärung bey, mir gefällt aber diese Meynung des folgenden Zusammenhangs wegen nicht,
und den Uebergang habe ich bereits gezeigt. Das
doppelte ו vor den beiden היה, machet das ante-
cedens und consequens aus. *Postquam* in
exilio isto diu satis vixerint, adeo, vt largam
ibi sobolem sparserint, *tum* eos reducam in
patriam s. w. Bahrdt. Uebrigens ist zu bemerken, daß der Syrer statt והיה im Anfange,
ולא היה. gelesen habe. Herr Insp. Schröer
nimmt das ו aduersatiue, demohnerachtet, und
versteht unter מקום Oerter des Exilii. והיה
אמר eine Umschreibung des futuri. במקום
Entweder anstatt, oder, an dem Orte. Das
lezte ist wol dem Sprachgebrauche nach am
richtigsten, und die erste Bedeutung ist aus dem
Lateinischen gerathen. Die LXX und Paulus
Rom. IX. 26. haben es eben so. Dieser Ort
kann nun auf ihr Land gehen, in welches sie wieder bereinst zurükkehren sollten, so versteht es Hezel von den Zeiten Cyri, oder auf den Ort ihrer
Zerstreuung. Denn ginge es auf die heydnischen Länder, und bis ist wol vorzuziehen. Denn
ihrer Rükkehr in ihr ehemaliges Land wird erst
im folgenden gedacht. So scheint auch Paulus
am a. O. die Stelle verstanden zu haben, welcher

her sie von den in heydnischen Ländern zerstreuten Israeliten nimmt, welche den Juden entgegen gesezt werden. Von Heiden verstehen die Ausleger diese Stelle Paulli gar übel. Houbigant nimmt במקום אשר so, wie das Französische au lieu que. Paulus hätte an der angeführten Stelle falsch citirt, wenn er die Heiden verstanden hätte. Vgl. Vitringa ad Ies. T. II. 632 b. Hr. Bahrdt hält diese ganze Citation vor eine Accommodation. Die Zeit der Erfüllung ist noch zweifelhaft. Man versteht die Rükkehr ins Land unter Zerubabel II. 25. Manche von den 10 Stämmen sind bereits mit dem Zerubabel zurückgekommen, aber nur wenige, die meisten aus Juda. Die übrigen sahen Cyri Befehl als eine Sache an, welche blos die zu Jerusalem sich befundne Juden angehe und gingen successive zurük. Wir haben einen Mangel an Nachrichten von der Rükkehr der Juden und Israeliten. Von dieser διασπορα, von diesen zerstreuten Israeliten versteht Paulus diese Stelle. Die Hauptentscheidnng dieser Sache muß aus Vergleichung der Erklärung der folgenden Stellen 3—17. 18—25. III. 5. hergenommen werden. Michaelis versteht es von der Rükkehr mit den Juden in ihr Land auf Cyri Erlaubnis. Die Vereinigung unterm Zerubabel kann nicht gemeynet seyn, sondern es muß auf eine wichtigere Epoche, auf das güldne Zeitalter, gezielet werden. Die Verheissungen der Propheten sind oft allgemein; sie mögen

gen nun die Rükkehr ins Land, oder das Glück durch Christum betreffen. Die ganze Periode nach der Gefangenschaft bis auf Christum wird in den Propheten oft als eine einzige Zeit angesehen, wo Gottes ganze Absicht mit seinem Volke, die güldne Zeit, erfüllet sey. Houbigant nimmt die Verheissung von dem Zeitalter des Messias. יאמר להם LXX εκει κληθησονται αυτοι υιοι θεου ζωντος. Im cod. Vat. fehlt dis εκει, auch im Arab. Nach den bessern Handschriften lesen die LXX και αυτοι, folglich גם הם. Bahrdt zieht מקם auf Palästina: in eadem illa terra, in qua mox vocandi erant *subditi reiectanei*, olim vocabantur *subditi deo cari.* בני- Deut. XXXII. 5. 10. Hos. XII. 1. Exod. IV. 22. Oft wird auch das Volk der Sohn Gottes genannt; daher scheint υιοθεσια in N. T. geflossen zu seyn. חי- Der lebendige Gott wird den todten Götzen entgegen gestellt. Hr. Bahrdt: Filii Dei sunt homines bonorum participes paternorum i. e. terrae sanctae. Sic et Christiani hoc sensu υιοι θεῦ dicuntur i. e. κληρονομοι, participes bonorum spiritualium huius & futurae vitae.

V. 2.

בני יהודה Kinder Juda, ein Hebraismus, d. i. Juden, worunter die beyden Stämme, deren Könige zu Jerusalem residirten, gemei-

Hosea II', 1. 2.

meinet werden, und בני ישראל. Israeliten, die 10 Stämme zu Samaria. ונקבצו- Die alten Ueberseßer überseßen einstimmig: sie werden versammlet werden. Das ו vor diesem Zeitworte gibt Hr. Bahrdt: nempe. יחדו vna b. i. in unum locum; ostendere vult, istam restitutionem Israelitis communem fore cum Iudaeis. επι το αυτο, gemeinschaftlich. Herr Insp. Schröer gedenkt hier an die Vereinigung am Pfingstfeste Act. II, 41. ראש אחד- III. 5. wird das gemeinschaftliche Haupt David genannt, andre verstehen schlechter den Zerubabel, wie Hr. Bahrdt und HR. Hezel, wieder Andre Jesum, besonders Hr. Schröer. Zerubabel, als so ein kleiner Fürst, kann hier wol nicht in Betrachtung kommen. Fast kein Ausdruk von Christo kömmt im N. T. vor, welcher nicht von diesen Zeiten der Propheten hergenommen wäre. S. Noten zur Hall. Bibel und Pocock. Michaelis: sie werden ein Heer ausmachen. שום heißt hier, wie τιθεναι, constituere, facere. S. Bahrdt. Hr Schröer will es vom Richten der Gedanken darauf verstehen. "Sie werden aus Liebe auf dieses einzige Oberhaupt attendiren". ועלו - עלת, αναβαινειν, absolute steht gewönlich vom Gehen nach Jerusalem. Der Ganze Gottesdienst der Christen wird in den Propheten mit Redensarten des Jüdischen Gottesdienstes ausgedrükt. Sie sollen Abgötterey nun verlassen. Unter הארץ ist mehr das Jüdische Land, als

C die

die ganze Erde zu verstehen. Der letztern Meynung ist ohne hinlängliche Gründe Houbigant zugethan, doch nur zum Theile: ex omnibus locis, quos habitabant, vt confluant in Judaeam s. w. Hr Bahrdt: terra exilii. Hr. Insp. Schröder gedenkt an die Ausbreitung des Evangelii von Judäa aus. כי — denn: גדול ſc. יהיה. יום יזרעאל — Jeßreels Tag (I. 4) ist eine Benennung aller 10 Stämme; daher Dathe: dies ille Israelitarum insignis erit. Ich bin in meiner Uebers. mehr beym Grundterte geblieben und hoffe doch deutlich geworden zu seyn. Eben so werden die 2 Stämme oft durch ihre Königsstadt Jerusalem vorgestellt. Diese Befehle scheinen dem Hoseas nicht auf einmal, sondern nach und nach gegeben worden zu seyn. Einige verstehn einen Gnadentag, an welchem Gott Ißrael pflanzen und beglücken wolle, andre einen Gerichtstag, da er es zerstreuen wolle. S. oben von יום. Die erste Erklärung paßt in diesen Zusammenhang besser. Doch lassen sich auch für die lezte Gründe im Zusammenhange finden und יום kömmt doch mehr in der Bedeutung des Gerichtstags vor. Hr Bahrdt versteht es von einer berühmten Epoche, so auch Pfeifer. Struensee: es wird ein feyerlicher Tag seyn, wenn Gott pflanzen wird. So ohngefähr die Hall. Bibel Hieronymus: dies seminis, welcher es von Christo versteht, auch Hr. Schröder, vom Pfingstfeste und andern Gna-

den-

dentagen des N. T. Hr. Hofr. Michaelis
nimmt es von der Zurükkunft unter Cyro. גדל־
Groß, kann auf die Länge und Dauer gehen;
Houbigants Erklärung nähert sich der schon angeführten Struenseeischen. Hier endigen sich die
eben berührten Verheissungen.

V. 3.

Nähere Erläuterung der den Ißraeliten bevorstehenden Gerichte bis auf den 17
V. Eine Continuation des Vorhergehenden ist
hier gar nicht zu suchen, das scheint mir wenigstens eine unmögliche Sache. Mich dünkt, die
Verbindung mit dem folgenden ist gar zu klar.
אמרו — Wer hier angeredet werde, darüber
gibt es mancherley Meynungen. Einige glauben: es sey eine Anrede an die frommen Ißraeliten, oder an die Propheten. Andre: an die
bösen Ißraeliten, oder an die Juden, ihre Nach-
barn: bleibt nur immer bey eurem bisherigen
Troste! "oder redet mit euren Brüdern, den
Juden, die noch jezt mein Volk sind! Houbigant glaubt: unter den Brüdern wären die beiden aus der Ehe des Propheten entsprungenen
Kinder zu verstehen, nicht die in der Hurerey erzeugten Kinder der Gomer. Er hat zu viele Rüksicht hier auf Christi Zeiten. Bahrdt: אחים
et אחות sunt gentiles, concives, populares. Am
richtigsten nimmt man hier eine Anrede an die

Israeliten überhaupt an. Da die **Mutter** v. 4. nichts anders, als die Mutter der Israeliten seyn kann, so müssen unter den **Brüdern** und **Schwestern** die Juden verstanden werden. „Ihr Israeliten der 10 Stämme sollt von den „Juden der 2 Stämme sagen: das ist das Volk „Gottes! Wir aber sind verlohren„ die LXX lasen τω αδελφω, welchen Hr. Struensee folgt. אמרו לי Michaelis: nennet ꝛc. Dathe: Gratulamini, so auch Hr **Bahrdt**. עמי und רחמה sind offenbare Gegensätze auf I, 6. 8. 9. Der Berliner HerrRecensent folgt der Leseart der LXX. Hr Insp. **Schröder** übs. אמן prediget!

v. 4.

ריבו באמכם — Macht es mit eurer Mutter aus! das Israelitische Reich ist Gottes Weib und die Mutter der einzelnen Israeliten. ריב wird vom Processiren, vom Ausmachen gebraucht, mit ב construirt increpare, ονειδιζειν. Es. XXVII, 8. LXX. κριθητε Vgl. Röm. III, 4. Syr. und Ar. P. haben es besser durch contendite und litigate gegeben, als die andern alten Uebers. welche mehr den Begrif vom Richten haben, welcher nicht ganz so gut hieher paßt. Es entspricht dem ελεγχειν im N. T. So auch die Ueberreste der alten Griech.Uebersetz. Hexapl. Orig. Montef. T. II. p. 540. Hrrr Insp. **Schröder**: wider eure Mutter haltet diese Strafpredigt; und unter der **Mutter** versteht er die abgöttische MütterKirche

che, die abgefallene Synagoge כי־אשה׳ Daß sie nicht mehr meine Ehefrau und ich folglich nicht mehr ihr Mann bin. Hr. Hofr. Michaelis: denn ich bin ꝛc. איש und אשה in der bekannten Allegorie. Reiche werden nach einer gewönlichen Vorstellung im A. T. als Gottes Weiber vorgestellet. Jes. 50. 1. Ich habe das Land nicht verlassen, das Land hat mich verlassen. Das königliche Haus beförderte besonders die Abgötterey, drum ward auch Hosea erster Sohn Jesreel genannt. ותסר das ו verbindet nur die Rede mit dem vorigen und braucht nicht übersezt zuwerden. Von סור. Hr Bahrdt will das ו durch donec geben, und das folgende: non agnoscam eam, donec ad meliorem frugem redeat. זנוניה und נאופים haben gemin. rad. weil sie aus einer conjug. graui herkommen. Diese Formen haben gewönlich einen sensum intensiuum, recht schändliche Hurerey und Ehebruch. Michaelis: sie soll nicht mehr Unzucht in ihrem Gesichte und Ehebruch zwischen ihren Brüsten haben. Dis scheint mir zu Hebräisch. Struensee: daß sie ihre Hurerey lasse und ihr Ehebrechen einstelle; dünkt mir zu matt gegen das Original zu seyn. Ich habe das erste Wort Hurenküsse, das andre ehebrecherische Betastungen übersezt. So scheint mir פנים und שד doch nicht müssig und das ganze verständlich zu seyn. Houbigant ist hier nicht ohne Geschmack und Gefühl.

Das Targ. Jon. hat anders gelesen oder blos erklärt: donec auferat opera sua mala a conspectu vultus sui & cultum idolorum suorum de medio ciuitatis suae. Bahrdt: indicantur lasciui amplexus. Schröer: die Hurerey sieht ihnen aus den Augen und dadurch geben sie ein böses Exempel. Sie spare ihre Caressen und Galanterien, gibts Hr. HR Pfeifer und denkt an d. wegnehmen des Brustgürtels.

V. 5.

פן -ne - oder, wenn sie das nicht unterlässet, so ꝛc. Damit ich nicht, LXX. ὅπως ἂν, quo fiet, ut exuam; ist mit ινα μη im Ganzen einerley. Hr Insp. Schröer: Particula פן ist hier nicht haefitantis, ne forte, sondern consecutiue, alioquin, sonst, zu nehmen. אפשיטנה - Hiph. פשט. Die alten Uebersetzungen kommen alle im Begriffe des Entkleidens und Entblössens überein. Der Mann kleidet gewönlich die Frau und schmükt sie. Israel wird zumal als ein armes Mägdchen vorgestellt, das Gott nackigt gefunden und bekleidet habe. Dis ist zugleich ein Stük der Prostitution eines geilen Weibes, welche ihrem Manne ungetreu gewesen ist. ערמה - Döderlein: vestibus spolitatis nudum. והצגתיה- נצג Hi. הציג, posuit, collocavit. Alle Alte in der Londn. Polyg. kommen in diesem Sinne überein LXX. ἀποκαταστήσω. הולדה -

geht

geht auf die natürliche Blöſſe, womit wir gebohren werden, und iſt eine Umſchreibung des vorhergehenden Wortes. ערמה. וׁשׂמתיה, ein Synon. von חצתיה. כמדבר- die Redensart iſt von den dürren Arab. Sandwüſten hergenommen. Fruchtfelder ſind mit Früchten gleichſam geſchmükt und bekleidet, Wüſten aber ſind gleich nackenden Perſonen. Drum paſſet das Bild recht gut. וׁשתה ein neues Synon. שׂום und שית ponere. Houbigant führt die Leſeart וׁשתי an, mit einem Jod, welche vorzüglicher iſt, auch mit den Alten mehr übereinkömmt. ציה und צמא und ähnl. Wörter werden in der Bibel mehrmals verbunden. Jeſ. XXXV. 7. Jer. II. 6. ה y LXX ανυδρον. So nennt Horaz Apulien *ſiticuloſam*. Weil in ſolchen Ländern weniger Reiſende ſind, ſo ſcheint daher die Ueberſ. d. Vulg. zu kommen: *velut terram inviam*. Vgl. Bahrdt. Schröer: wo Chriſtus, der Kern und Stern der H. Schrift fehlt, da iſt keine gute Zucht zu hoffen. Hezel: der Zuſtand der 10 Stämme im Aſſyr. Elend war der Sclaverey ihrer Väter in Egypten ſehr ähnlich. המתיה. von מות. *interficiam ſiti* — In einer unfruchtbaren Gegend fehlt es gewönlich auch an Quellen, zumal in jenem heiſſen Lande. Vgl. Vitringa ad Jeſ. T. II. p. 557 a. Schröer verſteht es vom Hinwegnehmen geiſtlicher Gnadenmittel und Güter.

V. 6.

וְאֶת־בָּנֶיהָ – Bahrdt: Neue etiam posteros eorum iisdem malis subiiciam. Unter diesen Kindern werden nun die einzelnen Iſraeliten verſtanden, ſo wie vorher von der Mutter, dem ganzen Reiche, die Rede war, oder von der Iſraelit. Kirche, wie ſich Hr. Hofr. Michaelis ausdrükt. Moſ. Recht I. 7. §. 33. S. 210. בְּנֵי זְנוּנִים - ſie folgen der Denkungsart und den Sitten der Mutter; wie es die macht, ſo machen es die Kinder auch. Pfeifer: Coquetten-Kinder.

V. 7.

כִּי - denn; das Griechiſche ὅτι; welches durch quia oder enim gegeben werden muß. Bahrdt: addit caussam, cur filios et nepotes Iudeorum tum viuentium בְּנֵי זְנוּנִים; dixerit. Von זָנָה iſt ſchon oben gehandelt. אֵם, die Mutter, iſt bereits v. 4. erklärt worden. הוֹרָתָהּ iſt ein Synonymum von אֵם, conceptrix, genitrix ipsorum. הָרָה. Die LXX überſetzen es hier τεκοῦσα αὐτὰ und Cant. 3, 4. ἡ συλλαβοῦσα. Syr. nnd Vulg. Genetrix (יָלַד). הֹבִישָׁה muß nach dem parallelismo membrorum mit זָנְתָה, welches Pfeifer übſ. trieb Coquetterie, im Ganzen gleichbedeutend ſeyn. בּוֹשׁ und יָבֵשׁ werden wol zu weilen verwechſelt.

Hosea II, 6. 7.

sdt. „Handelt schändlich„ Jer. VI. 15. VIII. 12. Pudenda admisit, ignominiosa fecit Döderlein ad Grot. LXX. κατησχυνεν Vulg. confusa est. Das folgende כי soll nun anzeigen, worinn diese schändlichen Thaten bestehen, nehmlich in grober, undankbarer Abgötterey. Das Targ. Jon. enthält eine Art von umschreibender Sacherklärung: quia fornicata est congregatio ipsorum post Pseudoprophetas. vgl. Pococke a. b. St. Nach אמרה ist בלבה zu subintelligiren. אלכה אחרי— das ה parag. ist im Fut. gewönlich הלך mit אחרי heißt folgen, nachlaufen, nachgehen. LXX. ἀκολουθησω welche Leseart aber wol eine Randglosse ist. Die Römische Leseart scheint die richtige zu seyn: πορευσομαι οπισω, welche auch der Araber beibehält. Vgl. Bahrdt. מאהבי meinen Liebhabern will ich nachlaufen. Die Liebhaber sind die Götter fremder Völker, welchen die Israeliten nachliefen und sie, Gottes Warnung ungeachtet, nicht verlassen wollten. Herr Schröer versteht Heydnische Völker, mit welchen sie Alliance geschlossen. Unter לחם ist überhaupt alle Speise zu verstehen und Wasser war im Morgenlande eine der grösten Wohlthaten. צמר— צמרי lana. Targ. Ion. vestimenta sericea, wobey Grotius bemerkt: ex lanugine arborum depecti sericum, etiam Graeci & Latini diu crediderunt. Die alten Griech. Ueberf. beym Orig. Hexapl. entweder τα αγια μου oder τα ιματια μου. פשתה
wird

wird für ein Egyptisches Wort gehalten, weil in jenem Lande der beste Flachs wächset. Leinwand statt leinener Kleider, materies pro materiato. LXX. οθονια, welches der Araber übel durch fascias gibt. שמן geht hier wol auf Salböhl שמני, der pl. stat. constr. mit d. suff. 1. pers. Der sing. שמני (von שקה) potus. So hat es auch die *Vulg. Targ. Ion.* omnia alimenta mea. LXX. και παντα οσα μοι καθηκει. *Syr.* quidquid mihi necessarium est. *Ar. Pol. &* quidquid mihi opus est. Diese leztern scheinen es von שון oder שקה hergeleitet zu haben, vgl. Pococke. Im CII Ps. v. 10. wird שמני mit der Asche verbunden, welche der Dichter, wie Brodt, esse, Prov. III. 8. ist es etwas, was zur Stärkung der Glieder auf den Leib gestrichen wird. Der Berliner Recensent meiner Uebersetzung tritt der Vulgata bey. Houbigant zieht die Uebers. der LXX vor und leitet es von שוה avere, concupiscere her, welche Bedeutung besondes im Arab. vorkömmt. S. *Cocceji* Lex. neue Ausg. f. h. v. Hr Bahrdt glaubt, man habe ehmals כל שמני gelesen. HofR. Pfeifer; meine Salben.

V. 8.

Gott gibt nun zu erkennen, wie er ihnen die Abgötterey schon vertreiben wolle. Da die Ab-
göt=

götterey nun in dem Bilde des Nachlaufens fremder Götzen vorgestellet war, so werden die Re-
bensarten jener Metapher gemäß eingerichtet. לב-
geht auf die frechen Reden, welche im 7. V. angeführet waren. שך– wie ein fut. אשוך, weil
הנני dabey steht. שוך heißte inflechten, verwi-
wickeln, zäunen. Im Arabischen werden die
grossen Dornen selbst davon genannt. Vgl. Job.
I. 10. Bahrdt. Continet hic versus tropi-
cam descriptionem incarcerationis in captiui-
tate Babylonica. Sensus: includam te vt,
quo te vertas & unde auxilium petas, nescias. So Hr. Schröer auch. שוכות Jud. IX.
48. 49. grosse Dornsträuche. דרך beziehet sich
auf das oben Erläuterte הדרך אחר. בטירים
mit Dornen. Pred. VII. 6. LXX. εν σκολοψι
welches Herr Bahrdt tropisch! von verhaßten
Menschen versteht, daraus 2 Cor. XII, 7. erläutern
und eine Anspielung auf die Feinde der Juden
finden will, welche sie in Gefangenschaft führen
würden. Ich will dir den Weg verzäunen, durch
Dornsträuche in dem Wege. Dis zielt auf das
Nachlaufen der Buhler. „Warte, ich will, dir
den Weg verhauen„! Das suff. 2 persl. in דרך
scheint der Folge, wegen נדרה, nicht gemäß zu
seyn. Die LXX, Syr. Ar. Pol. haben דרכה
gelesen, welches mir natürlicher vorkömmt. Als
ich so übersezte, wußte ich nicht, daß die Herren Houbigant, Struensee, Michaelis
und

und **Döderlein** auch diese Lesart vorgezogen hätten.

גדר ‎-גדרתי את- גדרה das Stammwort גדר heißt umzäunen, eine Wand aufführen, davon גָדֵר, und גְדֵרָה eine Wand von Steinen, aufgeworfne Steine in den Weinbergen u. s. w. Eine Mauer im Wege aufziehen, ist nicht eigentlich zu verstehen, sondern der Sinn ist, wie aus dem ganzen Zusammenhange erhellet, durch Steine den Weg verhauen, daß man nicht fortkommen kann. In der Londner Polyglottenbibel und in der Bibel von *Arias Montanus* ist גדרה richtiger gesezt, ohne Punktum im ה, welches sich sonst in 3 andern Ausgaben, die ich von der Hebr. Bibel besitze, befindet. *Vulg.* sepiam eam maceria LXX ἀνοικοδομησω τας ὁδους, welche wol nicht anders gelesen haben. Denn Thren. III. 9. geben sie גדר durch ἀνοικοδομειν, verbauen. So auch **Pfeifer.** *Syr.* obsepiam semitas eius. *Ar. P.* semitas eius aedificabo. Die Alten scheinen דרכה oder wie der Berliner Herr Recensent meiner Uebers. glaubt, ארחיהה gelesen zu haben, daher die **Struensee**sche Uebers. ich will ihn (nemlich den Weg) verbauen. **Dathe:** sepimento objecto faciam, ut cet.

נתיבה ונתיבותיה לא תמצא. Das Wort נתיבה kömmt von dem Arab. נת her, elatus est,

emi-

eminuit, und heißt semita, einen Fußsteig kann man oft schon von weiten erkennen. Die Alten kommen in dieser Bedeutung überein. Struensee gibt es: Gänge, Michaelis: Schleichsteig. Meine Uebers. soll hoffentlich auch deutlich seyn. Pfeifer: Pfade. Ich will ihr das Nachlaufen schon verbieten, indem ich das Land verwüste. Die Hauptgötzen waren jezt die Kälber zu Bethel und Dan. Grotius macht hier die Anmerkung: abducti in Assiriorum vinculis loco adstringemini, vnde exire vobis non liceat. vergl. Pocoche.

V. 9.

ורדפה – Das Subjekt der Rede ist noch das Israelitische Reich, welches als eine Frau vorgestellt wird. Dis pract. ist auch hier, als ein Futur. zu nehmen. Das ו erklärt Hr. Bahrdt etiamsi. רדף eilig nachsetzen, nachlaufen. Der Arab. hat übersezt: expellam. Da dieser Uebersetzer immer bey den kleinen Propheten den LXX folgt, so muß entweder bey diesen auch in der ersten Person καταδιώξομαι gestanden haben, oder es muß ein Fehler in d. Arab. Uebers. seyn. מאהבית – Part. Pi. Unter den Liebhabern sind, wie vorher die Götzen zu verstehen. השיג – das Wort השיג, erreichen, kömmt besonders Gen. XXXXIV, 4. 6. in einer sehr deutl. Stelle vor. Der folgende Parallelismus macht die Bedeutung

noch

noch deutlicher. בָּשׁ vom auffuchen ist bekannt. אֵלְכָה וְאָשׁוּבָה. Daß an die fut. häufig ein paragog. ה gesezt wird, ist bekannt. שׁ kann hier als eine blosse Partikel gegeben werden: ich will wieder gehen s. w. Vgl. Luc. XV, 17. Der Syrer scheint kein ו zwischen beiden Zeitwörtern gelesen zu haben. Unter dem vorigen oder ersten Manne wird Gott verstanden, denn so lange die 10 Stämme noch frey von Abgötterey waren, befunden sie sich in glüklichen Umständen. שׁוּב־מֵעַתָּה mit dem folgenden מ ist der comparativus: besser als jezt. Beatior eram isto tempore. Damals genoß ich alles Gute, jezt bin ich äusserst unglüklich. Eine ähnliche Sprache findet sich Luc. XV. 18. In der Gefangenschaft wurden sie verhindert, ihre Götzen zu finden und verlohren auch die Lust, ihnen nachzulaufen. Bahrdt: destituetur ope Deastrorum, cum quorum cultoribus amicitiam inierant.

V. 10.

וְהָיָה geht noch auf die Mutter, das Reich der zehn Stämme. ו verum, wie es der Syrer übersezt. יָרַד hat hier die Bedeutung von bedenken, überlegen. Es ist hier ein offenbarer Gegensatz gegen v. 7. תִּירוֹשׁ, Most, steht oft vor innländischen, einheimischen Wein. יִצְהָר, der Oehlbaum, das im Lande wachsende Oehl.

Dehh. Diese Stücke beschreiben alle die Fruchtbarkeit des gelobten Landes Vgl. *Warnekros de fertil. Palaest. &Capp Cr Sacr. T. II. p. 867.* ibi *Scharf.*—הרבית. Ich habe viel gemacht Gold und Silber d. i. es dem Lande reichlich gegeben; ich verstehe es nicht unmittelbar von Bergwerken, sondern mittelbar von Handlung, durch Verkaufung der vorhin angeführten Landesproducte. —עשו— zeigt die üble Anwendung der von Gott erhaltnen Güter an. Houbigant will ישעו lesen, gleich dem Syrer. Das natürlichste ist, man supplirt את אשר. עשה mit ל heißt impendere rei alicui. Daß בעל der Name mehrerer Götter sey, ist bekannt. Besonders hieß eine von den Sidoniern angenommene Gottheit so, welche Elias mit den Priestern zerstörte. Die Sidonische Prinzessin Isabel breitete diesen Götzendienst hauptsächlich im Lande aus. Da der Syrer übersetzt: ex quo fecerunt Baalem i. e. ex quo sibi idola conflarunt, so scheint er nicht לבעל, sondern blos בעל gelesen zu haben.

V. 11.

אשוב ולקחתי— Wenn zwey solche verba verbunden werden, so ist das erste nur als eine Partikel anzusehen: ich will ihnen wieder wegnehmen. לקח, wie auch λαμβανειν im N. T. hat wol die Bedeutung eripere, auferre. Pfeifer: Gold, zu Götzen verwendet. בעתו und במועדו stehen zusammen in Verbindung, und sind

sind Synonymen. מועד von עד, tempus fixum, certum. Bahrdt: gerade, wenn sie erndten wollen, will ich's ihnen vor dem Munde wegnehmen. So hat es auch ohngefär Jonathan und HR. Pfeifer. תירוש und דגן v. 10 והצלתי von נצל, ich will zurük fodern und wiedernehmen. So auch die Alten. Vg. Bahrdt Von צמר und פשתה s. v. 7. לכסות ich ziehe mit Houbigant, Dathe, Bahrdt und Seruensee die Lesart der LXX מכסות vor, ne verenda tegere possit. Von ערוה ist schon vorher gehandelt. Die gewönliche Lesart, welche der Syr. Vulg. und Hr. Hofr. Michaelis in der Uebers. beybehalten haben, würde den Sinn geben: welche Sachen sie gebrauchen, um sich zur Bedeckung der Blöße Kleider zu machen. So nimmt es auch ohngefähr der Berliner Recensent m. Uebers. A. D. Bibl. LIX, 28 Stk. S. 520. und Hr. HR. Pfeiffer.

V. 12.

נבלות – נבלתה Schande d. i. abscheuliche Bosheiten. Sie hatten sich bisher vor ihren Buhlern mit den göttlichen Geschenken groß gemacht; nun will ihnen Gott alles wieder nehmen, damit sie vor ihren Buhlern wieder recht beschimpft und prostituiret würden. Von den מאהבים ist bereits v. 7. geredet worden. נצל ist schon v. 11.

Hoseä II, 12. 13. 49

11. erläutert. ולא שא d. i. Niemand, LXX. ουδεις. Vgl. Jos. X, 28

V. 13.

והשבתי ich will aufhören, schweigen machen. שבת. Bahrdt: nullum eis otium dabitur a laboribus Jer. VII. 34. XVI, 9. XXV. 10. משושת d. i. ihre frölichen Feste, Jes. 24, 11. משוש die Freude. יום ist ausgelassen. Die Juden theilten ihre Feyertage in jährliche, monathliche und wöchentliche Feste, so ist's auch hier. חג die jährlichen Feste, חדש, die monathlichen (Vor חדשה lesen einige Alte noch die Copula 1) und שבת die wöchentlichen. Die suffixa gehn auf Jsrael in dem Bilde einer treulosen Ehefrau. מועד, und was sie sonst etwa vor festliche Tage oder Zeiten hat. LXX. τας πανηγυρεις αυτης. Hebr. XII. 23. Bahrdt: eft vocabulum generis, cuiusuis generis conventum denotans, a יעד condixit. So wol hieraus, als aus v. 18. sieht man, daß die Jsraeliten bey aller ihrer Abgötterey einen Schein der Verehrung des wahren Gottes müssen beybehalten haben; manche bildeten sich wol gar ein, sie verehrten unter dem Baal den wahren Gott. Durch die Wegführung in die Gefangenschaft sollten alle ihre Feste ein Ende haben. Geistliche Anwendungen findet man bey Hr. Insp. Schröer.

D V. 14.

Hoseä II, 14.

V. 14.

שמם־והשמתי, zerstören, verwüsten. Die folgenden nomina stehen alle collectiue. תאנה־תאנתה, Feige. Es scheint, daß man in den Weinbergen auch wol Feigenbäume gehabt habe. Joel. I. 7, 12. Jerem. V. 17. אתנה־ LXX. μισθωματα — (μs ταυτα εsι. Sie müssen also noch ל gelesen haben) und so die mehresten Alten; öffentlicher Hurenlohn, wodurch sich jene ausschweifenden Personen bereicherten. So אתנן Hos. IX.. 1. Vgl. Mich. I. 7. Ezech. XVI. 31—41. Deut. XXIII. 19. Das Stammwort רנה kömmt VIII. 9. 10 vor. הבה geht auf, נתנו תאנך und jפ. Manche Jdee zur Abgötterey mochte wol in Asien daher kommen, daß man glaubte, die natürlichen Geschenke in der Natur wären zu geringe Gegenstände für den höchsten Gott, er habe dazu gleichsam Untergötter, an die sie sich wenden müsten. Von מאהבים ist bereits geredet. והשמתים. Das suff. ם geht auf das vorige המה, dessen Beziehung gemeldet worden. ליער־ zu einen Walde, welches Wort oft statt Wüste steht. Die Rede war von fruchtbaren Gewächsen, nun will Gott das Land verwildern lassen, welches durch die Verwüstung der Assyrier geschahe. Vgl. *Cappelli* Crit. Sacr. ed. *Scharfenberg* T. II. S. 590. 642. Schon Hieronymus bemerkt: daß die LXX. לעד in testimonium, εις μαρτυριον gelesen hätten,

Hosea II; 14—15.

ten, welches Hr Struensee, welcher doch den LXX folgt, übersehen hat. Ich habe der Folge wegen mit Mehrern die gewönliche Leseart beybehalten. Bahrdt: At nostra lectio praeferenda ob contextum: & quia reliquae versiones eam tuentur. Vgl. Schröer. השדה — dieser Zusatz zeigt gewönlich, wie agrestis in manchen Fällen, daß von wilden Thieren die Rede sey. Die LXX haben noch den Zusatz: καὶ τα πετινα του ουρανυ και τα ερπετα της γης. Vielleicht sind diese Worte aus dem 20 V. interpolirt. Alt aber muß die Interpolation seyn da sie der Araber ausdrückt.

V. 15.

פקד wird gern mit על construirt und heißt denn strafen. ימי הבעלים — Baalim stehn für alle Götzen, welche hier als Liebhaber und Buhler vorgestellet werden, eine Anspielung auf בעל, Ehemann. Die Götzenopfer waren recht eigentliche Freudentage, worauf nun traurige in der Gefangenschaft folgen sollen. אשר להם gehört zusammen, quibus. Es kann auf ימי gezogen werden, denn würde es heissen quibus *diebus*, oder auf בעלים, quibus *diis* sacrificat. הקתיר geht hier aufs ganze Opfern. Die LXX εθυεν immolauit, der Araber suffitum fecit. Vielleicht laß er in den LXX ϑυμιασεν. Vgl. Bahrdt. Lev. I. 3. v. 15. species pro genere. וחתעד- von עדה, sich putzen, Schmuck anlegen. Es. LXI., 10. und Bahrdt. An den Festtagen pflegte man den kostbarsten Schmuk anzulegen. Das ו ist so viel, als ואשר, cum respectu ad ימי & quo tempore. נזם Gen. XXI. 22. Jub. VIII 24. Gen. XXIV. 47. XXXIV. 4. Jes. III. 25. ornamentum nasus und inaure, ενωτια. Da אף על נזם vorkömmt, so sieht man schon daraus, daß נזם an sich allein noch nicht heiße Nasenring, wiewol es oft in dieser Bedeutung vorkömmt und diese Sitte auch sonst bekannt ist. Man hängt auch Zierrathen über die Stirne bis an die Nase herab, goldne Ringe oder halbe Monde, deren man sich als Amulete bediente. חליה וחליתה monile, auch mehrerley Arten des Geschmeides. Die LXX καθορμια. Syr. Perlen. Symm. περιτραχηλια αυτης. שכחה, Dis Wort ist vom vergessen ganz bekannt. Durch die überhand nehmende Abgötterey wurde der Dienst des wahren Gottes negligirt. נאם ein gewöhnlicher Zusatz in den Propheten, wenn Gott geredet. Vgl. Bahrdt.

V. 16.

Hier geht der Uebergang zu dem Folgenden an. Man kann diesen Vers entweder als eine Beschreibung der ehmaligen Wohlthaten betrachten, welche das Volk ganz vergessen hätte,

oder

oder es kann auf die künftigen Verheissungen gehen, dann würde uns diese Stelle auf die ächtbi-
blische Warheiten führen, daß Gott bey seinen
Strafen die allerbesten Absichten habe. Nach
der ersten Erklärung geht also der Vers auf das
Vorhergehende, und nach der leztern auf das
Folgende. Herr Hofr. Michaelis zieht es mehr
zum Folgenden, welche Erklärung allerdings, besonders um v. 17. willen, vorzuziehen ist.

לכן Michaelis: darum. Wer es zum vorigen ziehen wollte, müste diese Partikel mehr durch
denn geben. Ludw. de Dieu: utique, ecce
ego pelliciam eam.

מפתיה Das Stammwort פתה wird
von schmeichelnden Vorstellungen bey Kindern
und auch bey Verliebten gebraucht. Ueberreden,
liebkosen, sich verlieben. Jer. XX. 7. So
kömmt es in der Geschichte der Delila vor Richt.
XIV. 15. 16. 17. Ex. XXII, 16. Gott stellet sich
im ganzen Zusammenhange als einen Geliebten
und Ehemann vor. Die Folge macht aber Schwürigkeiten. Wüsten sind wol eben nicht die
geschiktesten Pläze, wo Liebhaber ihren Geliebten
schmeicheln. Herr Hofr. Michaelis macht zwar
eine Anmerkung, welche diesem Zweifel entgegengesezt werden kann: „ein Ehemann betrieget sei-
„ne ihm untreue Frau und macht, daß sie, in
„Hofnung, ihre Liebhaber zu finden, sich in
„unwegsamen Wüsten verirret; hier begegnet er

„ihr, macht ihr aber nicht die beschämenden Vor-
„würfe, die sie so sehr verdienet hatte, sondern
„redet ihr freundlich zu, und führet sie wieder
„nach Hause. Sie fühlt hier alles, was man
„selbst bey der Sache denken wird, das Beschä-
„mende der Lage, in der sie der Mann antraf,
„seine Güte und bessert sich. Herr Bahrdt
hält es vor eine Jronie: Propterea id agam,
vt, quod alias blandimentis efficere studet
amasii, malis immissis ego efficiam. Herr
Schröder hat besondre, hineingetragene Gedanken von der Berufung zum Apostelamt unter
die Heiden. Da aber auch דבר על לב zulezt noch kömmt, so scheint eine andere
Erklärung von פתה zu wünschen zu seyn. Es
heißt auch weitmachen. 1 Mos. IX. 27. XXVI.
22. Nun muß aber ein Wort allemal von der
Materie erkläret werden, wovon die Rede ist.
„Ich will sie weit machen davon d. i. ich
„will sie weit von ihrem Lande entfernen und in
„die Wüste führen„ Vulg. lactabo LXX πλα-
νῶ, vgl. Döderlein a. d. St. u. Houbig. המדברה.
Der Ausbruk ist wol von der ehmaligen Einführung der Israeliten in ihr Land hergenommen.
„Wie ich sie ehmals lange herumgeführet habe,
„um sie zur Liebe gegen mich zu reizen d. i. sie
„von der Abgötterey abzuziehen: so will ich es
„auch jezt thun„. Die Ausführung in die Gefangenschaft wird oft mit der Ausführung aus E-
gypten verglichen und der Aufenthalt in der Ge-
fan-

fangenschaft mit dem Aufenthalte in der Arab.
Wüste. Eben so redet Jerem. XXXI. 2. Die
LXX. haben mehr die Sache, als die Worte
ausgedrückt. לבה Diese Redensart heißt Jemanden freundlich zu reden. Gen. XXXIV
3. L. 21. Jes. XXXX. 2. Vitringa ad Jes T.
II. p. 3 1. a.: loqui affectui consentanea,
quae quis lubens volensque audit, quo pertinet, vt non tantum *res ipsae*, quae dicuntur, sed & dicendi proponendique modus
aptus sit mulcere animum eumque ab aegritudine & anxietate liberare. Eben dieser Gelehrte versteht unter Wüste das Babyl. Exil T.
I. 603. a. Bahrdt: das sollen die Caressen seyn,
dadurch ich sie an mich zu ziehen suchen werde.
Ein guter Gatte, schreibt Hezel, läßt seine Frau
durch Ausschweifungen in die äusserste Noth gerathen, um dann durch Vorstellungen sie zu beßern. Auf die Predigt des Evangelii im N. T.
kann diese Stelle nicht ohne Gewalt gezogen werden. Hr. Insp. Schröer scheuet sich nicht zu
schreiben: Es ist höchst absurd, diesen Worten
einen irrdischen Sinn mit Grotio anzudichten.

V. 17.

Dem ב, womit dieser Vers anfängt, gibt
Hr. Bahrdt die Bedeutung & postea, כרמיה
ihre Weinberge — Aus einen Versehen habe
ich den sing. übersezt, künftig soll bei einer zweiten

ten Auflage der pluralis gesezt werden. LXX. τὰ κτήματα. Bahrdt: posito nomine generis pro nomine formae, so auch *Ar. P. Vulg.* vinitores, *Chald.* gubernatores. Diese leztern haben nach dem ב ein Cholem gelesen. Da vinea auch wol de parte muliebri vorkomme, so ist Grotius geneigt, unter vinitoribus adulteros zu verstehen Hohel. VIII. 12. Das aber hieher gar nicht paßt. Hr: Schröder versteht die Gemeinde des Herrn. משם, bezieht sich auf die vorher gedachte Entfernung aus ihrem Lande in die Gefangenschaft. Inde, ex istis ipsis malis sc. *reducam illos* & *dabo.* ואת עמק עכור sc. נתתי ist eben das Thal, wo Achan gestraft wurde, Jos. IV. 1—24. 26. VII. 26. eins der fruchtbarsten Länder, ein Theil der gesegneten Gefilde von Jericho. Die Israeliten hatten da ihr Lager, als sie über den Jordan gegangen waren und in das eigentliche Land Canaan eingingen. Sie sahen da das Land zuerst auf einer sehr fruchtbaren Seite, welche ihnen Lust und Muth machte, es zu erobern. לפתח תקוה Aehnlich ist der Ausdruck ApGesch. XIV, 27. θύρα πίστεως. *Vulg.* ad aperiendam spem. LXX. διανοῖξαι σύνεσιν (lasen vielleicht תבונה) αυτης. Beide haben den Infinit. in Pihel gelesen. לפתח. Im Commentar hat Hieronymus: in ostium spei. Vgl. *Cappelli* Crit. Sacr. T. II. ed. *Scharf.* p. 532. und 814. Theodotion: ἀνεῴξασθαι τὴν ὑπομονὴν αὐτῆς. Symm.

θύραν ἐλπίδος. Vgl. **Vitringa** ad Jes. T. II. 902. a. welcher es gibt: in oſtium ſpei ſc. recuperandae totius hereditatis terrae ſibi promiſſae. **Schröer**: zur ſeligen Hofnung des Meſſias. *Chald.* ad delicias animae. **Michaelis**: als eine Thür des Hofnungsvollen Landes. **Hezel**: als der Hofnung Pforte. **Struenſee**: zum Anfange guter Hofnung. פתה bedeutet jeden Eingang, jede Oefnung. Pſ. 119, 130. Es kann alſo erkläret werden zur Eröfnung der Hofnung, ſo nimmt es der Berliner Recenſent * oder bey dem erſten Eintritte in ihre Hofnung d. i. in ihr gehoftes Land. Eine Schilderung von der Art, wie die Einführung der Iſraeliten ins Land Canaan geſchehen war. Vielleicht daß die zurükkehrende Iſraeliten von den 10 Stämmen in dieſem Thale ein Freudenfeſt feyerten. Vgl. **Houbigant**. Es fehlt uns an gehöriger hiſtoriſcher Känntnis von der Rükkehr derſelben. Faſt geht es uns mit der Rükkehr der Griechen von Troja eben ſo. Viele Schriften περι νοϛου ſind verlohren gegangen, doch wiſſen wir davon weit mehr, als von der Rükkehr aus der Gefangenſchaft. **Capellus** a. a. O. S. 814. erklärt es: vt ſit illi veluti arrha bene ſperandi de reliqua poſſeſſione. **HR. Pfeifer**: zum Anfang der Hofnung.

וענתה

---

* ad ingreſſum ſpei, ut iam bene ſperare incipiat.

וענתה- respondebit, carmine amoebaeo canet. Das Singen der Freudenlieder geschahe wol in abwechselnden Chören Exod. XV. ar XXXII 8. D. ut. XXVII. 14. Hr Hofr. Michaelis hat diese Leseart auch vorgezogen. LXX Symm. und Syr. übersetzen: humiliabitur bi, welchen Struensee und Dathe beytreten: postquam ibi adflicta fuerit. Diese müssen punctirt haben עֻנְּתָה. Hr D. Dathe macht dabei die Bemerkung: constat enim ex historia, Israelitas minime cum cantu & inter laeta iubila ex Aegypto esse egressos, sed potius magna cum festinatione, ita vt de carminibus canendis profecto non cogitarent. Unsrer Einsicht nach, ist aber die Rede von der Rückkehr aus der Gefangenschaft. Hr Insp. Schrörr denkt auch hier an geistliche Concerte. עֲלוֹת ist in Absicht Egyptens vom Lande Canaan gewönlich. Die Zeit des Hinaufsteigens aber und die Zeit der Kindheit sind synonyma. Der Anfang des Reichs ist die Zeit der Kindheit, die größte Blüthe das männliche Alter, die Abnahme, das hohe Alter. An geistliche Erklärungen denke ich hier gar nicht. Da aber in der Folge Verheissungen vorkommen, welche auf die Rückkehr aus der Gefangenschaft nicht gehen können, so muß man sich wohl einprägen, daß die Propheten die Zeiten der Rückkehr und der Befreyung des Volks von seinen Feinden mit den Zeiten Christi in Eine Periode zu vergleichen pflegen.

Die

Hosea II, 17. 18.

Die ganze Periode wird successive beschrieben. Man kann übrigens hieraus und aus mehr Stellen schliessen, daß Cyri gegebene Erlaubnis zur Rükkehr sich nicht allein auf die 2, sondern auch auf die 10 Stämme erstrecket habe.

V. 18.

Von hier bis zum 25 V. folgt eine ausführlichere Erläuterung der göttlichen Verheissung von dem endlichen Glücke der zerstreuten Israeliten. Daß das היה eine Umschreibung des futur. in solchen Constr. mache, habe ich schon oben erinnert. ביום ההוא ist von einer ganzen Zeitperiode gewönlich. איש und בעל werden beyde von Ehemännern gebraucht. Gen. XX. 3. 2 Sam. XI. 26. Prov. XII. 4. Vgl. *Vitringa* ad Jes. T. II. 686 a. 688. a. Am Götzendienste würden sie den grösten Abscheu bekommen. Da sie bisher בעל auch von Ehemännern gebraucht hätten, so würden sie nun einen solchen Haß gegen die Abgötterey bekommen, daß sie auch den Namen בעל nicht einmal mehr würden ausstehen können, sondern dafür lieber den Namen איש gebrauchen würden. Alle alten Uebersetzer, auch die neuern, haben Baal beybehalten. Ich habe Herr gesezt. Aq. ὁ ἔχων με. LXX. Βααλειμ. Von den Zeiten der Maccabäer an hört auch die Liebe zur Abgötterey auf, und je grösser die Neigung dazu vorher gewesen war, desto grösser war zu Christi Zeiten ihr Abscheu darwider. Selbst die Juden in heidnischen Ländern trieben keine Abgötterey mehr, und in den Schriften der damaligen Zeit sieht man recht deutlich den erschreklichen Haß der Juden gegen alles Heydnische. Dis war gewiß eine sehr merkwürdige Veränderung in dieser Periode. Vergl. Michaelis a. d. St. Vitringa T. II. 688 b. Houbigant: quia diliges me, non iam te, ut antea dimiseram, dimissurum: & mihi seruies per amorem, non per timorem.

19.

בעלים - Dis macht den Sinn vom vorhergehenden בעל deutlicher. ה׳ספ das Volk wird noch immer im weiblichen Geschlechte vorgestellt, daher das suff. femin. — ולא יזכרו, (vgl. Pocock) ist mit dem ersten Gliede der Rede in einerley Sinne zu nehmen: „die „Namen der Baalim sollen nicht mehr ausgespro„chen werden,, זכר mit ב construirt, ist zu merken. Vgl. Houbigant. Einige Alte habe זכרו im sing. gelesen. Vgl. Bahrdt ad h. l.

V. 20.

Das עם gehört zu den Anfangsworten ברית להם כרתי. ist der dativ. commodi: zu ihrem Be=

Besten will ich einen Bund machen. ברת ist von Opfern gewönlich und entspricht dem icere foedus im Lateinischen und dem ορκια τεμνειν im Griech.. Der Zusaß השדה zeigt an, daß es wilde Thiere sind. Bund mit den Thieren machen ist eine uneigentliche Redensart, sie sollen das Land ungestört lassen, gleichsam als wären sie durch einen Vertrag von Gott dazu gezwungen. Die Vorstellung ist aus der gewönlichen Fiction vom güldnen Alter hergenommen, zu welchem auch die Zahmheit der Thiere gehörte. Jes. XI. 6. 7. Ez. XXXIV. 25. Sehr lesenswerthe Betrachtungen hierüber enthält Hrn. Hofr. Michaelis Epimetron zu *Lowth* Praelect. de sacra poesi Hebraeor. ed. 2. p. 186. welches de imaginibus ex fabula poetica handelt. Vgl. Bahrdt. אשבות — *Syr.* abrogabo vgl. Jonathan. Bogen und Krieg halte ich vor den bekannten Ausdruk, statt Kriegsbogen. Der sing. steht collective. Die Kriegsbogen und Schwerdter will ich zerbrechen d. h. alle Kriege will ich aus dem Lande schaffen, das Volk soll ungestöhrt wohnen. Dis ist auch ein Stück des güldnen Alters. Jes. II. 4. Man muß bis also alles nicht eigentlich nehmen, sondern überhaupt glükliche Zeiten verstehen. Wer dergleichen wörtlich erklärt und auch so nimmet, muß nothwendig auf Abwege gerathen. Der Krieg wird wol auf der Welt nie aufhören. Die Rede ist von der Vollkommenheit des Glüks, wel-

welches Gott seinem Volke zugedacht hat. Von den Zeiten des Messias wird mit eben solchen Ausdrükken geredet: אשבור und השבים stehen als parallele Glieder der Rede in genauer Verbindung und ähnlicher Bedeutung. LXX κατα-κιω αυτους לבטח bis wird deutlich aus dem eben gesagten. Vgl. Vitringa ad Jes. T. I. 333. b. Aquila: εις πεποιθησιν Symm. εν ειρηνη LXX. επ' ελπιδι. Theod. εν πεποιθησει. Hezel: die aus ihren Exilien in ihr Vaterland wieder zurükkommenden Ebräer genossen, nicht nur so lange das Persische Kaiserthum stand, zwey völlige Jahrhunderte hindurch, sondern auch noch lange unter den Griechen, die erwünschteste Ruhe und unterbrochenen Frieden.

V. 21.

וארשתיך - Deut. XX. 7. 2 Sam. III. 14. Der Chald. & consolidabo te mihi in perpetuum. Die andern, so wol alte als neue Uebersetzungen, drükken den Begrif des Verlobens aus. Ein ungenannter alter Uebersetzer in Hexaplis Orig. gibt es: και ληψομαι σε. Grotii Erklärung ist recht gut: desponsabo d. i. vt sponsam & uxorem tractabo. Denn Gott fährt fort, das Volk als sein Weib vorzustellen, welches er nun wieder annimmt. Den Zusatz לעולם erklärt Herr Hofr. Michaelis gut. „Denn, schreibt er, Gott begiebt sich als Ehmann

Hosea II, 21. 22.

„mann des Rechts der willkührlichen Ehescheidung — Da nun aber gleichwol grade die Nachkommen der 10 Stämme in Deutschland und Polen zerstreuet sind, so hat sie Gott zwar wieder verlassen, weil sie ihn verlassen haben, aber er wird sie wieder annehmen,„ צדק und משפט heißt oft ius & fas; darauf wird es auch von der Warhaftigkeit und Treue Gottes in Erfüllung seiner Verheissungen gebraucht; so habe ich es in meiner Uebers. genommen. Michaelis: rechtskräftig und gerichtlich. Struensee: Durch Ausübung gerechter Gerichte (wodurch sie zum Nachdenken gebracht wären) Hr D: Dathe nimmts auch von gerechten Strafen. Hr. Hezel: durch gerechte, billige Strafen; und denn wieder durch Güte und Barmherzigkeit. Die alten Ueberseßungen folgen alle pünctlich den Worten. חסד und רחמים sind Synonyma, deren Sinn ist: auf die zärtlichste Weise, durch die Erweisung ganz ausserordentlicher Wohlthaten. Hr Pfeifer überseßt ohngefähr, wie ich. Bahrdt: צדק liberalitas, משפט, aequitas, חסד pietas, amor, רחמים affectus animi coniunctissimi, Zärtlichkeit, אמונה, fides conjugalis, πιςιϛ. Herr Insp. Schröer hat viel von der Braut Christi.

V. 22.

באמונה— Bey Warheit würde der erste und

und natürlichste Gedanke auf Gottes Treue gehen. Da ich aber davon schon צדק und משפט genommen habe, ziehe ich es auf die Standhaftigkeit des Volks. Eadem, qua erga te sui fide, eris erga me. So wird der Grund meiner Uebersetzung erhellen. Michaelis: auf Treu und Glauben. Struensee: warhaftig. וידעת — Ich nehme hier ידע nicht von dem allgemeinen cognoscere, sondern in der besondern Bedeutung, welche das Wort im Hebr. hat, des Liebens: me amabis, spretis omnibus riualibus. Die alten Ueberf. haben den Begrif des Erkennens und Fürchtens ausgedrükt, worinn die Neuern, Dathe, Struensee, und Michaelis, übereinkommen. Die Vulg. & scies, quia ego dominus: ac si esset כי אני יהוה. Hr. Hezel: וידעת ich will mich als deinen, ewig treuen Gott gegen dich erweisen; meine dir gegebene Verheissungen nun treulich an dir erfüllen, weil du mich wieder als deinen einzigen Gott erkennest und verehrest. Vgl. Vitringa ad Jes. T. II. p. 632. b. Eine von der meinigen etwas abweichende Uebers. findet man A. D. Bibl. LIX. 2, 521.

V. 23.

אנה והיה ביום ההוא vgl. v. 18. Das erste אנה lassen die LXX und mehrere alte Uebersetzungen aus. In meinem Königsb. Coder ist es nicht punc-
-tirt

tirt, also hatte es der Abschreiber nicht in seiner Handschrift. Es kann auch dem Sinne nach gut wegbleiben. Struensee, Dath. und Michaelis haben es gleichwol ausgedrükt. ענה heißt überhaupt, etwas gegen einander thun, einer dem Andern zu Hülfe kommen, entsprechen. Eccles. X. 19. Durch erhören drücken es die meisten alten und neuern Ausleger aus; Struensee gibt es durch: wirksam seyn. „Dem Himmel will „ich hinreichendes Waſſer ertheilen, das er auf „die Erde ausschütten soll und kann, und dis „wird auch der Himmel so viel thun, als nöthig „ist, damit die Erde ihre gehörigen Früchte her=„vorbringen könne„. Das erste אענה fehlt im Syr. LXX. und im Arab. auch in einigen Mscpt. Hr HR. Pfeifer gibt es durch: Segnen. Es ist hier im Ganzen eine sehr feine Prosopopöie. Vgl. Hezel.

24.

Dieser Vers wird durch das eben Gesagte deutlich. יזרע— Dis wird für Jisreel (I, 4) d. i. das Ißraelitische Volk genug und hinlänglich seyn. *Doederlein:* haec omnia votis israelitarum respondebunt. Vgl. Houbigant.

Auch dieses sind Züge aus der aetate aurea vgl. v. 20. Zach. VIII. 12. Das jezt verworfne Volk soll alsdenn eine vollkommen glükliche Zeit haben.

V. 25.

וזרעתיה — eine deutliche Anspielung des Wortes זרע auf Jisreel. vgl. I. 4. Sinn: „Du sollst wieder mein Volk werden„ Der übrige Theil des Verses ist eine Anspielung auf die beyden lezten Söhne des Propheten. I, 6. 7. 9. II. 1. vergl. Röm. IX. 25. Das Volk wird wieder ächte Liebe zu Gott bekommen. Vgl. Vitringa ad Ies. T. II. 818, b.

Kapitel III.

Vierte symbolische Vorstellung des Unglüks der zehn Stämme und des darauf folgenden Glüks.

V. 1.

Aus ויאמר יהוה עוד sieht man deutlich, daß hier ein neuer Abschnitt, eine neue Rede ihren Anfang nehme. Hr. Insp. Schröder setzt sie in die Zeit, da Jerobeam II. gestorben war. אהב־, geht auf das ganze Verhalten des Propheten, als gegen sein Eheweib: halte dich zu ihr! Houbigant hätte nicht nöthig gehabt, dis weiter zu erklären. אהבת רע — ich habe diese Worte so übersezt, wie man sie gewönlich nach dieser Punctation, da es part. Pass. ist, gibt und geben kann.

Vgl. Bahrdt Die LXX übersetzen ἀγαπῶ-
σαν πονηρα, sie scheinen gelesen zu haben רַע
אֹהֵבָה S. Capelli Crit. Sacr. T. II. ed. Scharf.
p. 508. Michaelis Or. Bibl. T. 19. S. 170.
will auch im Activo punctiren. Eben so Syr.
und Ar. Das Targ. Jon. schreibt: qui similes sunt mulieri charissimae suo marito, quae
licet fornicetur sub eo, adeo tamen diligit eam,
ut non velit dimittere eam: talis est dilectio
Dei erga filios Israel. וּמְנָאֲפָת d. i. geradezu
perfidam. אֲהֻבָה־כְאַהֲבַת amor. sac hoc eo
fine vt depingatur castus amor Dei aduersus
Judaeos, eorumque perfidia & leuitas adversus Deum. Bey פֹּנִים muß man wieder der
ganzen Vorstellung eingedenk seyn, so kann man
es wol am Besten durch Gaffen übersetzen. וְאַהֲבֵי
müßte eigentlich וְאֹהֲבִים heissen. אִישֵׁי־
עֲנָבִים LXX. πεμματα μετα σαφιδος oder nach
einer var. lect. σαφιδων. Vulg. vinacia vuarum.
Syr. macerata vuarum passarum. Ar. depsi-
tam cum uvis passis massam. Aqu. παλαιά
Symm. ἀκάρπους. leg. יָשִׁישׁ. Nam יָשַׁשׁ de-
crepitum notat. Struensee: Weinflaschen.
Dathe: vinum consecratum. Michaelis: und
sich mit Rosinen locken lassen. Grotius will
Weinlägel oder Weinfässer verstehen, so gibt es
auch der Uebersetzer in der Polyglottenbibel: do-
lia vuarum. Pfeifer: volle Weinschläuche.
Schröer: Bachusbilder. Er denkt an die Ba-
cha-

chanalien (!!) Döderlein überſezt: herba luxurians vuarum und denkt an das Weinlaub beym Gottesdienſt des Bachus, welche Sitte ſich aus Phönicien herſchreibe. Daß es ein ſchwehres Wort ſey, erhellet ſchon aus dieſer groſſen Abweichung der alten und neuern Ueberſetzer. Man gibts durch fundamentum und hält es mit d. W. אשישות vor einerley. Houbigant derivirt von dem Chald. אשש, firmare, obdurare, und erklärt: nucleos grani uvarum, qui ſunt duri & ſine ſucco. Aus Jeſ. XVI 7. und der Vergleichung mehrerer Arab. Dialecte erhellt, daß das Wort von Kuchen bey den Opfermahlzeiten der Götzen ſey gebraucht worden. Nach Jerem. XXXXIV, 19. und Cant. II. 5. ſpeiſete man dergleichen Trauben oder Roſinkuchen in den Weinbergen. Sie haben Luſt nur von den Leckerbiſſen ihrer Götzen zu eſſen. Mit Süſſigkeiten laſſen ſich noch jezt manche Frauenzimmer verführen, noch mehr in den ſüdlichen Ländern, wo Frauenzimmer wol in dem 12 Jahre mannbar werden. vgl. Michaelis. Wem an vielen Jüdiſchen Bemerkungen gelegen iſt, der findet im Pocock davon eine reiche Leſe. Vgl. Vitringa ad Jeſ. T. I. p. 488.

Viele Ausleger, auch Hr Hofr. Michaelis, verſtehen hier eine andre Perſon, außer der, welche der Prophet im 1 Kap. geheyrathet hatte. Auch Hr. Bahrdt iſt dieſer Meynung. Man will

Gott keinen Befehl der Polygamie in den Mund legen, und nimmt drum an, jene Person sey gestorben. Beweiß? der fehlt. Bey Gott muß wol eine Ursache gewesen seyn, warum die Frau dort Hure, hier Ehebrecherin heisset. Und diese Ursache braucht man gar nicht weit aufzusuchen. Ehebrecherin sezt schon die Ehe mit dem Propheten zum voraus, welche im 1 Kap. noch nicht war. Hier wird die Person auch schon als bekannt angesehen, im 1 Kap. war sie aber eine noch unbekannte Person. In der Folge wird auch deutlich von ihr, als von einer bekannten, Frau geredet. Der Prophet thut, als wüßte man schon, welche Person er sich bedungen habe. Es bleiben auf alle Fälle Schwürigkeiten. Wollte man ein andres Weib verstehen, als des Propheten seines: so müßte man das ganze Bild ändern, und der Prophet könnte nicht Gottes Bild seyn, sondern der vorige Mann. Der Prophet wäre denn ein κωφον προσωπον. Das Verbrechen würde noch viel grösser gewesen seyn, wenn der Prophet eines andern Mannes Ehebrecherin hätte aufnehmen und heirathen wollen. Freylich sollte es nach meiner Erklärung איש oder האשה heissen. HR. Pfeifer: ein Frauenzimmer.

V. 2.

ואכרה – Nach den Puncten müßte es von נכר seyn, es muß aber hier nach dem Zusammenhange und nach den Auslegern dingen, miethen, kaufen heissen und das bedeutet כָּרָה׃ Vgl. Houbigant. Das Dagesch ist also ganz überflüssig. Deut. II, 6. Gen. L. 5. Vom Kaufen der Weiber bey den Hebräern handelt Michaelis Mos. Recht §. 85. Die *Vulg.* hat: & fodi illam mihi. LXX. ἐμισθωσάμην. Sie haben vielleicht אֶשְׂכְּרָה gelesen, denn שָׂכָר heißt merces. S. *Cappelli* Crit. Sacr. T. II. ed. *Scharf.* S. 649. בְּכֶסֶף, hier muß man שֶׁקֶל oder שְׁקָלִים ausgelassen annehmen. לֵתֶךְ־חֹמֶר Ein Homer macht 10, ein Letech 5 Epha oder Hebr. Himpten. Die Vulg. gibt לֶתֶךְ durch dimidius corus, die LXX und Ar. Νεβελ. שְׂעֹרִים Gerste; andre (3B. LXX. Ar.) haben an Wein gedacht, es muß aber wahrscheinlich auf Speisen gehen. Symm. καὶ θυλάκιον κριθῶν, καὶ ἀσκὸν οἴνου Aq. κόρου κριθῶν. Th. καὶ γομὼρ ἀλφίτων καὶ νεβελ οἴνου. Houbigant tritt denen bey, welche Wein haben und glaubt, sie haben statt des wiederholten שְׂעֹרִים das Wort תִּירוֹשׁ gelesen. Der Prophet, bis muß man wol voraussetzen, hatte sie als eine Ehebrecherin von sich gestossen. Jezt, auf göttlichen Befehl, kauft er sie wieder von den Eltern oder Verwandten, wohin sie sich begeben hatte. Ich fühle aber die Bedenklichkeiten bey dieser Erklärung, doch habe ich grössere bey jener. Vgl. Vitringa in Jes. T. I. p. 176. b.

b. und Babrdt. Vgl. Hezel b. d. St. u. Harmars Beobb. über d. Orient. IIIr Th. S. 379.

V. 3

תֵּשְׁבִי לִי – Du sollst mir allein zu gehören. Die Worte können eine blosse Enthaltung um des Propheten willen bezeichnen; er bedang sie sich blos, scheint sich aber nicht zu ihr, als seiner Frau, gehalten zu haben, sonst würden vielleicht Kinder wieder erfolgt seyn, und nicht יָמִים רַבִּים dabey stehen, welches sich so verstehen würde. Dieser Zusatz zeigt ein tempus indeterminatum an, vielleicht so lange, als das gegebne Geld zum Unterhalte hinreichte. לִי redundirt. S. Houbigant. Michaelis: sie sollte mir eine lange Probezeit aushalten, nicht Hurerey treiben und sich an keinen Andern versagen.

תַּם־אָנִי אֵלַיִךְ sc. אֶהְיֶה oder אֵשֵׁב – Vgl. Babrdt. LXX. καὶ ἐγὼ ἐπὶ σοι — *Vulg.* sed & ego exspectabo te. *Syr.* vicissim ego ero tuus. Struensee: und ich will mich auch so gegen dich verhalten. Michaelis: und dann wollte ich mich zu ihr halten. Mit dieser kömmt meine Uebersetzung am meisten überein: sie war aber schon fertig, ehe ich jene sahe. Darhe: nec ego te habeam. Vgl. Vitringa ad Jes. T. II. p. 604. a. und Houbigant bey d. S.

Das exspectabo, welches die Vulgata hat, hält Hr Bahrdt vor eine Glosse, welche aus den vorhergehenden Worten: dies multos exspectabis me, entsprungen sey.

V. 4.

Dis geht ohnstreitig auf die Zeit der Gefangenschaft. Houbigant versteht die jetzige traurige Lage der Juden. ישבו d. i. sie sollen verlassen bleiben, ohne daß sich Gott zu ihnen halte und ihr Gott sey; so scheint sich auch Hoseas nicht zur Gomer gehalten zu haben. Unter מלך ist der Landesherr überhaupt und unter שרים die Dienerschaft zu verstehen. Pfeifer: ohne König, ohne Oberhaupt. מצבה geht auf den Gottesdienst, Denkmähler, welche Jemand zu Ehren errichtet werden, Bildsäulen (auch wol der Götzen) und Altäre. Alle alte Uebersetzer, außer dem Chaldäer, haben מצבח gelesen, dieser Leseart tritt der Berliner Recensent l. c. bey, auch Houbigant. Hr Insp. Schröder will um Jes. 10, 2. 4 Mos. VIII. 24. ꝛc. willen die gewönliche Leseart durch LevitenDienst übersetzen. Sie werden aufhören, Gottes eigenthümliches Volk zu seyn, und selbst ihre Götzen werden ihnen nicht mehr beystehen, weil sie sie im Lande lassen mußten: so hielt sich nicht allein Hoseas nicht zur Gomer, sondern auch der Buhler muste sich ihrer enthalten. אפד eine berühmte

Klei-

Kleidung der Hohenpriester, auch eine Tracht Andrer, welche nicht Hohepriester waren, von feiner Leinwand. S. *Braun* de vestit. Sacr. Hebraeor. lib. II., cap. 6. §. 433. f. Jud. 17. 18. wirds auch beym Micha und bey Gideons Bilde gebraucht. Gewönlich erklärt man es von einem Leibrocke der Götzendiener, und doch scheint es etwas zu seyn, das zu den Bildern selbst gehörte. Es ist also wol eine Bekleidung der Bilder selbst. Mit den תרפים, welche wol eine der Menschlichen Natur ähnliche Gestalt gehabt haben müssen, wird es mehr verbunden ZB. 1 Sam. XVIIII. 16. Vgl. *Hieronymus* bey d. St. Hier scheint mir doch nach dem parallelismo membrorum, daß אפוד mit זבח einerley sey und beyde Wörter hier den Mangel gehörigen Gottesdienstes in der Gefangenschaft bezeichnen sollen. LXX ιερατεια, *Syr.* sine induente Ephod. * תרפים – Von dem im Arab. Syr. und Chald. vorkommenden Worte תרף percontatus est: respondere percontantibus, oracula proferre. Aus 1 Sam. XV. 23. Ezech. XXI. 26. Jud. XVIII. 14. 2 Reg. XXIII. 24 erhellt, daß man bey den Teraphim auf die Erforschung unbekannter Dinge gesehen habe. *Ernesti* neue theol. Bibl. IV. 347. Sie gehörten zum heydnischen Aberglauben und scheinen von verschiedner Gröſ-

* Hr. Schröer: sie werden ohne leibliches und geistliches Regiment seyn.

Gröſſe geweſen zu ſeynt Da ſie oft noch von den Götzenbildern ſelbſt abgeſondert werden: ſo können ſie wol zuweilen etwas anders, als Bilder ſelbſt, vorgeſtellt haben. Auch Prieſter, durch welche die Gottheit Antwort ertheilt, heiſſen ſo, daher der Syrer: qui thura accendunt. Die drey lezten Worte überſezt Struenſee nach den LXX: ohne Altar, Prieſterthum und Orakel. Michaelis: ohne Bildſäule, prieſterlichen Mantel und Götzen. Die LXX. haben unter δηλων wol unſtreitig an das Urim gedacht. Aq. nach e. Barberiniſchen Handſchrift: και μορφωμάτων. Symm. und Th. gewönlich ανευ Εφωδ και ανευ Θεραφιμ. nach dem Cod. Barber. aber: jener, ουδε επιλυσεως, dieſer, ουδε επιλυομενυ, wobey auch auf Orakel Rükſicht genommen ſcheint. Vgl. Lexicon Graecum ad T. II. Hexaplorum Orig. ed. *Montefalc.* Aus des Symm. επιλυσις kann 2 Pet. I, 20 erläutert werden. Vgl. Bahrdt. Pfeifer: ohne Ephod und Teraphim.

V. 5.

ישבו — Dis Wort שב ſteht hier wieder als eine Partikel und muß mit ובקשו verbunden werden: ſie werden wieder ſuchen. Bahrdt: בקש, ζητειν τ. Θ. de piis dictum valet, vitam deo probare ſtudere, de impiis vero, reconciliari deo ſtudere. דוד — Unter dem Da-

David waren die 12 Stämme noch vereinigt, unter seinem Enkel wurden sie erst getrennet. Alsdann, ist hier die Verheissung, sollen sie wiedervereinigt werden. Daß David nicht eigentlich verstanden werden könne, lehrt die Sache selbst; und für den Persischen Stadthalter Zerubabel ist die Beschreibung auch zu groß. Da nun keiner diesen Namen führet, als Christus: so muß man es wol von diesem erklären. Pf. 89, 21. Selbst Hr. Bahrdt ist dieser Meynung. Christus war ein Nachkomme Davids. Mich. V. 1. Die Verheissung gehet also auf die Zeit des N. T. vgl. Jes. LV. 3. Jerem. XXX. 9. Ezech. XXXIV. 23. Vgl. Houbigant bey Jerem. 23. s. Herr M. Hensler versteht es: de veri Dei cultu apud Jsraelitas ab exsilio reduces instaurando, und sucht den Ausdruck dadurch zu erläutern, daß sich David um die öffentliche Verehrung Gottes unter den Juden sehr verdient gemacht habe. Zur Vergleichung führt er an 2 Mos. XIV. 31. Hezel versteht mit Pfeifern die Wiedervereinigung der 12 Stämme. פחד־ורדו ist ein Synon. von ירא, beyde Wörter werden wol von Ehrfurcht gebraucht & reuerebuntur. Michaelis gibts durch: erstaunen. Struensee durch: zitternd herzueilen, so auch Döderlein ad Grot. h. l. und Bahrdt b. d. St. LXX ἐκςησονται. Das Pauere der Vulg. soll wol so viel als reuereri seyn. טוב zu seiner Güte und Gnade. Herr Bahrdt: hoc loco טוב (salus, felicitas ut τὸ αγαθον) eſt ea ſalus, quam Deus nobis per Chriſtum largitus eſt. Fromme Gedanken hat hier Hr. Inſp. Schröder. אחרית הימים – geht hier wol auf die Zeit Chriſti. Dieſe iſt allzeit das extremum der Weiſſagungen; es kann aber auch blos von der folgenden Zeit gebraucht werden. Man ſehe immer auf den Zuſammenhang. vergl. Jeſ. II. 2. Jerem. XXXIII. 21 ff. Dan. X. 14. Vgl. Vitringa ad Jeſ. T. II. S. 620. a. Houbigant: admirabuntur Dei ſui providentiam & fidem, qui poſt tot ſaecula eos collegerit, vt videatur illorum ſtatus tamquam reſurrectio ex mortuis. Hr HR. Pfeifer: einſt aber werden ſie wieder Jehoven als ihren Gott verehren und die Davidiſche Familie als ihren König, werden ehrerbietig Jehoven und das von ihn im künftigen Zeiten geſtiftete Heil verehren. —Er glaubt, Hoſeas habe auch die Theilung der Stämme in 2 Reiche gemisbilligt. Unter dem göttlichen Heile künftiger Zeiten ſey weiter nichts, als Verbeſſerung der Umſtände, ohne gerade meſſianiſche Zeiten, zu verſtehen. Sie brauchen nicht ausgeſchloſſen zu werden, aber der erſte Gedanke ſeyn ſie nicht. Auch Hr. Hezel verſteht unter אחרית, die Folge der Zeit, wenn ihr Elend vorbey ſeyn werde.

Hosea IV, 1.   77

Kapitel 4.

Hier fängt sich der zweite Theil des Propheten an, welcher eigentliche Weissagungen von den Schiksalen der Juden und der Israeliten enthält und sich am Schlusse des 14 Kap. endigt. Es scheinen hier mehrere Reden zusammengezogen zu seyn, welche sich aber auf einerley Volk beziehen, und zuweilen eine genaue Zeitbestimmung haben, zuweilen nicht. Um zu wissen, wo sich etwa wieder eine neue Rede anfängt, bemerke man den Zusammenhang und den Anfang der Perioden und Kapitel. Dieses vierte Kapitel kann man als eine besondre Rede von den Schiksalen und Strafen des Volks ansehen Hr. Bahrdt: pertinet oratio ad universos Israelitas, quod docet to בני. Nam alias esset בית Vgl. Hr. HR. Pfeifers Vorrede vor seiner Uebersetzung.

V. 1.

שמעו — Dis scheint ein deutliches Zeichen einer neuen Rede, welche gar keine Beziehung mehr auf die vörigen Symbola hat. כי ריב Gott hat einen Proceß mit ꝛc. II. 4. Bahrdt: litem cum hominibus habere, de Deo dictum. i. q. ελεγχειν. Sensus: nam habet Deus de quo queratur, poenasque Israelitis nunciet Hezel: gegen wen Jehova streitet, der zieht allezeit

lezeit dem kürzern. Die Anrede ist an die 10 Stämme, denn v. 15. werden sie ausdrüklich von den Juden unterschieden. Vgl. Houbigant. חסד־ kein Mitleiden mit der Unschuld, lauter Ungerechtigkeit. Pfeifer: keine Freundschaft. דעת אלהים wird von der richtigen Erkänntnis und von dem wahren Dienste Gottes nach seinen Gesetzen gebraucht, אמת, αληθεια, Rechtschaffenheit.

V. 2.

Hier folgen mehrere infinitiui absoluti, welche den Hebräern gewönlich sind, wobey man die verba finita verstehen muß. Die alten Uebeesetzer geben sie durch nomina. In der Hallischen Bibel ist diese Anmerkung gemacht: ejusmodi infinitivi hoc volunt, quod continui quasi actus semper frequententur. אלה־ haben Einige von Fluchen und Verwünschen genommen, es kann aber auch auf Meineide gehen. וכחש und man lügt oder lauter Lügen. Es soll hiermit angezeigt werden, daß alle groben Sünden wider die Haupttheile des Gesetzes im Schwange gehn. ופרצו־ sie fallen an und tödten, ein Mord und Todtschlag folgt auf den andern. Michaelis: sie würgen wie reissende Thiere, und eine Blutbefleckte Stelle folgt auf die andre. Döderlein: plurimae caedes fiunt in bellis ciuilibus. 2 Reg. XV. Die LXX und Vulg. haben bis verbum zu den vorhergehen-

Hosea IV, 2. 3.   79

henden infinitiuis gezogen: κεχυται επι της
γης, inundauerunt, welchen Hr Bahrdt beytritt, da פרץ auch von Ueberschwemmungen vorkomme. Daher auch Struensee: im Schwören ꝛc. ꝛc. durchbrechen sie alle Schranken. Eine Blutschuld reicht an die andre. Nach פרצו
ist das part. הפרציּם zu wiederholen, es ist
also eine impersonelle Redensart. Ich würde
jezt übersezen: man braucht Gewalt, Blutschulden häufen sich auf Blutschulden! Vgl.
Bahrdt.

V. 3.

תאבל Es wird hier die Erde theilnehmend
und die Unfruchtbarkeit derselben als ihre freywil-
lige Trauer vorgestellt. Bahrdt: lugebit i. e.
tristem adspectum praebebit. ואמלל LXX.
σμικρυνθησεται, Schmachtet, ist ausgezehrt.
Bey den LXX. (und Arab.) ist ein Zusaz: καὶ
σὺν τοῖς ἑρπετοῖς τῆς γῆς, welcher wahrscheinlich in dem Hebr. Exemplare stand, daraus sie
übersezten. Vgl. *Cappelli* Crit. Sacra ed. *Scharf.*
T. II. p. 664. Grotius erklärt bis gut: etiam
pecudes & aues languebunt, non frugibus
tantum sed & herbis omnium comesis aut
corruptis ab exercitu & ab equis hostium.
Lacuum pisces ad ripas eiicientur, aquis sanguine corruptis. Vgl. Bahrdt. Traurige
unfruchtbare Gegenden werden beschrieben. Statt
                                            des

des Dag. forte, welches sonst in Piial in a͏̈ rad. ist, ist ʒ rad. verdoppelt worden. Das ב vor היה und אלי kann das ב consistentiaʒ der Araber seyn, man könnte es auch durch so wohl, als auch ausdrücken; Ich habe es blos durch mit gegeben. Schon Houbigant bemerkt, daß es statt עם stehe; auch die Griech. Ubers. haben συν. So nimmt es auch Bahrdt und Pfeifer. אסף יאסף in Niph. wird vom Sterben gebraucht. *Vulg.* congregabuntur LXX. εκλειψουσι. *Syr.* consumentur. *Ar.* interibit. Houbigant: *subtrahent se* (sc. pisces) propter aquas sanguine tinctas & in foramina maris salsi, vel Genesareth longe remota sese recipient, ut nihil piscari possint piscatores. Bahrdt: אסף est vel colligere, cogere vel contrahere, diciturque de multitudine *imminuere*, deque viribus *infringere*, debilitare. Schröer: wegraffen. Pfeifer: möchten vergehen. Herzl: sterben. Ich sehe keinen Grund, warum wir von der eigentlichen Beschreibung einer Dürre abgehen sollten. Joel I. 13. 20. beschreibt zu eben der Zeit den Juden dergleichen, und beyde Reiche gränzten aneinander. Dort geht die Plaae der Heuschrecken vor der Dürre her, und es ist wahrscheinlich, daß diese hier auch gewesen sey, denn sie lassen sich so wenig als die Dürre, durch gewisse Gränzen einschliessen. Grotius gedenkt an die Kriegsunruhen unter Tiglathpileser und Salmanasser.

In

In Pocock sind viele Jüdische Meynungen gesammelt. Statt des vorher erklärten ב hat der Syrer ein ו. עוֹף־וְחַיַּת. Auch Hr. Hezel gedenkt an die Dürre.

V. 4.

אַךְ ist eine bloße Uebergangspartikel, gleichwol, aber, bey dem allen. Hr. Schröer: ach leider. רִיב־אַל־יָרֵבוּ ist schon oben erläutert. יוֹכַח von יכח. LXX. ὅπως μηδεὶς μηδὲ δικάζηται, μηδὲ ἐλέγχῃ μηδείς. *Vulg.* Verum tamen unusquisque non iudicet, & non arguatur vir. *Syr.* Quia nemo iudicat neque porrigit. *Ar.* Quomodo nemo iudicat nec quisquam arguit? Michaelis: Niemand klage gegen sie! Niemand strafe sie! Bahrdt: יכח est vel poenis vel reprehensionibus ad sanam mentem reducere. So hält er es mit רִיב vor synonym. Das μηδεὶς in der LXX Uebers. hält er vor unächt, weil es der Araber nicht habe. וְעַמְּךָ. Das heißt hier denn. Das suff. 2 pers. zieht Hr Bahrdt nicht auf den Propheten, sondern auf das Land. Pfeifer: Kein Stand braucht dem andern etwas vorzuwerfen. Hezel: Niemand darfs wagen, das Unheil zu ahnden. כִּמְרִיבֵי כֹהֵן. Man gibt es: wie die Zänker unter den Priestern. cod. 150 Kennic. ließt כִּמְרִיבַת, Erklärung unsrer Lesart. Dann soll es das seyn, was man im Latein.

rein. Sprüchworte ausdrükt: qualis rex, talis grex. Man sieht es besser, als die Beschreibung der äussersten Wiederspenstigkeit an. Den Priestern war nach dem Gesetze die Schlichtung der Streitigkeiten aufgetragen. Sich dem Rechte, welches der Priester nach dem Mosaischen Gesetze sprechen muste, wiedersetzen, zeigt wol die äusserste Widerspenstigkeit an. Diese Erklärung billigt auch der mir unbekannte Recensent in Berlin. *Syr.* & populus tuus aeque ac sacerdos contendit. *Ar.* & populus meus, vt sacerdos, rixatur. *Vulg.* populus enim tuus, sicut hi, qui contradicunt sacerdoti. LXX ὡς αντιλεγομενος ιερευς. Hr Bahrdt glaubt, es sey ein Fehler in den LXX. Es müsse heissen: αντιλεγομενοι ιερευσι. So, wie ich es eben erklärt habe, nimmt es auch Hr. D. Dathe: sacerdotibus contradicere eorumque monitis refragari, crimen erat, cui capitis poena dicta fuit. Deut. XVII. 12. Species pro genere posita videtur. Similis phrasis V, 10. *Sicuti qui terminos mutant* i. e. pessimi homines. Er übersezt: omnes enim capitalium criminum rei sunt. Struensee: mein Volk ist wie die, so den Priester strafen, und fügt die Note hinzu: so heilig ist es in seinen Augen! Hr Insp. Schröder: wie die Streitköpfe des Priesters zu Bethel. Er meint מרי heisse Neh. 7, 65. Hoherpriester, und dieser habe Controversprediger gegen die wahren Propheten

ten Gottes gehalten. Döderlein: *populus tu-us est, sicut sacerdotes, quos decet plebem monere.* Rationem reddit prioris querelae. Nemo increpat alterum, nam aequali omnes culpa premuntur. Michaelis: denn dein Volk, du Priester, thut, als wenn es gegen mich klagen wollte. Er punctirt כמריבי. Houbigant erklärt: nam populus tuus ut rebelliones sacerdotis, und versteht Priester am Kälberdienste zu Bethel. So wenig sich diese in ihrem Abfalle irre machen liessen, eben so wenig das Volk. Dis läßt sich wol mit ריב und mit dem sing. כהן vereinigen. So ohngefähr Hr HofR. Pfeifer.

V. 5.

כשל, labi, offendere. Wir gebrauchen auch im deutschen das Wort Fallen statt ins Unglük gerathen. Houbigant: tum *cadunt post populum prophetae, cum, populo deleto, constat prophetas fuisse mentitos, dum prospera omnia vaticinabantur.* Bahrdt: כשל offendere pede & adeo labi. Sprüche XXIV, 18. Tag und Nacht ist oft eine Umschreibung, statt beständig. Wenn zwei verbundne Säze auf einander folgen: so pflegen die Hebräer dergleichen zusammengezogne Redensarten zu theilen. Auf die Syrischen Kriege folgten bürgerliche Unruhen, Dürre, Heuschrecken und dann ein Einfall der Assyrier nach dem andern. נביא steht hier collective für die Propheten überhaupt. Es gab, wie in dem Jüdischen Lande, also auch in dem Reiche der zehn Stämme, falsche Propheten. Denn auf den wahren Propheten, den Hoseas, kann es wol nicht gehen. Hr. Schröder versteht den Hohenpriester Amazia. Amos VII, 17. ודמיתי אמך LXX. νυκτι ὁμοιωσα την μητερα σȣ. Und so Steuensee: deine Mutter halte ich vor finster, wie die Nacht. *Vulg.* nocte tacere feci tuam matrem. Michaelis: und deine Mutter will ich tödten. דמה *similis* fuit, excidit. (Michaelis Supplementa Lex. Hebr. 447.) Mutter II. 4. geht auf das ganze Israelitische Reich. Dis will ich austilgen. Hr M. Hensler versteht unter Mutter mit Houbigant Samarien oder Jesreel. Schröder: die Mutterkirche. Pfeifer: ich rotte aus deine Mutter. So auch Hezel. Von דמה kann man vergleichen Jes. XV. 1. Jerem. XXXXVII. 5. Pf. XXXXVIIII. 13. 21. Die LXX. scheinen Pihel דמיתי gelesen zu haben. Vgl. *Cappelli* Crit Sacr. T. II. ed. *Scharf.* p. 533. 558. 867. Hr. Bahrdt glaubt, daß im Anfange d. folg. V. 2 Varianten gewesen wären, davon sey eine hieher gekommen.

V. 6.

V. 6.

עַמִּי־נִדְמוּ steht hier collectiue; also, mein Volk kömmt um, d. i. mein Volk wird verworfen, weil es keine Erkänntnis des wahren Gottes hat. In Ariä Mont. Bibel ists über‍sezt: populus meus succisi sunt. *Vulg.* con‍ticuit. LXX. νυκτὶ ὁμοιώϑη (in e. Ausgabe) und so Struensee. Das Subjectum scheint der Folge wegen besonders auf Priester zu gehen. Herr Hofr. Michaelis hat in der Or. Bibl. T. 19, S. 171. die Conjectur נִרְמוּ geäussert: mein Volk wird betrogen. So viel ich weiß, liest keine Handschrift so. Unter der Erkänntnis ist ohnstreitig richtigere Religionserkänntnis zu verstehen. אַתָּה— die Folge lehrt, daß der Prie‍ster hier angeredet werde. מָאַסְתָּ, LXX. ἀπώ‍σω, abdicasti pietatem. וְאֶמְאָסְאךָ— Das inserirte א vor dem suffixo ist wol wegzulassen, weil es aus einer Versetzung der Buchstaben entstanden zu seyn scheint. Houbigant: terti‍um א circulo superno castigatur in codicibus. מִכַּהֵן— Das מ prohibitivum; 'infin. ‍ה. ne sacerdotio fungaris. Houbigant glaubt ohne hinreichenden Grund, daß nicht die Priester, son‍dern das Volk angeredet würden und übersezt: ne pro me imperium exerceas. Er gibt diesem verbo auch eine solche Bedeutung. Sein Grund, warum er so erklärt, ist die Folge: ich will dei‍ne ne Kinder vergeſſen. Hier kehrt aber der Prophet wieder auf das ganze Volk zurück, nachdem die Prieſter beſonders apoſtrophirt waren. LXX. τȣ̃ μη ιερατευειν μοι. *Syr*. removebo te a ſacerdotio. *Vulg*. ne ſacerdotio fungaris mihi. Nach ו iſt כי zu verſtehen *& quoniam negligis*. Kinder d. i. deine Bürger ſind im Gegenſatze gegen die Mutter zunehmen. Da nun unter dieſer das ganze Iſraelitiſche Reich zu verſtehen war, ſo müſſen wir jenen Ausbruk von allen Gliedern des Ißraelitiſchen Volkes nehmen. Eine mehr wörtliche Ueberſetzung ſ. A. D. Bibl. LXX, 2. S. 522. תורה, νομος, religio, inſtituta divina.

V. 7.

כרבם nach ihrer Menge oder nach ihrer Gröſſe. Der Sinn von der erſtern Ueberſetzung würde ſeyn: „ſo viel ihrer nur ſind oder „jemehr ihrer nur worden ſind, deſto mehr haben „ſie geſündigt.„ So Hr Bahrdt: *quo magis augentur, tanto magis* etc. Auch Hr Schrö„er und Hezel. Im zweiten Falle: je höhern „Standes ſie waren, deſto gröſſere Sünden be„gangen ſie,„ So Hr. Pfeifer. Sündigen heißt hier ein Abgötter werden. Einige Ausleger haben es vom ganzen Volke verſtanden; aber v. 8. iſt dawider. Deswegen nahmen Viele den Sinn von Prieſtern. Ich glaube, der Prophet hat
über-

überhaupt die Grossen des Volks gemeynt, welche das Volk zur Sünde verleiteten. Struensee: je zahlreicher sie werden, destomehr sündigen sie. So auch der Berliner Hr Recensent l. c. Dathe: quotquot eorum sunt, tot etiam adversus me peccant. Michaelis: Wie sie grösser werden, so sündigen sie auch mehr gegen mich. Houbigant will lesen: ברב כהן כן, *ut multus fuit sacerdos* sie (*me offenderunt*) weil vor כן leicht כהן habe wegfallen können. כבור gloria, könnte hier abltr. pro concreto, die Vornehmen im Volke heissen, und כלו *turpitudo*, die Verachteten, Geringen — אמיר, *commutauit*. Vgl. *Cappelli* Crit. Sacr. T. II. ed. *Scharf*. p. 779. Daß einige Rabbinen geglaubt haben, es müßte כבודי heissen und darunter das Jsr. Land verstanden werden, davon siehe Grotii Anm. Hr Bahrdt versteht die Vorzüge der Juden darunter. Der Syrer hat המירו, *mutarunt*, gelesen, so daß ihr Sinn ist: sie haben den Dienst des wahren Gottes, welchen sie für ihre gröste Ehre hätten halten sollen, mit der schändlichen Abgötterey vertauscht. Da diese Lesart dem המיר entspricht: so würde ich sie vorziehen, zumal wenn die neuern Handschriften sie auch unterstüzten.

V. 8.

יאכלו — Man hat wol Jerem. XV. 16. verglichen und עמי zum Subjekte gemacht, das

das erste Wort des Verses aber im plur. punktirt und übersezt: cum voluptate peccata committunt. Hungern, Dursten kömmt von einem starken Verlangen und von einer heftigen Begierde vor. Die meisten Ausleger haben doch aber חטאת und עון vom Sündopfer genommen. Alsdenn müste man an Priester gedenken, welche gern sähen, daß das Volk sündigte, weil sie alsdenn brave Sündopfer bekämen. So erklärt es auch Hr. Bahrdt und Hr. Schröer auch Hezel. ישאו נפשו 3 Erfurt. codd. 1 Königsb. 11 Kennikottsche und die alten Ausleger lesen נפשם, welche Leseart vorzüglicher ist. Das Wort muß hier vom Appetite verstanden werden. Michaelis: sie warten mit schmachtendem Magen. Struensee: sie hungern. Ich: sie gieren. Houbigant's Erklärung läßt sich nicht mit dem Hebr. vereinigen: confirmant populum sacerdotes in cultu vituli Bethel, quia eius cultus sunt suasores. Pfeifer: mit Sündopfern meines Volks nährt man sich und nach ihren Vergehungen ist man lüstern.

V. 9.

כעם ככהן — Dieses doppelte כ pflegt man im Hebr. oft zu setzen, so wie die Lateiner ihr doppeltes & oder, vt—ita—Man könnte es in dem allgemeinen Sinne nehmen: die Priester wären eben so verderbt, als das Volk. Ich ziehe es aber oder lieber auf die Strafen: einer so gut, als der andre, soll gestraft werden. **Grotius:** Poenae respondebunt peccatis. פקדתי und אשיב und sind synonyma, sowie auch דרכיו und מעלליו. Statt ודרכיו habe ich mit dem Syr. und D. Dathe דרכים und so auch bey den folgenden suffixis gelesen oder doch wenigstens collective übersezt. Hr Insp. Schröer: seine Religionseinrichtungen. Den singularem muß man auf den Priester oder auf das Volk ziehen. עליו und לו zieht Hr Bahrdt auf כהן, aber das suff. in דרכיו auf עם. Peccata populi puniam in sacerdotibus.

V. 10.

יֹאכְלוּ — Sie essen und werden nicht satt. Man erklärt's wol: sie sollten nie genug im Sündigen satt werden. Dis wäre aber mehr eine Sünde, als Strafe. Besser: sie sollen sich an den Sünden des Volks vergnügen, die Abgötterey immer häufiger zu machen suchen. Es soll ihnen aber nicht gelingen, weil die Abgötterey bald gar aus seyn soll. vgl. אבל v. 8. הזנו Hiph. sie befördern die Hurerey. LXX. επορνευσαν. *Vulg.* fornicati sunt. So auch Syrer und Araber. Auch der Berliner Hr Recensent. Struensee: und wenn sie noch mehr uneheliche Kinder zeugen. Michaelis: Hurerey verstatte sie. Dathe, wie die LXX. Ich habe be es vom Reizen zur Hurerey genommen. Einige Ausleger denken an die eigentliche Hurerey oder gar an die Polygamie, oder an die Hurerey, welche oft beym Götzendienste war. Sonst steht im Hoseas Hurerey sehr oft für Abgötterey. יפרצו — Dis verb. פרץ, vi erumpere, wird bey den Hebräern von starker Vermehrung bey Menschen und Vieh gebraucht. Gen. XXVIII. 14. Job. I. 10. Jes. LIV. 3. 2. Par. XI. 23. Man nimmt es gewönlich, daß sich das Volk nicht sehr vermehren solle. Bahrdt: coeundique pruritus sobole carebit. Viele Kinder hielten die Jsraeliten für den grösten Ruhm. Hr Pfeifer: laßt sie huren, es gelingt doch nicht Hezel: Es ist eine eben so richtige, als bekannte Bemerkung: daß Ehestand das menschliche Geschlecht vermehre, Hurerey aber dasselbe vermindere. Nimmt man aber הֵנָּה von ter Abgötterey: so könnte auch der Sinn seyn: ihre Abgötterey solle bald ein Ende nehmen. Die LXX. κατευθύνωσι. Sie scheinen יהרצו, gelesen zu haben, denn תרץ heißt ευθύνειν Cappellus vermuthet, bey den LXX müste κατευθήνωσι gelesen werden, von ευθηνία, copia, abundantia. S. Crit. T. II p. 623. u. ibi Scharfenb. Hr Bahrdt glaubt, sie hätten צלחו gelesen. Vulg. & non cessarunt: leg. פרעו. שמר לשמר sc. אתו. שמר aber ist in diesen Verbindungen so viel, als gehorsam seyn. Sie geben

ben seinen Dienst ganz und gar auf. Ludw.
de Dieu: *Nam Jehovam deseruerunt custo-
diendo* i. e. *desertorie custodierunt, sic custodierunt, ut vere deseruerint.* S. f. An=
merkk. bey 1 Mos. II, 3. und Bahrdt b. d. St.

V. 11.

לקח לב, das Herz einnehmen ist vom
Trunke hergenommen, so viel als berauscht
seyn. Jerem. V. 21. לב, wie bei den Lateinern
Cor, wird auch vom Verstande gebraucht. Vgl.
Cappellus Crit. Sacr. T. II. p. 550. Vitringa
Jes. T. II. p. 103. a. Wein und Most geht
auf die fetten Opfermahlzeiten der Götzen; auch
geile Brunst macht ganz toll und rasend. Hr
HofR. Pfeifer: beherscht mein Volk. Bis=
her war von den Strafen der Priester die Rede,
nun geht es aufs ganze Volk. Das עמי, wo=
mit der folgende Vers anfängt, zieht Hr Hofr.
Michaelis mit den LXX. zu לב in diesem Ver=
se; so auch der Recensent in der Berliner Bibliothek,
καρδια bey den LXX. soll wol καρδιαν heissen.
Einige unbedeutende Varianten aus dem Syr.
und Arab. bemerkt noch Hr Bahrdt, und Hr.
HR. Pfeifer.

V. 12

Dieser Vers scheint es klar zu machen,
daß im Vorigen von der geistlichen Hurerey, der
Ab-

Abgötterey, die Rede war. בְעֵצוֹ יִשְׁאָל — lignum suum consulit. Die Absicht könnte dabey nur seyn, durch diesen Weg die Zukunft zu erfahren. Es scheint עֵץ materies pro materiato zu seyn; was man aber darunter verstehen solle, ist nicht leicht und auch nicht ausgemacht. Die Rede könnte von einem Stück Holze seyn. Michaelis ist geneigt, an hölzerne Bilder zu gedenken. Schröer: hölzerne Götzen. Man vergl. Jes. XXXX. 20. XXXXIV. 13 ff. Jer. II. 24. Habac. II. 19. Die LXX. haben übersetzt: ἐν συμβολοις ἐπηρωτων. Συμβολα sind *tesserae.* Der Alex. Codex scheint die richtigere Leseart zu haben, ἐν συμβυλαις. Da ist עֵץ mit עֵצָה oder עֵצוֹת verwechselt. Syr. Populus meus proprium iudicium consuluit, vielleicht gelesen. בַעֲצָתוֹ. *Chald.* simulacrum ligni sui. וּמַקְלוֹ יַגִּיד zeigt jeden Stock an. Einige ziehen dis auf Deut. XVIII. 10. Andre denken an die Rhabdomantie, Vgl. Hezel bey Ezech. XXI. 21. so wie vorher an die Xylomantie. Hr. Insp. Schröer: sein Zauberstock. *Seldenus* de Diis Syris Synt. I. c. 2. f. Der lituus der Römischen Augurn gehört hieher nicht. Hr. Hofr. Michaelis versteht den Pfeil, woraus man würklich geweissagt habe. (Anmerk.) Kein Alter übersezt doch aber so. Die LXX haben gelesen וּבְמַקְלָיו יַגִּידוּ & in baculis suis indicaverunt. Keine zu billigende Leseart. רוּחַ zeigt hier alle Leidenschaften an, wie πνευμα im N. T. Vgl.

Vgl. Bahrdt זנוּנִים ist bereits c. I. erläutert. Studium idololatriae התעה, von תעה. seduxit illos. Jon. Vulg. Syr. haben. התעם, LXX נתעו. Hurerey steht wieder uneigentlich, wie V. 4. מתחת— ist bey der Ehe und fleischlichen Vermischung gewönlich. Statt, daß sie es blos mit Gott halten sollten, halten sie sich zu den Götzen. Die Alten und mit ihnen Struensee, Dathe und Michaelis ziehen אלהיהם auf den wahren Gott; und dann wird das מ noch mehr im ächt Hebräischen Sinne genommen. Der erstere: sie haben an Gott Ehebruch begangen, der mittlere: vt omisso Deo suo meretricetur. Aehnlich A. D. Bibl. LIX. 2', 522. und der leztere: Hurerey treibt es und verläßt seinen Gott. Vergl. die Hallische Bibel, wo eine Stelle aus Kimchi angeführt ist: Phrasis desumta est e re matrimoniali: in qua uxor est sub marito, ceu domino suo; qui in eam potestatem habet & cui obedientiam illa debet. Bahrdt: post מ, quando *remotionem* indicat, ponitur saepe particula, quae statum fere exprimit, a quo remotio facta dicitur. Nempe coniuges sunt תחת sub viris. Inde ὑπανδρος Rom. VII. 2. Itaque מתחת denotat remotionem a vinculo conjugali: ita ut *scortari a sub deo*, idem sit, quod, *idololatria deficere a deo tamquam domino legitimo*. So auch Syr. und LXX.

V. 13.

V. 13.

קמר und זבה, besgleichen גבעות und ראשי ההרים sind synonyma. Auf den Bergen wurde bekanntlich die ausschweifendste Abgötterey getrieben. אלון und אלה stehen oft promiscue. Hier aber und Jes. VI. 13. muß Jedes etwas besonders seyn. Jenes versteht man von den Eichen, dieses von den Terebinthen. *Celsius* Hierob. T. I. p. 40. sqq. In meiner Uebers. ist aus Versehn eine Versetzung geschehn. Erst sollte **Eiche** und alsdann **Terebinthe** folgen, welches in d. A. D. Bibl. a. a. O. richtig bemerkt worden ist und bey einer neuen Auflage geändert werden soll. Hr Bahrdt glaubt, δένδρου συσκιαζοντος in den LXX solle eine Umschreibung von אלה seyn. לבנה (לבן) nimmt man vom weissen Pappelbaum. LXX hier λευκη, im Mose. I. c. στυραξ. Plinius H. N. XVI. 31. u. a. sagen: der Pappelbaum wachse am Wasser, wie uns auch die Erfahrung lehrt. Allein Plinius selbst lehrt an einer andern Stelle XVI. 30. daß er gern auf Bergen wachse. Die Vulg. ist besonders für den Pappelbaum. Vergl. Celsius Hierob. I. 292. f. Der Storarbaum, den Michaelis in der Uebers. und Hezel annimmt, soll häufig in Syrien wachsen und einen weissen Saft geben. Struensee: Pappel und אלה Buche. Aq. auch λευκη, Symm. und Th. πευκη d. i. pinus. Bey επισκιαζοντος im Symm.

Symm. hat Hr Bahrdt die Conjectur: ευσκιαζοντος. Statt עלה würde ich lieber עלם lesen. LXX haben gar kein suffixum ausgedrükt. טוב entspricht dem Griech. ευ, so viel als ευσκιος. Michaelis scheint auch das suff. in plur. ausgesprochen zu haben, עלכן daher kömmt es, daß eure Töchter huren, weil ihr sie mit dahin nehmet. Denn die Abgötterey war sehr oft mit Hurerey verbunden. Hinc illac lacrimae! Man kann es auch als eine Strafe ansehen. Eben solcher Vergehungen sollen sich eure Töchter (Hr. Bahrdt: בנות, Jungfern, כלות, junge Weiber) zu ihrer gröſten Schande schuldig machen, deren ihr euch gegen mich schuldig macht. Kränkende Schiksale sollt ihr in euren Familen haben nach dem iure talionis; denn ihr begehet Hurerey wider mich. Herr M. Hensler zieht den Anfang dieses Verses auf die Priester und nur den Schluß auf das Volk, weil auch vorher die Priester dem Volke opponirt würden. Houbigant: *non aliam ob cauſſam.* Cauſſa haec tangitur in verbis antecedentibus, *quia ſuauis eſt umbra eius.* Commodius videbatur feminis delicatis ire ad proximum collem, atque ibi adeſſe ſacrificiis ſuis in umbra patulae arboris, quam ire ad templum longe remotum atque ibi verſari in medio aeſtu ac nidore victimarum.

V. 14.

V. 14.

Dieſer Vers hängt genau mit dem vorigen zuſammen. לא man betrachtet es, als für הלא geſezt — So habe ich mit Houbigant, Bahrdt und Herrn D. Dathe in meiner Ueberſetzung eine Frage ausgedrükt, welche auch Hr Inſp. Schröer annimmt, welche mir hier mehr Leben zu geben ſcheint, als die Struenſeeiſche und Michaeliſche Ueberſetzungen. Der Berliner Herr Recenſent billigt die Frage. Das vorhergehende ה kann dieſes ausgelaßne ה interr. verſchlungen haben. Die keine Frage ausdrücken, nehmen es ſo: ich will ihr Huren und Ehebrechen geſchehen laſſen zu ihrer eignen Strafe. Pfeifer: Nichts ſtrafen kann ich eure Töchter— Noch eure Weiber — denn ihr geht ſelbſt mit Huren um. כי הם.Da doch die Jſraeliten. Michaelis: denn ſie ſelbſt (die Väter) ſondern ſich ꝛc. פרד abſondern. Piel recedere, ſich abſondern. Auch Hr Bahrdt nimmt es reciproce. Das Wort kömmt in re sacra vor, und man ſieht es auch hier aus dem folgenden. Schröer: ſie gehen apart. Michaelis erklärt es in der Note: ſie gehen in die geheimſten Gänge der Haine und treiben da Hurerey, als eine Art des Gottesdienſtes. Separare ſe cum proſtibulis i. e. ſe iis iungere. Nun verſteht man die Ueberſſ.
Vulg.

Vulg. conuersabantur. LXX. συνεφυροντι. d.i. miscebant se. Aq. εχωριζοντο. Symm. ηκολυθησαν. Th. κατηριθμηθησαν. (annumerati, enumerati sunt. cf. *Biel* & Lexic. Gr. ad Montef. Hex. T. II. s. h. v.) קְדֵשׁוֹת Huren, welche zum Götzendienste gehalten wurden. *Vulg.* cum effoeminatis. *Syr.* cum foeminis cursantibus per plateas. Mich. öffentliche Weibespersonen. Man weihete sie gewissen Götzen. S. Michaelis Erklärung d. Br. a. d. Hebr. Not. 50. Deut. XXIII. 18. 1 Reg. XV. 12. 2. Reg. XXIII. 7. Aq μετα των ενηλλαγμενων (al. ἀπηλλαγμενων) i. e. *mutatarum:* nam scorta sic dici possunt, quia vestes mutare solebant, ubi ad locum condictum ibant. Symm. μετα των ἑταιριδων (al. ἀκαθαρτων) LXX. μετα των τετελεσμενων. Th. μετα των κεχωρισμενων (al. τοις βδελυγμασι) Vide Nott. ad. Hex. Or. Es gab auch dergleichen Mannspersonen, welche in der Bibel קְדֵשִׁים heissen. S. Hezel 5 Mos. 17. 7. Vor יָבִין אֲשֶׁר לֹא ist אִישׁ zu suppliren. Vgl. *Cappellus* l. c. p. 550. und Bahrdt. יִלָּבֵט — das Wort לבט hat *Schultens* ad Prov. X. 8. 10. recht gut erläutert, nach dessen Erklärung habe ich übersezt. So nimmt es auch ohngefär Hr Schröer. Vgl. Pocock. LXX. συνεπλεκετο μετα πορνης. *Vulg.* vapulabit. Michaelis und Pfeifer: wird verführt. Vgl. A. D. Bibl. LIX, p. 522. Bahrdt: plebs implicatur exemplo plurimorum credens. Die LXX haben aus dem folg.

אִתּוֹ אִם hieher gezogen und haben gelesen: אִם נָוָה daher ihre Ueberſ.

V. 15.

Hier iſt die Rede vom Götzendienſte und allen damit verbundnen ſchändlichen Werken. Wenn ſich auch Iſrael damit beflecken will: ſo ſoll doch Juda frey bleiben. Die LXX haben ſtatt אִם, עַם geleſen Cappellus l. c. S. 564. A. S. Th. und 5 ed. haben: ει πορνευεις συ ισραηλ, μη συμπλημμελησῃ ιεδα. Gilgal und Bethaven lagen an der Jüdiſchen Gränze und die Juden waren alſo immer in Gefahr verführet zu werden. אִישַׁם non peccet d. i. similem culpam & reatum contrahat Judaea! Cappellus cod. אִשַׁם ſtraffällig ſeyn, ſich ſtraffällig machen. עֲלוּ – Aus Judäa konnte man nicht nach Gilgal kommen, ohne Gebürge zu paſſiren. Viele Ausleger glauben, Bethel und Bethaven ſey einerley, der letzte Name werde nur in den Propheten ſeit der Zeit gebraucht, daß der Ort durch Abgötterey ſey entheiligt worden. Bethaven übſſ. LXX οικον τ. αδικιας Aq. und Th. οικον ανωφελη. Symm. οικον αδειας. Syr. und LXX fangen den Vers mit וְאַתָּה an. Die LXX. leſen kein ו da, wo wir וְאַל תְּבֹאוּ leſen, der Syrer aber drükt es aus, wiewol es in b. Lat. Ueberſ. in d. Polyglotte fehlt, welches Lilienthalen irre geführt hat. Vgl. Bahrdt. Pfeifer:

Pfeifer: deine Abgötterey, Ißrael, kann nicht an Juda gestraft werden. Kommt also nicht. s. w. Allein es sind würklich zwey verschiedne, nahe beysammen liegende, Oerter, wie man aus D' Anville's Charte sehen kann. *Relandi* Palaestina p. 631. Zu Bethel hatte Jerobeam der erste das eine güldne Kalb gesezt, allein Bethel ward von Abia, dem Könige in Juda erobert 2 Chron. XIII. 19. und blieb von der Zeit an, wie wir aus Esr. II. 28. sehen, unter Jüdischer Herrschaft. Nun war der Ißraelitische Kälber-Dienst im benachbarten Bethaven. Hoseas sezt das güldne Kalb nach Bethaven, Amos nach Bethel. Es scheint, seitdem der Götzendienst vom verlohrnen Bethel nach Bethaven gesezt war, nannten die Ißraeliten den leztern Ort Bethel d. h. Götzenhausen. Vergl. Michaelis in d. Note. השבעו— ihr sollt auch nicht beym Jehova schwören. Dis thaten diese Völker ihres Götzendienstes ohnerachtet, weil sie sich einbildeten, unter ihren Götzenkälbern den Jehova zu verehren. Es scheint mir mehr eine Drohung, als Ermahnung zu seyn. Hr Hofr. Michaelis hat den Sinn anders gefaßt. Er zieht das erstere, das Verbot nach Gilgal zu gehen, auf: ie Juden, und das leztere, das Verbot des Schwörens beym Jehova, auf die Ißraeliten, zu welcher Uebersetzung er die Anmerkung macht: wahre und falsche Religion vermische sich nicht miteinander! Diese Erklärung

nimmt

nimmt Hezel in seinem Bibelwerke an. Hr D. Dathe nimmt das ו disiunctive: *aut — aut —* Er schreibt ferner: *Jurare per Jehovam* est species actus religiosi pro professione verae religionis in genere e. g. Ier. IV. 2. Vgl. Bahrdt Hr Insp. Schröer nimmt אל wunschweise, wie Ps. 51, 13.

V. 16.

Doch läßt sich Juda noch ziehen und wenn es in den Götzendienst gefallen ist, so läßt es sich doch wieder zu dem Dienste des wahren Gottes zurükbringen; aber Ißrael ist wie eine junge Kuh, welche lekt und sich nicht regiren läßt, die mehr auf die freye Weide, als in Ställe gehört: Pfeifer: die Pointe dieses Verses liegt darinn, daß Ißrael in seinen Ausschweifungen gleich einem unbändigen Rinde keine Gränzen kennt; dann aber einem verlaßnen Schafe verglichen wird, das auf freyer Weide allen Gefahren ausgesezt ist. כפרה סררה LXX ὡς δαμαλις παροιςρωσα παροιςρωσεν. *Syr.* rebellans contra ingum. Er paraphrasirte. *Ar.* refractaria. Hezel gedenkt an die Brunstzeit, wo die Kühe am wildesten sind. Struensee: tolle, *Michaelis*: stößige Kuh. Von סרר kann Pococke nachgelesen werden. *Vulg.* Sicut vacca lasciviens declinauit Israel. Dathe: alludit Propheta ad imagines vitulorum, quae Galgale & Bethele colebantur. Deum
vitulo

Hosea IV, 16. 17.

vitulo affimilarunt, inquit propheta, at ipſi tales ſunt, nempe quoad contumaciam, mentem refractariam & iugi impatientem. עתה Schröer: nun bald. Houbigant will leſen ועתה: quia fit tranſitus a ſententia in aliam ſententiam. Das Zeitwort ירעם nimmt eben dieſer Gelehrte in imperfect. במרחב — Dis Wort bedeutet einen groſſen Weideplatz. Das groſſe Aſſyriſche Reich wird hier dem ganzen Lande Iſrael entgegen geſezt. Houbigant: paſcuum regni Iſrael *latum*, quod erat X tribuum, cum regnum Judae duas tantum tribus haberet. Das Lamm, ein Bild der Folgſamkeit, macht hier einen Gegenſatz mit der unbändigen Kuh. Vgl. Vitringa ad Jeſ. T. II. p. 165. b. Bahrdt: Vacca refractaria ſtabuli impatiens eſt amareque videtur paſcua lata et ſpatioſa. Ergo Deus concedet ea. Ducet eos velut agnos (late paſcere amantes) in paſcua ampliſſima, nempe in regiones Babylonicas, ubi coloni erunt terrarum maximarum & incultarum, ubi longe lateque ſe extendere poterunt. Der Syrer hat geleſen ועתה und ſtatt ככבש b. plur. ככבשים.

V. 17.

חבור — Das Stammwort heißt verbinden, verkoppeln. Iſrael idolis velut irretitus eſt — Pfeifer: verbunden mit Götzen iſt

Israel. LXX und Vulg. haben das schwächere Wort μετοχος und particeps gebraucht. Sym. und E. ηνωθη ειδωλοις Εφραιμ. Michaelis: Ephraim hat sich den Götzen ergeben. הנח לו sehen Einige als eine Anrede Gottes an den Propheten, Andre als eine Anrede des Propheten an Gott an: laß es gehen! Von נוח liegen lassen, ist es der imp. Hiph. Das Subject der Rede geht, dünkt mich, immer fort. Es kann an Juda gehen, oder als ein impersoneller Ausspruch genommen werden. 2 Sam. XVI. 11. Es mag seyn, man lasse es nur gehen, es wird so lang nicht dauern. vgl. Pocock. Schröer: überlaß es ihm. Vulg. und Syr. nehmen es so; die LXX. aber, welchen der Ar, und meist Hr. Struensee folgen, haben: εθηκεν εαυτα σκανδαλα Sie haben gewiß das folgende לו זנו gelesen, und mit zu unserm Verse gezogen. Auch wahrscheinlich הניח im praet. gelesen. *Cappellus* Crit. sacr. T. II. p. 776. ed. *Scharf*. Mich laßt ihm seinen Willen! Vielleicht haben auch die LXX ד gelesen. Vgl. Pf. 49, 21. (LXX) Jon. dereliquerunt suam religionem (טוב statt דך) *.

V. 18.

* Und sowol דך. als טוב scheinen aus den Anfangsworten d. folg. V. entstanden zu seyn. Bahrdt.

V. 18.

סבא סבאם starkes Getränke. Ihre starken Getränke gehn von ihnen weg. 1 Sam. I. 14. Hr Schröder versteht Sabäer Wein Jes. 45, 14. Einige ergänzen אם vor סב und erklären es als den Vordersatz zum Folgenden. Diese Ellipse schiene mir aber gezwungen und nicht natürlich. LXX. ηρετισε χαναναιοις * *Vulg.* Separatum est conuiuium eorum. *Ar.* wie die LXX. *Syr.* omnes fornicati sunt, hat das Erstere gar nicht ausgedrückt. So Pfeifer. Das Targ. hat statt סב gelesen שר. Principes eorum multiplicant conuiuia e violentia. *Cappellus* p. 780. Pagninus: foetidum est vinum eorum, daß סר mit dem Chald. סרי gleichbedeutend genommen ist. Junius: refractarium est vinum eorum, daß סרר mit סר gleich wäre. So ohngefähr Schröder. Mehrere Erklärungen hat Ludow. de Dieu bey dieser Stelle. הזנו הזנה Hiph. von זנה heißt nicht huren, sondern zur Hurerey verleiten. „Sie suchen auch das Jüdische Reich mit zu verführen„ Der Prophet hat hier lauter kurze, affectueuse Reden, weil er Strafe droht. אהבו הבו

G 4 Da

* Sie haben סבאם gelesen und die Sabäer mit den Cananitern verglichen. *Cappellus* p. 508.

Da die alten Uebersetzungen bloß den Begrif des Liebens ausdrücken: so glaubt Hr D. Dathe הבו wäre durch einen Schreibfehler wegen der gleichen Endigung des vorhergehenden Wortes in den Text gekommen, oder wolle man es lassen, so müsse אהב אהבו amando amant da gestanden haben. So Pfeifer: man liebt. Manche halten הב und הבו vor particulae excitatiuae, euge! agite! wohlan! auf! macht mit! lustig! Gewönlich nimmt man ein getheiltes quinquelitterum an. Wäre aber diese Meynung gegründet; so müste es wol nur eine terminationem pluralis haben. אהב הבו. Ich glaube aber vielmehr, daß הבו ein eignes verbum a rad. היב sey, welches Wort im Arab. timere heißt; und darum hat auch Hr Hofr. Michaelis übersezt: ihre Vornehmsten lieben und fürchten die Schande. Die LXX lassen הבו weg. Vgl. Cappellus l. c. p. 668. und Houbigant b. d. St: welcher die Auslassung billigt. מגניה Von מגן clypeus, clypei eius d. i. Protectores. Beschützer ist eine gemeine Benennung der Regenten. Schande soll sie ergreifen. Das suff. fem. ה geht auf das Land Jsrael. Einige verbinden es mit dem Vorigen: Ihre Beschützer lieben Geschenke (gebet, הבו, stände statt מנחה oder eines ähnl. Worts *)

mit

---

*) Daher L. de Dieu: principes istius terrae, qui

Hosea IV, 18.

mit Schimpf. Dann müste vor כלון noch ein ב
stehen. Herr Hofr. Michaelis nimmt, wie aus
seiner Uebersetzung erhellt, מגניה zum Subjekte, auch Herr Schröer, viele Alte und Neuere haben es aber als Prädicat angesehen. *Vulg.*
dilexerunt adferre ignominiam protectores
eius. LXX. ηγαπησαν ατιμιαν εκ φρυαγματος
(oder nach andern Ausgaben φραγματος. α. ex
septo eius. בן heißt Septum. Sie scheinen
also in ihrem Hebr. Codex מַגְנֶיהָ gelesen zu haben. S. Cappell. T. II. p. 508. 668. 553) αυτης oder αυτων. *Targ.* quam (sc. fornica-
tionem) dilexerunt, ut eueniret sibi in ignominiam, proceres eorum. *Syr.* & amaverunt ignominiam & idola. *Ar.* amaverunt in-
saniam. Schröer: sie haben es gerne, daß
Sünde und Schande getrieben wird, und thun
noch mehr hinzu. Hrn. Dathe's Uebers. ist so,
wie die meinige. Struensee: ihre Schande ist
ihnen lieb. Vgl. A. D. Bibl. LIX. 2, 522.
Einige haben unter קלון turpia idola verstanden
HR. Pfeifer: Schande ist ihre Decke. Hezel:
Freunde von Schande sind ihre Fürsten Vgl.
Bahrdt.

V. 19.

צרר — packen, zusammendrücken,
אותה

qui veluti clypei eam protegunt, dilexerunt
munera, quae summa est ignominia. In einem interregno sind mehrere protectores.

אתה — zieht man auf die Jüd. Synagoge, oder überhaupt auf das Volk Israel. Man könnte auch אותם lesen, wie der Chald. scheint gethan zu haben. בכנפיה ich verstehe Flügel des Windes. Hr Hofr. Michaelis hat aber übersetzt: der Wind wird sie an den Enden ihrer Kleider fassen. Die Alten gehn von einander ab. Die LXX haben אתה statt אותה gelesen. S. *Cappellus* p. 509 u. das. *Scharf.* Wie vom Winde gepakt sollen sie also in die Gefangenschaft weggeführet werden. Die LXX. haben צרור statt צרר gelesen. Vgl. *Cappellus* a. a. O. S. 509. 641. Symm. ἐδησεν ἄνεμον εν πτερυξιν αυτου. Der Arab. hat ein Zeitwort אתה hier ausgedrükt, superueniet. Hat hier dieser Uebersetzer einmal selbst den Hebr. Codex zu Rathe gezogen? Oder hat in den LXX συω, mouebit, quasi *se mouebit* i. e. veniet in alas eius gestanden? Vgl. *Bahrdt.* Der Schluß des Kapitels hat diesen Sinn: Alsdenn werden sie einsehen, daß es nichts heise, seine Hofnung und sein Vertrauen auf die Götzen zu setzen. *Pfeifer:* Es faßt sie Wind mit seinen Schwingen, darum schämen sie sich ihrer Altäre. — Er hält hier Wind überhaupt vor ein Bild der Gefahr, in welche die auf freyem Felde weidende Schafe gerathen.

Kapitel 5.

Hier fängt sich die zweyte Rede des Propheten an, welche an die Grossen und das ganze Volk überhaupt gerichtet ist, und sich durch das folgende 6 Kapitel fort erstrekt. Sie unterscheidet sich durch den neuen Anfang; ungewiß ist es aber aus Mangel der Zeitbestimmung, ob sie mit der vorigen zugleich vorgetragen worden, oder nicht. Vgl. v. 13. Da Juda mit inbegriffen ist: so muß wol eine Zeit gewesen seyn, da sich die Juden eben so versündigten. Dis schikt sich am besten in die Zeit des Israelitischen Königs Pekah, mit welchem ohngefähr zugleich Ahas in Juda regirte 2 Chron. XXVIII. 2 Kön. XV. 19. XVI. Von dieser Regirung kann man mit Nutzen nachlesen, was Hr. Hofr. Michaelis Anmerkk. zu d. kl. Proph. S. 7. 8. geschrieben hat.

I.

בְּהָנִים — Denn die Priester und Könige waren die Hauptverführer und das Volk die Verführten. Die beyden Wörter שִׁמְעוּ und הַקְשִׁיבוּ (von קשב) so wie auch das folgende הַאֲזִינוּ sind synonyme Redensarten. Daß unter בֵּית יִשְׂרָאֵל die Königl. Familie zu verstehen sey, ist an sich deutlich. הַמִּשְׁפָּט. Einige geben es: denn ihr solltet Recht und Gerechtigkeit handhaben. Besser gefällt mir diese Erklärung:
denn

denn ihr habt Strafe und Gericht zu erwarten. Aus folgenden zwey Gründen: a) das ganze Volk wird doch auch mit angeredet, בית ישראל, und dem war doch die Gerichtspflege nicht anvertraut b) die übrige Folge paßt zu dieser Erklärung besser. Die erstere Erklärung haben die alten Uebersetzer vorgezogen, die andre findet man in des Hrn D. Lathe und in meiner Uebersetzung. Auch bey Hr. Hezeln. Gleichsam eine dritte Erklärung haben die Herrn Michaelis und Struensee. Jener gibt es: denn ihr werdet angeklagt. Dieser: denn ich habe wider euch zu klagen. Bahrdt: ad vos pertinet haec sententia v. 19. prolata. So auch Hr Insp. Schröer, und HR. Pfeifer. כי — Mit dieser Partikel wird der Grund angegeben, warum sie die göttliche Strafe treffen solle. פח לכצפה — (παγις trop. seductio) Von den Jägern und Vogelstellern sind die folgenden Redensarten hergenommen. vergl. VII. 12. VIII, 8. Ex hoc loco, schreibt Houbigant, vel uno, colligi potest; fuisse in *Maspha* vltra Iordanem & citra in Thabor seu vitulos aureos, seu, alia Idola, quorum cultibus fauerunt & reges & Sacerdotes. Memorant *Kimki* & *Jarrhi*, posuisse Jeroboam duo castra militum in *Thabor* & in *Maspha*, quibus iter ad Ierusalem intercluderetur. Sed si talia castra Osee in mente habuisset, dixisset potius vim apertam fieri

veris

veris Dei cultoribus, quam expandi retia & laqueos. In Juba und auch in Gileab gab es einen Ort Mizpa. Da Thabor ein Berg ist: so wäre ich geneigt, das Gileabitische Mizpa anzunehmen, welches ein Berg war. Joh. XI. 3. Richt. XI. 29. Cellarius Geogr. II, 541. Schröder hat viel von Mizpa und Bachiene Palästina. Vom Thabor schreibt Hieronymus: mons in Galilaea, situs in campestribus, rotundus atque sublimis & ex omni parte finitur aequaliter. Die LXX geben ihm, wie sie das bey mehrern Wörtern thun, eine Griechische Endigung: ιταβυριος und so stehet er auch auf der Charte von Anville. vgl. Cellar. l. c. 421. Der Prophet nennt wahrscheinlich zwey Gränzörter. Von der besondern Abgötterey, welche zufolge dieser Worte auf diesen Bergen getrieben seyn muß, wissen wir nichts Genaues. Aq. übs. למצפה. τῃ σκοπεύσει (speculationi) Symm. πλατεια Hingegen תבו־ uebersetzen die alten Griech. Ueberss., die LXX ausgenommen, wieder Θαβωρ. Syr. laquei facti estis speculatoribus. ־פרושה ausgebreitet. Unter dem ausgespannten Netze, versteht Herr Schröder Hurenhäuser. פרש ist eben das Wort, wovon das bekannte Byrsa herkömmt. LXX leg. כרשת. Das Wort תבור übs. Symm. επι το οριον. Th. δρυμον, תבור. Bahrdt.

V. 2.

V. 2.

שחטה halten einige vor ein Nomen, es kann aber der infin. mit dem ה paragogico seyn. mactando d. i. sacrificiis. Calmet laß, wie Houbigant bemerkt, ושחתה, darinn tritt ihm Houbigant bey. Nur verstand jener: *foueam*, in quam principes & sacerdotes populum trudant, dieser: *corruptelam*, propter quam Deus castigaturus est et principes et sacerdotes. שטים von שטה oder שוט deflectere, declinare, שט deflectio, aberratio. Die LXX. und der Syr. haben anders gelesen. Statt ושחטה haben sie צידים venatores, und statt שטים haben die LXX צידה, und der Syrer צדים venantes und מצדתא laqueos. Das Targ. übersezt: victimas idolis mactant plurimis. Wo Cappellus T. II. p. 78. bemerkt: Videtur legisse לישדים pro שטים nam שדים sunt *daemones*, qui in idolis colebantur. vgl. ib. p. 916. Das darauf folgende העמיקו haben beyde Vulg. und Syr. gelesen; der eine übersezt טמרו, abscondunt, die LXX κατεπηξαν, defixerunt (fort. leg. ἀπεκρυψαν.) Hr D. Dathe sieht das ו vor שרים als אשר an, welches zu רשת rete gehöere und übs. quale venatores profunde abdunt. S. seine Crit. Note te z. b. St. הֶעְמִיקוּ – haben sie viel oder tief gemacht. Die Hebr. drücken oft den Superlativ durch verba aus. Sie haben die Abweichungen tief gemacht d. i. sie haben ausnehmend gesündigt, sind sehr abgewichen. Vulg. und Jon. sind für die gewönl. Leseart. Struensee richtet sich nach den LXX. auch Bahrdt: etsi vero (so nimmt er das¹) venationem suam (d.i. seductionem) vel maxime celare studeant, tamen omnia ad examen reuocabo. Schröer: mit dem Ermorden der Abtrünnigen treiben sie es sehr weit. Pfeifer: Es häufen die Rebellen die Morde d. i. mit drohender Gewalt wollen sie den Götzendienst einführen. Michaelis versteht es von tiefen Thälern, wo man Abgötterey getrieben habe. Hezel: Sie sind ErzGötzendiener. מוּסָר – ich bin ihre Strafe d. i. ich will sie alle züchtigen und strafen. Correctio wäre dann ein nomen von יָסַר, es könnte aber auch das part. Hophal seyn von סוּר. Dann wäre der Sinn: & ego reiectus sum omnibus illis. Proprie *remotus*. i. e. omnes illi me a se remouent, meque reiiciunt. Dis zieht L. de Dieu vor. LXX. statt כֻּלָּם, לְכֻלָּם, υμων, παιδευτης Vulg. eruditor, als ein part. activ.

V. 3.

אֶפְרַיִם – Ephraim war der regierende Stamm unter den zehn Stämmen, drum steht
er

er oft Vorzugsweise statt Israel. נכחד von בחד
abscondidit. Nach dem Parallelism ist dis negatiue ausgedrükt, was vorhero positiue war
אני ידעתי. Probe noui indolem Israeliticam.
& si me latere studeant. הזנית drükt die
eigne Abgötterey und zugleich die Verführung
Andrer zu gleicher Gottlosigkeit aus. Die Alten
haben הזנה in der 3 Person gelesen, welches zu
נטמא besser paßt. נטמא verstehe ich eben
so, als das vorhergehende הזנית von der Abgötterey. Bahrdt: est vniuerse, culpam contraxisse, aditum ad Deum amisisse. עתה
drükt d. Arab. beym folg. membro aus.

V. 4.

לא יתנו nicht sowol durch dare, als vielmehr durch permittere muß hier נתן gegeben
werden. So kömmt es im Buch Josua mehrmahls vor. Vgl. den Syrer. — לשוב — Das
gewönliche Wort in den Propheten, welches von
der Abkehrung vom Götzendienste und von der
moralischen Besserung gebraucht wird. Michaelis übs. den Anfang des Verses: sie bessern sich
nicht. LXX. ἐκ ἐδωκαν τα διαβυλια αὐτων.
Ar. P. non adhibent mentes suas. Aq. gibt
מעללי ἐπιτηδευματα. Symm. βουλας. Th.
γνωμην. Grundsätze. Pfeifer: den Jehova
ver-

Hosea V, 4. 5.

verkennen sie. Die andern Ueberseßungen stimmen meist mit der meinigen überein. רוּחַ זְנוּנִים ist bereits IV. 12. erläutert worden. Pfeifer: abgöttische. Begierde. לֹא יֵדָעוּ — Ich habe יָדַע vom Lieben genommen, welche Bedeutung des Worts ganz bekannt ist, und mir hier vorzüglicher gefällt. Da בְּקֶרֶב im Hebräischen, so wie μέσον und medium im Gr. und Lat., oft redundirt: so geben es die LXX recht gut ἐν αὐτοῖς.

V. 5.

וְעָנָה גְאוֹן־יִשְׂרָאֵל בְּפָנָיו Jemanden ins Angesicht antworten, würde seyn, gegen Jemanden zeugen, ein Juristischer Ausdruk Jesaiä III, 9. So hat es vermuthlich die Vulg. verstanden, welche übersezt: & respondebit in facie ejus, und so ist meine Uebers. Pfeifer: Aber sich selbst strafen wird Israels unnüßes Betragen. Auch Herzel hat diese Leseart. LXX, Chald. Syr. Ar. Luther, Michaelis, Schröder, drücken in ihren Uebers. den Begrif des Gedrükt und Erniedrigt werden aus. Diese haben anders gelesen יַעֲנֶה. Der Syr. und Jon. scheinen gleichwol עָנָה gelesen zu haben. Struensee bleibt hier den LXX nicht getreu, wenn er übersezt: Israels Uebermuth ist ihm an die Stirne geschrieben. גָּאוֹן verstehe ich hier von Frechheit und Verwegenheit Jes. III, 9. Aq. und Th.

ἀλαζονεια. Symm. und LXX. ὕβρις. Bahrdt: dicitur de iis, qui nil timent prae fastu, quique viribus & amicis ita fidunt, ut deum fere contemtui habeant. ישראל ואפרים d. i. ganz Ißrael, deßen Hauptstamm Ephraim war, von dem sich die Abgötterey ausbreitete. כשל kann man, wie πιπτειν 1 Cor. X. vom moralischen Fallen, oder zu Fall kommen, oder auch vom Verfallen in Strafe verstehen. IV, 5: ασθενειν 2 Cor. II. 20. Matth. VIII, 17. Natürlich sind die Ausleger für eine oder die andre Meynung getheilt. Schröer: werden durch ihren Abfall dahin stürzen. Pfeifer: Wenn Ißrael und Ephraim hinfällt durch ihre Sünden —so sinkt auch Juda mit ihnen. יהודה geht nicht eben auf das ähnliche Schiksal der Wegführung, sondern auf die Aehnlichkeit der Sünden und die Leiden, welche sie unter dem Tiglathpileser ausstehen musten, als dieser vom Ahas ins Land gezogen war. 2 Chron. 28, 20 f. und Michaelis a. d. St.

V. 6.

Hier ist offenbar von vielen Opfern, welche sie dem Jehova bringen würden, die Rede. Einige haben geglaubt, es gehe auf die Opfer zu Dan und Bethel, das heißt aber in den Propheten nie: dem Jehova Opfern, welches zu Jerusalem geschehen muste. Es geht auf die Juden

den und Iſraeliten zugleich). Man findet in der Bibel Spuren, daß auch die 10 Stämme zu Jeruſalem opferten, ſelbſt während feindlicher Bedrückungen. 2 Chron. 30, 1. 10. 11. Bahrdt: צאן ſunt pecora minora, agni, caprae &c. & בקר ſunt pecora maiora, boues, vaccae, muli &c. *Inuenire Deum* valet, experiri Deum propitium. Die LXX ſcheinen noch ein ſuffixum הו hinten am verbo geleſen zu haben, auch der Syrer. Von בקש vgl. III, 5. חלץ receſſit ab illis, deeſt. Num. XXXI. 3. Der deutliche Gegenſatz beſtimmt auch hier den Sinn. LXX und Syr. haben vor dieſem Zeitworte noch כי geleſen. Schröder: er hat ſich ihnen entzogen.

V. 7.

בגדו. Dieſes Wort wird von der Untreue zwiſchen Eheleuten gebraucht. זרים fremde, d. h. durch Umgang mit Andern erzeugte Kinder haben ſie geboren d. i. Geſinnungen und Handlungen geäuſſert, deren ächte Verehrer Jehovens nicht fähig ſind. Vgl. Vitringa Jeſ. T. I. 79. a. ילדו geben Aq. und Th. ἐγέννησαν. Die LXX aber ἐγεννήθησαν. Sie müſſen paſſive geleſen haben. LXX. τέκνα ἀλλότρια, e coniugiis cum gentilibus. Specie poſita pro genere. In gentium conſortia ſe implicuerunt: idola eorum receperunt:

H 2   ſoe-

foedera cum eis pepigerunt. Vgl. v. 13.
Schröer: Heydnische Kinder. Hezel: treiben
Götzendienst. חדש Herr D. Dathe, Hr Bahrdt
und Hezel verstehn: mensis d. i. tributa men-
strua, so uenda Phuli regi Assyriae, imposi-
ta populo a Menahemo 2 Reg. XV. 19. 20.
Die schlechte gewönliche Meynung gibt auch einen guten Sinn: ein einziger Monat werde sie
mit allen ihren Erbtheilen verzehren. Das verstehn denn Manche von den Juden unter Ahas
Regirung; allein dem ganzen Zusammenhange
nach geht's mehr auf die zehn Stämme. Juda hatte dabey ähnliche Schiksale zu erwarten,
nur nicht zu gleicher Zeit. Herr Hofr. Michaelis ließt חדש, etwas Neues. Dis Wort
gebrauchen die Araber vou unerwarteten Zufäl-
len. Hier muß es, wie der Zusammenhang
lehrt, im übeln Verstande, von unerwarteten
Unglüksfällen, genommen werden. Vgl. Michaelis Or. Bibl. t. 19, 171. ferner Hieronymus, Pocoke und Struensee, a. d. St.
Aq. übs. νεομηνια. Symm. Th. μην. LXX. ἡ
ἐρυσιβη. (rubigo) drum will Houbigant
ועתה יאכל החסל lesen: nunc igitur absumet
rubigo (haereditatem eorum.) Der Syrer läßt
dis aus. Schröer: abgöttischer Gottesdienst
am Neumond. Hr. Hofr. Pfeifer übersezt:
bald wird ein Fremder ihre länder vethecren. Er
ließt anders: עתה יאכל מחדש את־חלקיהם

und

und verstehet es von dem an die Assyrier zu bezahlenden Tribute.

V. 8.

Die hier genannten Instrumente שׁוֹפָר und חֲצֹצְרָה waren bey dem Gottesdienste verordnet. שׁוֹפָר übs. Aq. und Symm. κεραιίη (cornea) LXX. σαλπιγγι. 4 Mos. X, 8. Bey einer allgemeinen Kundmachung war dieses Blasen gewönlich. An den genannten Oertern sollte bekannt gemacht werden, daß Ephraim wegen seiner grossen Sünden Strafe leiden sollte. Herr Hofr. Michaelis denkt an das grosse Interregnum und die da entstandnen bürgerlichen Unruhen. Hr. HR. Pfeifer nimmt die verba impersonaliter. בֵּית אָוֶן - IV, 15. הָרִיעוּ - vom Rufen gewönlich; denn die menschliche Stimme wechselte mit jenen Instrumenten bey Bekanntmachungen ab. אַחֲרֶיךָ - Hr. D. Dathe: tibi, o Benjamin, hostis imminet. Am natürlichsten, dünkt mich, gibt man es: welches hinter dir, o Benjamin, d. i. dir im Rücken liegt. So hat es auch Hr. Hofr. Michaelis, und Hr. Insp. Schröter, auch Hr. Hezel; und Starcke: Unter dir ist man her, ähnlich mit der Dath. Uebers. Aq. Symm. Th. οπισω σε. LXX. Ipsum mentte excedit, legerunt: יַחֲרֹד C. B. Dieu hat eine andere Erklärung: Benjamin non tollo in vocabulum casu, sed in nominativo,

tivo, & *post te* non refero ad sequens *Benjamin*, sed ad praecedens *Bethhaven*. Arbitror hoc versu omnes tribus non tantum Israelis, sed & Judae sive Benjamin ad bellum citari. Juberi itaque ut tuba clangant primo habitatores Gibeae, secundo habitatores Ramae, tertio Bethaven, i. e. habitatores Bethhaven, postremo post Bethhaven Benjamin vel, *clangite in Bethhaven*. *Post te* (nempe Israel) Benjamin clangat. Sub Benjamin Juda comprehenditur. vgl. v. 5. Ein alter Griech. Ueberſ. in d. Hexapl. Orig. durch E. bezeichnet, hat: κατα νώτȣ σȣ. Dis bestätigt meine Ueberſetzung. Vgl. Houbigant. Hr. Bahrdt: Hannibal ante portas! Pfeiffer: bey dir, Benjamin.

V. 9.

Nun kömmt das, was durch Blaſen und Ruſen bekannt gemacht werden ſoll. לשמה d. i. Ephraim, das Reich der 10 Stämme, ſoll verwüſtet werden. Tiglatpileſer fing die Verwüſtung an, und Salmanaſſer vollendete ſie. ביום die LXX ſcheinen כיום geleſen zu haben. 2 Kön. XVII, 3—6. תוכחה von יכח, *corruptio*. Nach dieſem Worte muß man um gröſſerer Deutlichkeit willen die Ellipſe von אשר annehmen. נבאנה ziehe ich auf תוכחה, *certam et definitam* d. i. *certiſſime futuram*. L. de Dieu *in tribubus Israelis notificavi rem certam*, firmam ac stabilem, vt sensus sit, non est, quod quisquam dubium vocet, quod de desolatione dixi, quod enim tribubus Israelis significaui, certum quid est ac firmum. Houbigant: veritatem. Addimus meam, interpretando, perspicuitatis caussa, ut significetur veritas Dei in minis ad euentum perducendis. Die Hebräer drücken das neutrum durch ein foemininum aus. Der Sinn ist: ostendam me, ut in promissionibus, ita etiam in minis exsequendis, esse firmum & constantem.

V. 10.

שרי Die Vornehmsten des Landes, sonderlich Ahas. כמסיגי גבול Das Wort ist in dieser Connexion gewönlich Deut. 19, 14. 27, 17. In der Uebers. kommen die alten Uebersetzer meist überein. LXX. ὡς μετατιθέντες ὅρια. E. ὁμοία τοῖς ἀποτεμνομένοις ὅρια. Symm. ὡς παρορμιζοντες (forte leg. παρορίζοντες, terminos egredientes) HR. Pfeifer meynt, dis könnte wol eigentlich genommen werden. Ich habe es von Erzböfewichtern verstanden, welche die Gränzsteine verrükten. Vgl. IV, 3. Man könnte aber auch nach גבול das Wort יהודה ausgelassen annehmen; sie überschreiten Judas Gränzen, indem sie an der Israelitischen Abgötterey Antheil nehmen. So finde ich es auch

auch in Herrn Hofr. Michaelis Anmerkungen genommen. Alsdenn wäre das כ durch veluti oder quasi zu übersetzen. עברה vom heftigen Zorne, ist nicht ungewöhnlich. Verschiedne alte Griech. Uebersetzer geben es: ὅρμημα. Daß der Zorn hier wie Wasser ausgeschüttet werden soll, ist eine bildliche Redensart, welche von Ueberschwemmung eines Landes hergenommen zu seyn scheint, und das Unaufhaltsame bezeichnet. Symm. hat ὑδροκηλια, vgl. Biel s. h. v. und Bahrdt b. d. St. Pfeifer hat keine üble Conjectur: über Judas benachbarte (von צור nahe seyn) Fürsten ꝛc.

V. 11.

Beyde Wörter עשק und רצץ sind von gewaltsamen Strafen üblich; vergl. 5 Mos. XXVIII. 33. משפט kömmt zwar auch wol von Strafen vor, man kann aber auch bey der gewöhnlichen Uebersetzung Gericht bleiben. Houbigant will lesen: במשפט, iudicio frangetur. Ἀντιδικων αυτȣ in d. LXX ist wol eine Glosse. יאל, הואיל הלך im Arab. ואל primum esse, Hiph. incipere, oft wie ϑελειν ApG. II. 21. blos beginnen. Die LXX. geben es oft durch ηρξατο. Sie scheinen החל stat הואיל gelesen zu haben. Cappellus T. II. p. 563. Die gewöhnliche Verbindung zweyer verborum, ire incæpit b. 4. Lufe. 'ηξατο ſteht im M. T. auch oft überflüſſig. Alsdenn aber würde ich הלך leſen welche Form ſtatt לכה der Analogie gemäß und nicht ungewöhnlich, iſt. אחרי In der Hall. Bibel wird es erklärt: poſt præceptum, non menm, ſed ſuum. Dann würde es von צו ſeyn. Viele nehmen es ſo: Sie hätten die Befehle ihrer Könige den göttlichen Befehlen vorgezogen, beſonders Jerobeams 1 Kön. XII. 28. und Ahabs 1 Kön. XVI. 32. Zu wörtlich und undeutlich überſezt Arias: iuſſ poſt *iube*. Hr. Inſp. Schröer: ſie gehen nach der Conſtitution. Der Kälberdienſt, war von den Königen angeordnet. Er hält צו vor einen Terminus der Landesregierung in dieſer Sache. Aber von dem Allen müſte doch etwas dabey ſtehn, es iſt ja gar zu kurz abgebrochen. Von trunknen Prieſtern kömmt es Jeſ. XXVIII. 7. — 19. vor. Die Interpretes haben gar verſchieden geleſen. In der Vulg. iſt das Wort ſordes, in den LXX. ερημω των ματαιων. Sie haben שוא geleſen, (S. Cappellus p. 563. 571. 782. Die Vulg. ſcheint צואה geleſen zu haben. S. Cappellus S. 870.) und Houbigant b. d. St.) Hr Bahrdt verſteht Dreckgötter IV. 17. 18. Pfeifer: Götzen. שו und שוא Job. XV. 31. ſind verwechſelt. Daß הבל, און, תהו und שוא Benennungen nichtiger Götzen ſind, iſt ganz bekannt. So nehmen auch Dathe und Struenſee in ihren Ueberſ.

und Hezel das Wort. Ich bin auch der Leseart
der LXX. gefolgt. Herr Hofr. Michaelis versteht es von trunknen Gastmalen und übersezt: er
ging hinter den Gespienen. Er spricht זו aus.
s. Anh. zum 14 Th. der Or. Bibl. S. 84. Er
glaubt, bey den Opfermalzeiten habe man sich
tüchtig betrunken. L. de Dieu: iuit post mandatum, quod Deus de opprimendo & confrin-
gendo eo dedit, non fugit illud mandatum
Dei, sed secutus est tamquam qui vellet man-
dati istius vim experiri. Mandatum hic est,
quod Es. V. 19. עצה

V. 12.

Das ו vor אני gibt Hr. Bahrdt contra,
vero. Dathe: igitur. Jon. hat anders gelesen. Er hat: & verbum meum. עש von עשש.
Motte. Jes. L. 9. LI, 8. Ps. XXXVIIII. 12.
Bochart Hier. II. p. 617. רקב. Das Stammwort kömmt Jes. XXXX, 20. vor, und dis
Stammwort Prov. XII. 4. Job. XIII. 28. Die
LXX übers. das erste ταραχη, das andre
κεντρον. Vulg. tinea und putredo. Syr. perturbatio und leo. Ar. P. Perturbatio & stimu-
lus. Struensee: Motte und verfault Ding.
So ohngefär Schröder: Michaelis und Luther, auch Hezel Motte und Schabe, Dathe:
tinea & caries. Döderlein glaubt, das Bild
sey

Hosea V, 12. 13.

sey von der Elephantiasis hergenommen; Michaelis hält beyde Worte vor synonyma und hält es vor stiller würkende., weniger in die Augen fallende Uebel im Gegensatze gegen v. 14. Die LXX haben entweder כנעש oder כרעש oder בכעס gelesen. Denn נעש heißt concuti, commoueri und כעס indignari, oder man muß ἀραχη statt ταραχη lesen. S. Cappellus S. 649 und daselbst Scharfenberg. Bahrdt glaubt, sie hätten בזועה und בקבב gelesen. Der Syrer hat vielleicht statt des leztern Wortes gelesen: ככפיר, wenn nicht ein Fehler in der Syr. Uebers. steft. Hr Insp. Schröer denkt an den Aussatz des Königs Usia. HR. Pfeifer macht den 12 V. zum Nachsatze, und das 2te Glied des 11 V. zum Vordersatze.

V. 13.

Es wird in dem Bilde der Fäulnis fortgefahren; welche bereits ihren Anfang genommen habe. Sie suchen einen Arzt, aber den unrechten. חליך und מזרו sind synonyma, so wie אפרים und יהודה. חלי von dem Stammworte חלה, Krankheit, und מזור von זור, nach der gewöhnl. Ableitung, (ich nehme aber lieber die Arab ךרז. adstrinxit, compressit an) 1) Die Zusammendrückung, hernach) 2) die Wunde, das

das Geschwür. Aq. ἐπιδέσις. LXX ὀδύνη· *Vulg.* vinculum; eine Compresse, Bandage. Unter der Krankheit wird der sehr traurige Zustand des Reichs verstanden Jes. I, 5. Jerem X, 19. Die durch Quetschen entstandnen Wunden werden auch wol dadurch ausgedrükt. Israel wandte sich schon unterm Menahem an Assyrien 2 Kön. XV. 19 ff. וישלח — Vor diesem Worte steht kein deutliches Subjekt; im Anfange des Verses stand Ephraim und Juda; bey dem zweiten Theile des Verses fing Ephraim wieder an, ich glaube also hier muß יהודה das Subjekt seyn, um destomehr da das vorher Juda beygelegte מזור am Ende des W. wiederholt wird. Man vergleiche Michaelis Or. Bibl. T. 49., S. 172. ירב ist kein nomen proprium; denn kein König dieses Namens ist bey den Assyrien bekannt, auch keine merkwürdige Stadt, welche für das Assyr. Reich stehen könnte, wiewol Luther: König zu Jareb. vgl. X, 6. sondern appellatiuum pro proprio. Von dem bekannten Worte ריב könnte, רב ein Widersacher und Gegenpart seyn und dis ist mir auch am wahrscheinlichsten, מלך ירב und אשור sind alsdenn Synonyma. vgl. Jes. 49; 25. Hof R. Pfeiffer versteht nach Ephr. Syr. opp. ed. Rom. T. V. 249. und Theodoret den König So von Aegypten. Unter den Alten und Neuern Uebersetzern ist eine grosse Verschiedenheit LXX. ιαρειμ. *Vulg.* Vltor. Syr. Jareb. Ar. Ps. Jarim. Aq. δικαζομενον (disceptantem) Da-

the

the: Vindex. Michaelis und Schröer: feindseliger König. Struensee und Pfeffä: an den König Jareb. LXX und Ar. müssen wohl in ihrem Exemplare יִרִיב gelesen haben. Houbigant: *ultorem eundem regem* Assur, qui antecessit, nimirum Theglatphalasar. So auch Hezel. Daß יִגְהֶה synonym mit רָפָא sey, sieht Jeder aus der Connexion. Das nomen kömmt Sprüche Salom. XVII. 21. vor. Wenn die Lexicographen das verbum durch curauit, sanauit, geben, so haben sie allerdings den Zusammenhang dieser Stelle für sich — Hr. HR. Michaelis Supplementa S. 273. erläutert es aus dem Syrischen. מָזוֹר gibt Aq. durch ἐπίδεσις oder σύνδεσμος LXX. ουκ ηδυνασθη ιασασθαι υμας και ουκ διαπαυση εξ υμων οδυνη. Vulg. nec soluere poterit a vobis vinculum. Aehnlich auch Syr. und Ar.P. Michaelis: und euer Geschwür nicht wegnehmen. Struensee: das Uebel wird bey euch nicht aufhören. 2 Chron. XXVIII. 20. Schon Houbigant erklärt das Wort richtig aus den morgenländischen Sprachen: recedere, abstinere.

V. 14.

שַׁחַל, der Löwe, von dem Arab. wo das Stammwort Brüllen heißt. Ps. 91, 13. Sprüche Sal. 26, 13. Die LXX. und der Araber haben Panther, so auch Struensee. Aq. ὡς-

ὡς λέαινα. Symm. ὡς ἐπιβολὴ λεαίνης Th: ὡς λίς. So wie nach dem Parallelism der Glieder שחל und כפיר synonym sind, eben so auch בית יהודה und אפרים. Daß in dem wiederhohlten אני ein Nachdruck liege, braucht nicht erst gesagt zu werden. טרף vom Zerreissen ist schon da gewesen und נשא geht hier ohnstreitig auf das Anpacken und Wegschleppen der Beute. Das hinzugefügte ואין מציל (das Part. Hiph. von נצל, eripuit) zeigt die grosse Gewalt und Stärke Gottes an, welcher sich Niemand widersetzen kann. Das Unerbittliche liegt blos in diesem Bilde.

V. 15.

In dem Bilde des Löwen, welcher die Beute in seine Höhle schleppt, wird fortgefahren. אשובה, Das ה parag. steht sehr oft an den futuris. Uebrigens drükt hier das Wort שוב den Nachdruck einer Partikel aus; also mit אלך verbunden heißt es so viel, als, ich will wieder oder zurükgehen. מקומי — mein Ort d. i. mein Aufenthalt, meine Wohnung, und in dieser Verbindung, meine Höhle. S. Vitringa Jes. T. II. 74. a. Bahrdt: *redire in locum suum* Deus dicitur, ubi favorem suum plane detrahit. Contra *egredi e loco suo*, ubi res mortalium neglectas denuo curare videtur. Jes. 26, 21. Mich. I. 3. Hr. HR. Pfeifer:

an

Hoſea V, 15.

an meinen Ort d. i. den Tempel zu Jeruſalem.
Vgl. Hezel b. d. St. עד אשר, donec, dum
יאשמו, von אשם. Dis Wort hat hier ohn‐
ſtreitig folgenden Sinn, welchen ich paraphraſi‐
ren will: dum criminis rei fiant, & ſe eſſe pro‐
fiteantur ad meliorem frugem redeuntes. Die
Ueberſetzer ſind ſehr verſchieden. *Vulg.* donec
deficiatis. LXX. ἕως οὗ ἀφανισθῶσι. So über‐
ſetzen ſie mehrmals אשם. *Syr.* donec victi
redeant. *Ar.* donec conſumentur. *Dathe*: do‐
nec ſe reos peragant. *Struenſee*: bis ſie
ihre Sünden erkennen. *Michaelis*: bis ſie ihre
Schuld erkennen. ובקשו פני iſt die Würkung
vorhergehender Urſache. Die Erkänntnis der
Sünde und die wahre Reue darüber führt durch
den Glauben und das ächte Vertrauen zu Gott.
Das Angeſicht Jemandes ſuchen iſt ſonſt ein
Hebraiſm, welcher alsdenn gebraucht wird, wenn
man Hülfe von Jemanden erwartet und bey Gott
beſonders, wenn man ihn im Gebete darum
anfleht.

בצר — Hier fängt Hr. Hofr. Michaelis das
folgende Capitel an. צר (von צרר) anguſtia.
Syr: ובצר, das ב iſt da in dem Sinne zu neh‐
men, ubi fuerit. Das darauf folgende Wort
iſt von dem Stammworte שחר mane aliquid
facere Pſalm 78, 34. Jeſ. 26, 9. Das Mor‐
gengebet wird auch ſo ausgedrükt, und über‐
haupt,

haupt, Gott anrufen. LXX. εν Θλιψει αυτων φεθριϭοι προϛ με. Pfeiffer: ſie werden bald mich anrufen. Bey den Iſraeliten erfolgte gar keine Beſſerung, drum wurden ſie unterm Hoſea ganz verſtoſſen, die Juden beſſerten ſich unter dem Hiſkias, erhielten beſſere Zeiten, verfielen aber unter dem Manaſſe wieder in Sünden und wurden dann verſtoſſen — Hr Bahrdt glaubt שחרני ſtehe poetiſch ſtat אלי ישחרו. שחר mit אל conſtruirt, heißt, ſich zu Jemanden drin= gen. Vgl. Luc. XXI, 38. Schröder: ſie wer= den mich ſehr begierig, oder ſorgfältig ſuchen.

Kapitel 6.

1.

Dies hängt auf das Genaueſte mit dem vo= rigen Kapitel zusammen. לכו. Vor dieſem Worte iſt wol דאבור alsrausgelaſſen anzuneh= men oder ואמרו, wie einige Alte überſetzen, in einigen codd. iſt auch vor לכו, in andern vor להם eine Lücke, wo dieſes Wort geſtanden ha= ben könnte, vgl. Houbigant. Die Redensart שוב אל יהוה iſt dem Sinn nach einerley mit בקש פני im lezten V. des vorigen Kapitels. Auch da war הלך und שב verbunden, wie hier, und das paragog. ה ſtand auch dort an fu= turo — Nun wird ein Bewegungsgrund hinzu=

ge=

gefügt, warum man sich zu Gott wiederum wenden solle. כִּי הוּא טָרָף. Die Redensart scheint noch aus dem Vorigen vom Bilde des Löwen hergenommen zu seyn, wie auch Hr Hezel richtig bemerkt. Die LXX geben טָרַף ἥρπακε und ein alter Griech. Ueberſ. πεπαικε (percuſſit) Hezel: Er, als der Allmächtige, kann unser Elend auch wieder wenden. Das Wort רפא ist schon V. 13. da gewesen. יִרְ— ist Anfängern eine schwehre Form. Der Stamm ist נכה, hier findet eine doppelte Anomalie wegen des נ und wegen des ה statt. Hier ist wol die Bedeutung: vulnera letalia infligere. הבש —ויחבשני verbinden. Symm καὶ μαλαγματίσει ἡμας (al. επιδησει ἡμ.) LXX. μοτωσει. Dis erklärt Hesych. ιασεται δι᾽ ὀθονιων· μοτος, linteum, Faſt der Gedanke, welchen David Pſ. 103, 9. ausdrükt. Vgl. Vitringa ad Jeſ. T. I. 229. a. II. 69. a. Eiuſdem generis ſanitas intelligenda, cuius fuit malum. Verbum טָרַף indicat Reip. Jud. vulnera; ergo יִרְפָּאֵנוּ demonſtrat eorum vulnerum ſanationem, quam Deus tum facturus eſt, cum rempubl. Judaeorum reſtaurabit, Aſſyriorum, Chaldaeorumque iugo liberatam; neque haec de ſanatione per Euangelium facta intelligi poſſunt. Houbigant. Sehr fromme Evangelische Gedanken hat Hr Inſp. Schröer.

J   V. 2.

V. 2.

Das leztere Bild, wird noch fortgesezt. חיה ־ יחיינו auch munter, frisch, gesund seyn. Aq. ἀναζώωσει ἡμας. LXX. ὑγιασει η. V. ed. ὑγιεις ἀποδειξει ἡμας. מימים, a biduo. Die Ausleger haben sich zum Theil grosse Mühe gegeben, diese 2 oder 3 Tage zuerklären; denn das folgende ביום השלישי יקמנו ist obnstreitig synonym mit der vorhergehender Redensart. Was noch übrig ist, ונחיה לפניו, ist kein neuer Gedanke, sondern Vollständigkeit der alten Sprache, welche oft an Tautologie gränzt. Durch diesen Zusatz wird das 2te Glied des Verses dem ersten völlig gleich gemacht. Hr Babrdt: viuere coram Joua d. i. beatissimum esse. Daher Hr HR. Pfeifer: daß wir glüklich werden bey ihm. So auch Hezel. Weil man 2 oder 3 so eigentlich nahm, so hat man so gar die Auferstehung Christi von den Todten hieher gezogen, welches schon Houbigant misbilligt. Hieran darf man gar nicht denken. Calov und Schröer aber thun es und vergleichen Eph. II. 1 — 8. Das Bild handelt nicht von dem Uebergange aus dem Tode ins Leben, sondern nur von einer Wiederherstellung von einer schwehren Krankheit. Jüdische Ausleger haben wol den ersten Tag von den Leiden in Egypten, den zweyten von der Babylonischen Gefangenschaft und den dritten von der Befreyung daraus verstanden. Allein es ist bekannt, daß 2 oder 3 bey den Hebräern, so wie überhaupt in der alten und noch jetzigen Sprache, von weniger und kurzer Zeit gebraucht werde. Vgl. 1 Kön. XVII. 12. Jes. XVII. 6. Jerem. III. 14. Es heißt also die hier gebrauchte Redensart nichts mehr, als brevi. So hat es auch Hr HR. Pfeifer übersezt. Vgl. Vitringa Jes. II. 134. b. 891. a. Houbigant: Haec indicant tempus proximum in rebus futuris, quomodo in praeteritis. תמול ושלשים So bald die Juden die wahre moralische Ursache ihre Gefangenschaft einsahen, da war auch zu ihrer Freyheit nahe Hofnung. So auch Hr. Bahrdt, nur trete ich ihm darinn nicht bey, daß er ם mit ב so verbindet, daß der Sinn herauskömmt, a biduo ad triduum. קום in Hiphil ist sistere, auf die Beine bringen.

V. 3.

ונדעה — Ausgelassen scheint hier zu seyn את יהוה. Da dieses Wort nicht allein erkennen, sondern auch lieben heißt, so habe ich in meiner Uebersetzung die leztere Bedeutung vorgezogen, ich läugne deswegen nicht, daß die erstere auch einen guten Sinn gebe. II. 22. IV. 1. V. 4. Symm. γνωμεν ευν σπευσαι LXX. και γνωσομεθα διωξωμεν. V. ed. παιδευθωμεν εν και επειχθωμεν. R. de Dieu: *Quum sciemus* (nempe nos esse suscitatos in novam vitam, quum id experimento didicerimus, non cessabimus, sed)

pro-

profequemur, *ut cognofcamus Dominum.*) pro quum *quando*, ut Arabibus, fic & Hebraeis paſſim frequens, quo ſenſu et καὶ uſurpatur Marc. XV. 25. Houbigant will נועדה, & *conueniamus* leſen. Hr Bahrdt will das erſte verbum adverbialiter nehmen: *ſtudioſe* ergo &c. נרדפה לדעת laßt uns verfolgen zu erkennen, iſt ein Hebraiſm, der auch im N. T. vorkömmt, διωκειν. d. i. laßt uns eifrig ſeyn, ihn zu erkennen. Vgl. 5 Moſ. XVI. 20. Jeſ. LI, 1 Pſ. XXXIV. 15. Dis erklärt auch Hr. Schröer gut, Pfeifer: laßt uns eilen J. zuerkennen Das ה parag. iſt ſehr häufig in den kleinen Propheten den futuris angehängt. ידע iſt bereits vorher erklärt. Nach יהיה muß אשר ſupplirt werden. כשחר Ich verſtehe dis Wort von der Morgenröthe, zu dieſer Bedeutung paſſen auch die Wörter יצא und ביא, welche vom Aufgehen und Untergehen der Sonne gewöhnlich ſind. Gottes Erſcheinung wird wol mit der Morgenröthe verglichen, wie dieſe auf die dunkle Nacht, zumal den Bekümmerten, ſehr erfreulich iſt, ſo Gottes Hülfe denen, welche lange im Elende geweſen ſind. נכון, iuſtum & completum in ſua re, die völlige Morgendämmernng. מצאו, von יצא, in nomm. wird 1 rad. י in ו verwandelt, daher mit dem ס heemantico מוצא. Dieſes ו fällt hernach wol weg, wenn ein ſuff. folgt, der Vocal deſſelben, Cholem, bleibt aber. Doch haben auch einige codd.

codd. das ן f. Houbigant. Sein Herausgehen, sein Hervorkommen: so wird das Licht mannigmal durch die Wolken verdunkelt, aber hernach bricht es mit desto schönern Strahlen hervor. Die LXX., welche ευρήσομεν αυτον übersetzen, scheinen statt מוצא das Wort מוצאתיהו gelesen zu haben. Vgl. Cappellus S. 650. Symm. ώς ορθρος βεβαια ή επιφανεια αυτε. Bahrdt will מוצא durch Hülfe geben: Seine Hülfe wird erwünscht kommen, wie die aufgehende Sonne. כגשם. Der Regen ist in den heissen Ländern oft noch erwünschter, als bey uns. Wenn Gott uns errettet, so ist es wie der Anblick der Morgenröthe, erscheint er uns aber auch zuweilen nicht, so ist es zwar, als würde der Tag dunkel, aber es erfolgt doch auch alsdenn ein erwünschter Regen d. i. seine Züchtigungen sind uns heilsam. כמלקוש–. Dieser Regen fiel kurz vor der Ernd‍te, von לקש, racemauit. יורה — halte ich hier vor das partic. rigans, so nehmen es auch der Syr. Michaelis und Dathe. Andre vor ein nomen, pluuia serotina, mit den meisten Alten. Houbigant und Struensee. Alsdenn müste aber noch ו davor stehen. L. de Dieu hält es für fut. Hiph. von ירה. tamquam pluuia serotina, docturus terram. Er erklärt sich so: Sensus esse videtur, Facile tum erit no-

nobis cognoscere Dominum, nam inſtar aurorae exibit ad nos & ipſe veniet docturus terram, foecunditate, quam imber & pluuia ſerotina terrae largiuntur. Er glaubt die Worte ſtånden ſtatt יוֹרֶה לָאָרֶץ. In den alten Ueberſſ. ſind nur geringe Abweichungen. Hr Bahrdt hålt die Leſeart der LXX. welcher die Vulg und der Arab. folgen, vor die beſte. Pfeifer: wie Frühregen, der wåſſert das Land. Hezel: wie Früh- und Spat-Regen dem Lande.

V. 4.

Man hat das Folgende von geiſtlichen Seegen genommen. So Luther, Schröer. Der Sinn der Rede geht doch aber offenbar mehr auf das Leibliche. Am richtigſten gibt man es als eine Drohung. Was ſoll ich mit euch thun? ſ. w. Bahrdt: Dubius plane, haeret, utrum poenis an lenioribus remediis utendum ſit. Aus אֶפְרַיִם und יְהוּדָה ſiehet man, daß nicht blos die 10 Stämme, ſondern auch die beyden Stämme mit gemeynet ſind. Das ו vor חַסְדְּכֶם würde ich durch denn geben. Richtig Bahrdt: addit cauſſam, cur dubius haereat. חֶסֶד aber heißt ſtudium, fauor, pietas, beniuolentia. Von der Gnade, welche Gott ihnen erzeigte, verſteht man es, und will drum eine Verheiſſung daraus machen. Nur ſchikt ſich

sich bis gar nicht zum Vorigen. Besser wird ein Gegensatz ihres Verhaltens gegen das gnädige Verhalten Gottes gegen sie verstanden, und man kann es ganz gut durch Gottesfurcht geben. Jes. 57, 1. Pfeifer: Frömmigkeit. Es brükt recht ςοϱγηναυς und Gott stellt ja die Israeliten als seine Kinder vor. Die Alten haben Barmherzigkeit. LXX. ελεος, οικτιϱμος; auch Houbigant, Michaelis: Besserung. L. de Dieu: sanctitas. Bahrdt: die ersten Rührungen eines busfertigen Herzens. Schröer: herrliche Begnadigungen, Gnadengaben und Herrlichkeiten. כענן־בקר wie eine Wolke des Morgens. In Palästina und Ländern von gleicher Breite pflegen um 9 oder 10 Uhr alle Wolken verschwunden und reiner Himmel zu seyn. וכטל משכים sicut ros matutinum d. i. der des morgens fällt. Der nächtliche Thau ist aber immer dauerhafter und fruchtbarer und wird gepriesen. Hohel. V. 2. הלך heißt hier verschwinden. Gott setzt ihnen ihre sehr vergängliche Gottesfurcht entgegen. So nimmt es auch Ludw. de Dieu b. d. Stelle, und Hr. Bahrdt: mane euanescens. So auch HR. Pfeifer.

V. 5.

על־כן. Die gewönliche Partikel, wenn aus der angegebnen Ursache nun eine Würkung hergelei geleitet werden soll. חצבתי˙ Das Wort חצב kömmt von Bäumen vor. Jeſ. X. 15. Darum haue ich ſie nieder würde alſo eine ganz gute Ueberſetzung ſeyn. Das Wort wird überhaupt auch von den göttlichen Gerichten gebraucht. Die Strafen ſind ein verzehrendes Feuer, ein zerſchmetternder Hammer, Aexte, welche die Bäume niederhauen. Auf die Drohungen wird es auch wol gezogen. Hr. Babrdt: reprehenſionibus & minis ad frugem reuocare. Die *Vulg.* dolaui. Luther; höfele ich ſie. Die LXX ἀπεθέρισα. Syr. diſſecui *Ar.* meſſui. Aq. Th. ἐλατόμησα. Symm. ἐκ ἐφείσαμεν E. ἐξέκοψα. Houbigant meint, die LXX. hätten חרדתי geleſen, von dem **Chald.** חרד metere. Er ſelbſt hat eine matte Conjektur. Er will חפצתי volui, leſen. Pfeifer: deswegen habe ichs oft durch die Lehrer erinnert; habe gedrohet durch meine Orakel. Dathe und Michaelis geben es durch blitzen, Struenſee aber, wie nach ſeinem Endzweck zu erwarten ſtand, niedermähen. Michaelis Supplementa 885. בנביאים˙ (LXX. נביאיכם˙) Einige haben es von den falſchen Propheten verſtanden, und ſie als das Objekt des Niederhauens angeſehen. Allein das kann nicht ſeyn: ב wenigſtens wird nicht ſo gebraucht, welches freylich einige Alten nicht geleſen zu haben ſcheinen. Richtiger von den wahren Propheten. Ich laſſe ihnen durch meine Propheten das äuſſerſte Unglük verkündigen. Das

Sub-

Subjekt der ganzen Rede sind die Einwohner
beyder Reiche. S. Dathe Not. crit. ad h. l.
הרגתים steht mit חצבתי parallel, so wie
באמרי־פי ,mit בנביאים ‎־ומשפטיך. Wenn
diese Leseart richtig seyn sollte, so müste sich nun
auf einmal die Rede ändern und Gott in der andern Person angeredet werden. Deshalb will
Hr Bahrdt schon vorhin והרגתיך lesen. (occi-
dere, seuerissimis minis perterrere, tödten, in
Todesangst setzen.) Besser ist die Leseart der LXX,
welche dem angeführten Worte das כ genommen
und es dem folgenden beygelegt haben, welches
den guten Sinn gibt: meine strafende Gerechtigkeit geht wie ein Licht hervor d. i.
zeigt sich im herrlichsten Glanze. Unter den Alten bedienet sich dieser Leseart schon das Targum und zum Theil die Vulg. welche aber ein
doppeltes כ gelesen zu haben scheint. Sie übersezt: & judicia tua quasi lux egredientur,
Vgl. Cappellus T. II p. 787. & ibi *Scharfenberg*. Auch fehlt das Caph fin. in b. Hexapl.
Orig ed. Montef. wo ein alter Uebers. hat:
δικαιοκρισια. Kennicott Diss. on the printed
Hebrew Text S. 508—09. hatte schon die
richtige Abtheilung, in seiner Ausgabe zeigt sich
aber keine Handschrift, welche so lieset. Ein
Beweis von dem Vorzuge der alten Ueberseßungen vor den codd. welche auf unsre Zeit gekommen sind.

אור

אוּר statt אוֹר paßt noch beſſer in den nexus: **gleich einer Flamme oder dem Feuer.** Vgl. **Vitringa** ad Jeſ. T. I. p. 319. a. Die gewönliche Leſeart erklärt L. **de Dieu**: Sicut lux exoritur, nec quiſquam eius exortum remorari poteſt, ſic ſe habent iudicia in te parata, exoriuntur in te, nec poteris ſacrificiorum tuorum multitudine remorari, quia miſericordiam volo, non ſacrificium. **Junius** wollte eine Hypallage annehmen und leſen: ואור משפטיך יצא & lux iudiciorum tuorum exorta eſt. Hr **Bahrdt** verſteht unter אור ſol. oder auroram. **Pfeifer**: Lichtglanz. **Luther**: dein Recht ans Licht kommen.

V. 6.

Unter חסד iſt hier **Gottesfurcht** zu verſtehen, denn das folgende דעת אלהים im zweyten Gliede des Verſes iſt offenbar ein ſynonymum von חסד, beyde Wörter vereinigen ſich in dem Begriffe der **Erkänntnis** und **Verehrung Gottes**, oder der **Religion**. ולא־זבח iſt in der Hauptſache auch einerley mit dem Worte am Ende עלות. Nur iſt das ולא comparatiue zu nehmen, non tam ſacrificia, quam potius pietatem &c. **Arias** hat עלות zu wörtlich adſcenſiones überſetzt.

V. 7.

V. 7.

והמה - Geht entweder auf die falschen Lehrer, oder auf Israel überhaupt. כאדם - Man gibt es entweder: wie Adam, oder, mit den LXX als ein appellatiuum, wie Menschen, wo man sich ברית als ausgelassen denkt. In den neuern Zeiten haben die, welche sich daran stieſſen, den Adam zum Bundeshaupte zu machen, die letzte Erklärung erwählet, und man hat die Erbsünde angeführt, welche eine Urſache der Bundbrüchigkeit ſey. Davon iſt aber hier die Rede nicht. Das Natürlichſte bleibt immer, den Adam hier zum nom. proprio zu machen. Theologiſch folgt daraus aber noch nicht, was man daraus ſchließt. ברית, an ſich eine jede göttliche Verheiſſung, auch eine Verſichrung des Verhaltens von Seiten der Israeliten. Der Begrif des capitis foederalis und die ganze Föderalverfaſſung folgt daraus nicht. Vgl. Bahrdt. Der Begrif der Vergleichung liegt darinn, weil Adam der erſte war, welcher den Bund mit Gott nicht hielt. IX. 15. Hier ging wol die einige Intention dahin, die Abgötterey zu verbannen, und den Dienſt des einzigen wahren Gottes wieder einzuführen. Herr Hofr. Michaelis ließt כאדם Or. Bibl. T. 19, S. 174. Sie ſind wie Edomiter und übertreten den Bund d. i. ſie ſind ſo völlig von mir

und

und dem wahren Gottesdienste abgefallen, als die gleichfalls vom Abraham abstammende Edomiter, welche ich aber nicht für mein Volk, erkenne. Sie sind eben so wenig mein Volk als die Edomiter. Michaelis Anm. Syr. hat filius hominis. Hr HR. Pfelfer ließt באדמה־ Aber sie — im Lande übertreten sie Vorschriften. Etwas ähnliches hat die Erklärung des Chaldäers: wie die ehmaligen Nationen. Hezel tritt Pfeifern bey. שם ibi Dathe: in terra illa bona, quam dedi illis sub hac conditione, ut legem meam seruarent, in illa a me deficiunt & foedus cum iis initum frangunt. So erklärt es auch der Chald. Das Wort בגד ist schon mehr erläutert. Houbigant bemerkt bey שם: ibi, siue in ipso foedere, quo tenebantur & quod ruperunt. Non licet accipere שם ibi de Ierosalem, quia non supra nominata est Ierusalem; neque etiam de loco, ubi Propheta vaticinabatur, propter eamdem caussam. Herr Bahrdt zieht שם auf den 5ten Vers: bey dem allen. non obstantibus istis modis, quibus emendare illos studui, a me defecerunt. Der Arab. hat עבך und בגד gelesen.

V. 8.

Insbesondre wird nun an Gilead die Treulosigkeit und der Ungehorsam gegen Gottes Gebote

bote gerüget. Von dieser bekannten Gegend jenseits des Jordans und der Reihe der Gebürge, welche sie einschloß, vgl. **Cellarii** Geogr. ant. II. S. 538. 39. Vgl. 4 Mos. XXVI. 29. — קרית. *Arias*: ciuitas operantium iniquitatem. *Vulg.* ciuitas operantium idolum. *LXX.* πολις εργαζομενη ματαια. *Targ.* ciuitas est vim inferentium. *Syr.* vrbs illa operantium iniquitatem. *Ar.* Spreuit me Galaad, urbs vanitatum operatrix. Man siehet, Stadt ist hier uneigentlich von einem ganzen Lande gesagt. Den Sinn hat *Hezel* gut so ausgedrükt: das Land ist so dicht von Götzendienern und Bösewichtern voll, wie eine Stadt von ihren Einwohnern. So ohngefähr *Michaelis*: G. ist ein Zusammenfluß von Bösen. און פעל ist eine gewönliche Benennung der Abgötterey; so haben es auch die meisten Alten genommen. Vgl. XII, 12. Daß in Gilead besondre Sünden im Schwange gegangen wären, sagt die Geschichte nicht; doch ist bekannt, daß Abgötterey da war. Die Berge, welche diese Gegend einschlossen, waren zum Götzendienste sehr bequem. Diese Gegend kann auch deswegen erwählet seyn, weil sie den Feinden, welche von Syrien einbrachen, am nächsten lag 2 Kön. XV, 29. Vielleicht hat auch der Prophet die Allgemeinheit der Abgötterey beschreiben wollen, von einer Seite bis zur andern. Denn Sichem. v. 9. lag gerade auf der oppouirtesten Seite von Gilead. Die LXX. haben

ben, פֹעֲלֵי so überſezt, als hätten ſie das partic. im ſing. geleſen. Herr Inſp. Schröer: Gilead iſt eine Stadt voll Uebelthäter, ohngefähr wie Jonathan, Syr. und Arias. Hr HR. Pfeiffer folgt den LXX. Ar. und Vulg. Gilead, ein Ort der Götzenverehrer. Hr Inſp. Schröer denkt an Mizpah, davon V, 1. geredet iſt. עֲקֻבָּה מִדָּם. Im Coccej. wird es von עָקַב, limoſus, abgeleitet, limoſa a ſanguine. calcata, veſtigiata a ſanguine, veſtigia habens a ſanguine. Simonis nimmt den allgemeinen Begrif lubricus, fallax an, ubi pes non ſecure figi poteſt. Vgl. Jeſ. XXXX. 4. Jerem XVII, 9. Man zieht es hier gewönlich auf Menſchenblut. Es kann aber auch Blut der Thiere anzeigen, denn mit den Götzen gedenkt man ſich zugleich auch Opfer. Hier wird es nicht trokken, man opfert beſtändig und das Blut bleibt ein Denkmal der Schändlichkeit. Bahrdt: innuuntur immolationes hominum. Dieſer Sinn ſcheint zu ſpeciell und nicht aus der Geſchichte erwieſen. Houbigant: non iam urbs refugii, ut eſſe debuerat, ſed caedis domicilium. Die alten Ausleger haben zum Theil anders geleſen. Die Vulg. hat ſupplantata ſanguine, ſie ſcheint עֲקֵבָה geleſen zu haben, von עָקַב ſupplantauit, Vgl Hof. XII. 4. LXX. ταρασσουσα υδωρ. Sie ſcheint geleſen zu haben עֹבְרָה מִֽ, conturbans aquam S. *Capp.* Crit. p. 551. 614.

oder,

oder, wie Hr Bahrdt will, עֲקֻבָּה מִים oder
unwahrscheinlicher מֻנִיפָה מִים. Aq. περικαμ-
πης απο αιματος, deflexa a sanguine. Sym.
διωκται απο αιματος, persecutores a sanguine. עקב heißt auch: vestigia premere, persequi. E. ὑποσκελίζουσα καὶ δολοφονοῦσα,
supplantans & dolo occidens. Hier sind zwey
Erklärungen des Wortes durch ein Versehen zusammengeflossen. Jonath. dolose effunden-
tium sanguinem innocentum, vielleicht gelesen
עֲקֻבָּה דָם נָקִי Syr. & sanguine consperſa.

Den Anfang des folgenden Verses scheinet er
hieher gezogen oder noch den Zusatz gelesen zu haben: robur tuum, vt viri latronis. Ar. con-
turbatrix aquarum, auch dieser ziehet noch
etwas aus dem folgenden V. hieher. Auch unter den Neuern ist eine grosse Verschiedenheit:
Arias übs. foedata a sanguine, Struensee:
ist wie ein hartgetretner Weg; hier gehet er doch
etwas von den LXX. ab, welchen er sonst folget.
Dathe: nec a caedibus alienae. Michaelis:
überall mit blutigen Fußtapfen gezeichnet. Schröer: sie ist wegen des Blutvergiessens unter die
Füsse, in den Koth zu treten; er hat das partic.
oder adiect. in dem Sinne von calcandus genommen und gibt folgende Sacherklärung: weil
Mizpah jenseits des Jordans im halben Stamm
Manasse lag, so wurde sie von den Assyrischen
Königen, Phul und Tiglat Pileser bald in den
Koth

Koth getreten. 2 Kön. XV, 29. 1 Chron. V.
6. 26. Pfeifer: bezeichnet mit Blutschuld. Hezel erklärt die Lutherische Uebersetzung: voll Mordspuren, oder auch: da eine Blutschuld gleichsam der andern auf dem Fuße nachfolgt.

V. 9.

Dieser Vers hat seine besondere Schwierigkeiten und hat den Auslegern viele Mühe gemacht. Der Prophet zielt, wie Hr. HR. Pfeifer richtig bemerkt, auf die innerlichen Uneinigkeiten und Kriege der Israeliten nach Jerobeam II Tode, da das Land in verschiedne Factionen getheilt war, und jede Parthey einen König setzen wollte. Hier geht es, wie sich leicht aus jeder Nachricht von dergleichen im eignen Eingeweide wühlenden Staaten abnehmen läßt, nicht ohne Gewalt und Tyranney ab. Abgötterey und innerlicher Zwist, dis sind die zwey Hauptvergehungen, welche der Prophet in diesem und vorigen Verse tadelt. Die Blutschuld, welche Gilead bezeichnet, die Mord drohende Priesterversammlung, sind die schreklichen, schaudervollen Aussichten, welche er sahe. Wenn man die gewönlichen Uebersetzungen zu Rathe ziehet, so scheint es, daß man sich nichts rechts deutliches dabey dachte. Der Lat. Uebersetzer in der Londner Polyglotte hat: Et iuxta exspectare virum latrones, societatem sacerdotum via interficiebant humero. Nach dieser

fer Uebersetzung wären die Priester nicht die Mörder, sondern die Gemordeten; und wie dunkel
und schleppend humero, statt versus oder ad
Sichem tendentes! Arias übersezt eben so.
Ehe ich mich nach den Alten umsehe, erkläre
ich erst die Hebr. Worte. וכחכי. wird gewönlich als ein Infin. Pi. nach Chald. Art angesehen,
von חכה, exspectavit. Vgl. Simonis und
Coccejus von Hrn. Prof. Schulz bey diesem
Worte. Cappellus S. 863 glaubt, daß es das
Partic. Piel, statt מְחַכֵּי sei. Hiermit kann
man aber, da seine Meynung gegen die Analogie der Sprache ist, nicht zufrieden seyn und
richtig sind die Gegenerinnerungen des sel Scharfenbergs, welcher den Wissenschaften so bald
entrissen ist, S. 726. So wie bey נקה, so
wird auch bey unserm verbo ה in י verwandelt:
אִישׁ— wie einer von den Räubern, oder collective, wie das Lauern der Räuber. Wieder Andre haben אִישׁ mit הכי verbunden: wie das
Lauern der Räuberbanden auf Menschen. Dis
ist ohnstreitig das Beste. גדוד, eine Bande,
Rotte. 1 Mos. 49, 19. Vgl. Simonis, Coccejus und Michaelis suppl. S. 264. Um die
Gegend des Jordans gab es viele Räuber. Cappellus S. 726: חבר כהנים würde also das
Subjectum seyn, welches der sel. Luther deutlich in seiner Uebersetzung ausgedrücket hat. חבר
conjunxit, davon חבר societas. S. Mi-

K   cha-

chaelis Suppl. S. 662. Manche wollen in
diesem Worte etwas schimpfliches finden. Daß
die Priester an der Verführung des Volks zur
Abgötterey grossen Antheil gehabt haben, kann
nicht geläugnet werden. Hr HR. Pfeifer äus-
sert den Gedanken, ob nicht הבר כהנים bequemer von Civilbedienten, als von Priestern verstanden werden könne? In der Hauptsache, sieht
er selbst ein, thuts wol nicht viel, denn der Prie-
sterstand war immer ansehnlich genug, daß er
eine Stimme bey Regentenwahlen hatte. Be-
greiflicher aber wird es doch manchem Leser, wenn
man bedenkt, daß כהן auch ein Staatsbedienter
ist und daß der Prophet hier davon rede, daß
sie die Leute mit Gewalt zu ihrer Parthey zu zwingen suchten. Und so konnte es leicht geschehen,
daß IE. Sallum, der zu Thirza sich zum O-
berherrn erklärte, die nach Sichem zu einer andern Parthey, etwa des Zacharias, reisenden
Personen, selbst mit angedrohtem Morde, zu
seiner Parthey zu zwingen suchte und sie wol gar,
wenn sie nicht wollten, tödten ließ. Dergleichen
Vorfälle lassen sich freylich wohl noch mehrere
zur Erklärung des Propheten gedenken. Diese
Civilunruhen erstrekten sich so weit, daß selbst das
benachbarte Juda die Folgen davon empfand; und
sie noch stärker empfand, als die Assyrer den Rebellionen mit Gewalt ein Ende machten. דרך־שכמה.
Das erstere Wort nimmt man gewönlich so, als
wäre ב ausgelassen, בדרך; das Zeitwort zieht
man

man auf die Priestergesellschaften. שכמה versus Sichem. Dis war eine Priesterstadt und eine Freystatt. Jos. XVII, 7. XXI, 21. Cellarius Geogr. ant. II, 433. sagt: ab humero, i. e. leni accliuitate dicta est. Daß Arias das Wort zu wörtlich humero übersetze, habe ich bereits erinnert. Warum gerade dieser Ort genennet werde, darüber gibt es gar mancherley Meynungen bey den Auslegern. HR Pfeifers Gedanken habe ich schon vorhin bey חבר כהנים angeführt. Gusset glaubt, der Ort werde als Freystadt hier genennet. Die Mordsucht sey so ausgebreitet gewesen, daß man nicht einmal diejenigen verschonet habe, welche sich nach einer Freystadt flüchten wollten. Manche sind der Meynung, der Ort werde genennet, weil sich dort viel Götzendienst befunden habe, wozu vielleicht in dem ehemaligen Aufenthalte Jacobs oder in der Nähe des Berges Gorizim die Veranlassung zu suchen sey. Hieronymus glaubt: da Sichem die Passage nach Jerusalem war, wo an den grossen Festen Gotte geopfert werden muste: so hätten die Götzenpriester zu Bethel und Bethaven Mörder und Räuber dahin gesandt, um die Leute von Jerusalem abzuhalten, damit den Götzentempeln nichts entzogen würde. Vgl. Drusius. Das Natürlichste bleibt immer, daß man annimmt, der Ort sey zu des Propheten Zeiten wegen der Räuber besonders unsicher gewesen. Vgl. Richter 9, 25. Vielleicht daß auch

Sichem als ein opponirter Ort von Gilead ange=
sehen worden, um so die entferntefte Breite zu
bestimmen. Vgl. Dathe und Pococke. שי y—
Von dem Worte זמה; ist bey Gelegenheit der
Ehegesetze von Michaelis und Andern viel ge=
sagt worden, welches ersterer in seinen Supplementis ad Lex. Hebr. p. 625 wiederholt hat.
Hier steht es überhaupt statt scelus, pro re ne-
fanda. Nachdem ich so überhaupt den Text er=
kläret habe, wende ich mich nun zu den alten und
neuen Ueberseßern dieses schwehren Verses. Vulg.
Et quasi fauces virorum latronum, particeps
sacerdotum, in via interficientium pergentes
de Sichem: quia scelus operati sunt. Sie
haben das erste Wort von חן abgeleitet, welches
die LXX mehrmals auch durch λαρυγξ gegeben
haben. S. Biel Thes. phil. s. h. v. Bahrdt
und Drusius b. d. St. אי ש haben sie collective genommen oder אנשים gelesen. חבר haben sie
חֶבֶר punktirt; daß ihr Sinn wäre: der Priester=
genosse (welcher sich zu ihnen gerottet hat, ihr
Schmeichler und Speichellecker) gleicht den en=
gen Pässen, welche die Räuber besezt haben.
ירצחו haben sie entweder הָרֹצְחִים im part. mit
dem Artikel gelesen, oder sich אשר vor dem Zeit=
worte ausgelassen gedacht. Statt שכמה haben
sie שכמ֯ gelesen. LXX Και η ισχυς σε αν-
δρος πειρατε. εκρυψαν ιερεις οδον, εφονευσαν
Σικιμα, οτι ανομιαν εποιησαν. Sie haben das
erste

erste Wort punctirt: וכחכי Cappellus l. c.
S. 510. 624. נדוד übersetzen sie auch sonst durch
πειρατης. Vgl. Biel Thes. s. h. v. Statt
הבר haben sie הבו oder חבאו, occultarunt,
gelesen. Cappellus S. 624. und Bahrdt.
So wird ihre ganz andre Interpunction begreif-
lich. Von der Uebersetzung der andern Griechen sind nur noch Bruchstücke übrig. E. ως
λοχος πολυχειριας λης ρικης. גדודים scheint
Symm. durch υποκριτης, Aq. durch ευζωνοι
und Th. wie d. LXX πειρατης gegeben zu haben. Chald. Et quemadmodum observat vir
exercitum, consociati sunt ipsi ac sacerdotes
eorum, in eadem via occidunt animas consensu uno, quia consilium impiorum executi sunt.
Dieser Uebersetzer hat חכה durch observare
gegeben. נדוד wird von einer Rotte gebraucht,
wie schon in Simonis und Coccejus Beyspiele vorkommen. Er hat ferner punktirt חִבְרֵי
und hat hinter diesem Worte statt כהנים gelesen: הם וכהנים. Statt שכמה hat er gelesen,
entweder נפש, collectiue genommen oder im
pl. נפשים, und ausserdem hat er noch den Zusatz יחדיו gehabt. Vielleicht hat dieser Uebersetzer auch statt זמה anders gelesen oder hat es
umschreibend consilium impiorum übersetzt.
Syr. robur tuum, vt viri latronis. Conspi-
rarunt sacerdotes in via et occiderunt Sechim;
quia

quia fcelerate agunt. Gezwungen ist der Anfang zum vorigen gezogen, das erste Wort wie bey den LXX punktirt und statt אִישׁ גְּדוּדִים scheint אֲנָשִׁי גְדוּד gelesen zu seyn. Statt חֶבֶר ist הֶבְרוּ punctirt nnd vor יְרַצֵּחוּ noch ein ו gelesen. Ar. ist auch hier den LXX gleich: et fortitudo tua, fortitudo viri latrocinantis; (wo nach) וּכְחַכֵּי noch כֹּה wiederholt ist) Sacerdotes absconderunt viam domini, occiderunt Sichimam, qui fecerunt iniquitatem. Nach דֶּרֶךְ haben sie noch יהוה gelesen; und dann scheint die Idee des Hieronymus, welche ich vorher angeführet habe, hierdurch bestätigt zu seyn. Den Weg des Herrn d. h. nach dem Tempel zu Jerusalem, suchen sie zu verlegen.

Was die Neuern Ausleger anbetrift: so tritt Houbigant der Meynung bey, die ich schon aus dem Hieronymus angeführt habe, daß nehmlich die Götzendiener die Reise nach Jerusalem auf alle nur mögliche Weise gehindert und diejenigen, welche sie gleichwol unterwegens angetroffen, getödtet hätten. Die Rabbinen, glauben Jerobeam 2. hätte zu diesem Behufe au beiden Seiten des Jordans Schlösser angelegt. Vatablus übersezt שְׁכֶמָה humero und subintelligirt uno, welches er erklärt, consensu unanimi. Diese Erklärung scheint aus dem Chaldäer genommen zu seyn. Drusius führt
Ei-

Einige an, welche שכמה als ein Adverbium nehmen: Sichemitisch d. i. sowie Simeon und Levi mit den Sichemiten, um der Schändung der Dina willen umgingen, worüber der sterbende Jacob noch seine Unzufriedenheit 1 Mos. 49, 5. zu erkennen gab. Grotius erklärt sich nur allgemein über das damalige Verderben der Priester. *Dathe*: Sacerdotum societas, sicuti latrones, insidiatur, in via versus Sichemum latrocinatur. Hier ist רצח blos durch latrocinari gegeben. Struensee: die Zunft der Priester lauret den Menschen auf, wie die Räuberbanden. Sie morden auf dem Wege nach Sichem. Er geht hier, wider seine Gewohnheit, von dem Texte der LXX ab. Michaelis: wie die Fußangel, die der Räuber legt, so ist die Zauberey der Priester, auf dem Wege nach Sichem morden sie, denn sie sinnen auf lauter List. חכה hält er vor einen Fußangel, davon pl. חכים, murices. Seinen Zweifel gegen die gewönliche Erklärung liest man Suppl. ad Lex. Hebr. S. 741. חבר vertirt er aus dem Arabischen (Suppl. p. 662.) Zauberey und macht die Anmerkung: List der Priester, welche die Leute gleichsam bezaubert, und zum Aberglauben, welcher dem Priester einträglich ist, anlokt. L. de Dieu: Et sicut exspectant virum latrones, sic est sodalitium sacerdotum, more occidentium Sichemam versus, quia scelus fecerunt. Er versteht aber nicht das Sichem, welches im Stamme Benjamin liegt, sondern das auf dem Gebürge Ephraim, Jos. XX, 7. nicht weit vom Berge Garizim. Richter 9, 7. welcher Ort zu Nachstellungen geschikt war, 9, 25. Hr. Bahrdt liest statt חבר das Zeitwort החברו und übersezt: sacerdotes societatem inierunt veluti latrones speculatum sedentes s. w. Hr Insp. Schröder: Wie die auf Jemanden laurende Räuberbanden sind, welche auf der Strasse nach Sichem zu Mordthaten begehen, so ist die ganze Zunft der Priester, denn sie begehen lauter Schandthaten. Er unterscheidet sich daburch, daß er דרך־שכמה noch mit den entferntern נדודים, nicht mit dem nähern חבר כהנים verbindet. HR. Pfeifer, der sich durch viele scharfe Blicke um den Hoseas sehr verdient gemacht hat: Lauernden Strassenräubern gleicht eine Priesterversammlung. Auf dem Wege morden sie die nach Sichem wandelnden, daß sie ihre Parthey verstärken sollen. Diese Uebersezung bekömmt Licht durch das, was ich bereits beym Anfange dieses schwehren Verses gesagt habe. Hr. Hezel in s. Anmerkk. zur Luther. Ueberf.: Wie Menschenlauernde Rotten, so ist der Priester Schaar; auf der Strasse nach Sichem morden sie; begehen Frevel. Dieser Freyheit, fährt er fort, daß Sichem eine Priester- und Freystadt war, bedienen sich die Priester, nicht nur Mörder bey sich zu schützen, sondern auch

selbst

selbst ungestraft zu morden. Nach diesen Anmerkungen wird der Sinn dieser dunkeln Stelle und der Grund von meiner Uebersetzung deutlich seyn.

V. 10.

In dieser traurigen Schilderung des moralischen Verfalls der Jsraeliten wird nun fortgefahren. בבית d. i. in gente oder natione x tribuum. ראיתי. In der Hallischen Bibel wird es erklärt: vidi & video. Die tempora der Hebräer sind freylich Aoristen, aber hier scheint mir doch die gegenwärtige Zeit in diesem Zusammenhange vorzuziehen zu seyn. Doch hat auch Arias, mit allen Alten, das Präter. vidi, und jezt sehe ich, daß alle Neuern, welche ich bey meiner Uebersetzung theils noch nicht gebrauchen konnte, weil sie noch nicht herausgekommen waren, theils absichtlich nicht zu Rathe zog, weil ich mich an das Hebräische ganz allein halten wollte, im praesenti übersezt haben. שערוריה. Ein denominatiuum (in foem. das masc. שערורי) von שוער oder שרור, qui vel quod est, erklärt es Simonis, ex genere et classe rerum summe horribilium. Dis ist das Kri, das Kethibh hat שעריריה. In Coccej. wird es aus dem Arab. שער, vrere, furere hergeleitet. Jer. V, 30.

Willmet Lex. Arab. S. 368. *Scheid* Glossar.
S. 96. Im Buxtorf Lex. Hebr. Chald.
(ש.) und in *Avenarii* Libro radd. wird dis
Wort nach sehr gezwungen, von שׁער. porta,
hergeleitet. Viele gedenken sich ein Stammwort שער, das sie fregit oder timuit übersetzen.
Grotius will ein שׁ annehmen und leitet es von
einem rad. שער her, welchen er timere übersetzt. Die Unterschiede zwischen שׁ und שׂ, glaubt
er, wären sonst nicht beobachtet worden. Wäre das gegründet, so hätte es sehr übel und ungewiß mit der Hebr. Sprache ausgesehen. Es
ist ohnstreitig von dem Kälberdienste die Rede,
welcher den wahren Verehrern Gottes höchst ab-
scheulich und ärgerlich seyn muste. Bahrdt:
שער und כזם primum est *cogitare, excogitare,*
deinde de *sceleribus excogitatissimis* et *consiliis
turpissimis* dicuntur. שׁם- Bahrdt: haec
particula etiam h. l. mere consecutiua est,
„Ich sehe — da ist — alles voll Greuel der
Abgötterey. זנות, ein nom. scortatio; die
Hall. Bibel sagt: et spiritualis & corporalis
— ich gedenke aber blos an die Abgötterey überhaupt, wiewol mir nicht unbekannt ist, daß in einigen Götzentempeln auch fleischliche Vermischun-
gen statt fanden. לאפרים - V. 3. das ל macht
hier einen Dativ. und ist so eine Constr. wie der
Lateiner esse cum datiuo: Ephraim est scortatio d. i. Ephraim scortatur, idololatriam
comittit. Der den Hebräischen Dichtern und
Pro-

Propheten gewönliche parallel. membr. ist Ursache, daß in zwey Gliedern auch hier die Abgötterey der Israeliten ausgedrükt wird, und da
steht denn einmal Ephraim, das andremal Israel. Eine andre Meynung hat Grotius: er
glaubt Ephraim ziele auf den König Jerobeam,
welcher aus diesem Stamme gewesen und Israel bezeichne die 10 Stämme: Nam Jerobeam,
schreibt er, primus exemplum dedit cultus vitulorum, qui mirum quam subito in tot hominum millia fluxerit. נטמא - ein sehr ge-
bräuchliches Wort, von der Unreinigkeit, welcher
die Abgötter theilhaftig wurden. Luther hat
es ganz gut „verunreiniget sich„ gegeben, denn
die Hebräer drücken durch ihr Niphal oft. das
reciprocum aus. Was die alten Uebersetzer anbetrift, so übersezt die *Vulg.* in domo Israel
vidi horrendum: ibi fornicationes Ephraim;
contaminatus est Israel. Vielleicht hat sie
זנונים gelesen, oder זנות vor einen plur. gehalten; es kann auch seyn, daß sie das Wort collectiue genommen hat. Sonst stimmt ihr Text
ganz mit dem unsrigen überein. LXX. εν τω
οικω τ᾽ Ισραηλ ειδον φρικωδη, εκει πορνειαν
τȣ Εφραιμ εμιανθη Ισραηλ — und den Anfang des Folgenden zieht diese Uebersetzung mit
hieher. Φρικωδης, von φρισσω oder φριττω,
horribilis S. Biel f. h. v. זנות ist hier mit
ראיה verbunden und das ל vor אפרים als not.
genit. angesehen. Der Chald. umschreibt unsern

fern Text: in domo Israel vidi commutationem, irritum fecerunt pactum, quod pepigi cum eis, nimirum, vt non servirent idolis: conversi sunt, vt errarent post vitulos in Bethel: ibi aberrauerunt viri domus Ephraim, contaminati sunt viri domus Israel. *Syr.* in domo Israelis vidi rem stupendam: ibi scortatus est Aphrem et polluit se Israel. Ganz mit unserm Texte übereinstimmend, bis auf יזנו, wo ein verbum und kein nomen scheint gelesen zu seyn. *Ar.* wie die LXX, doch noch mit kleinen Veränderungen in der Wortfolge: In domo Israelis. Ibi vidi scortationem horrendam apud Aphremum et contaminasse se Israelem & Iudam. Fast sollte man denken, er hätte vor נמצא noch די gelesen. Auch auf die Neuern muß ich Rüksicht nehmen. *Arias:* in domo Israel vidi turpitudinem, ibi fornicatio Ephraim, contaminauit se Israel. *Dathe:* inter Israelitas, schon besseres Latein, horrenda video flagitia. Video Ephraimum meretricantem, Israelem se contaminanten. *Michaelis:* Raserey (der Arab. Ableitung nach, welche schon in der neuen Ausg. b. Coccej. steht) sehe ich in Ißrael: hier ist die Hurerey Ephraims, und Ißrael verunreiniget sich mit. *Schröder* paraphrasirt mehr, als daß er übersetzen sollte: Im Hause d. i. unter den zehn Stämmen Ißrael, sehe ich schrekliche Dinge, da, da ist der zur Hurerey verführende

rende Götzendienst von (der Parthey) Ephraims, die Parthey von Jßrael ist ganz unrein oder profan. Pfeifer: In Jßraels Reich erblik' ich schrekliche Auftritte. Da ist Ephraim abgöttisch, Jßrael unrein. Der sel. Luther hat auch נאדיר im praes. genommen und Hr. Hezel erklärt seine gebrauchten Ausdrücke recht gut.

V. 11.

Auch von diesem Verse sind unter den Auslegern verschiedene Meynungen. Der natürlichste Sinn der Worte scheint mir, in Verbindung mit dem vorigen Verse, dieser zu seyn: *von Ephraim aus habe sich die Abgötterey über alle zehn Stämme ausgebreitet und von da aus sey auch Juda zum Theil verführet worden.* גם etiam ist das natürlichste. Gezwungener ist die Ueberseßung tamen, welche Einige vorziehen. Wenn sie einen Sinn haben soll, so muß man es so nehmen, freylich ist Jßrael der Verführer von Juda gewesen, doch hat auch Juda selbst etwas dazu beygetragen. יהודה gehr ohnstreitig auf das Reich der Stämme und dieser Vers gehört unter die wenigen Stellen, in welchen Hoseas dieses Reichs gedenket, wovon schon in der Einleitung geredet ist. שת־לך positurus est oder ponet wird es in der Hall. Bibel gegeben. Ehe man entscheiden kann, in welcher Zeit dieser Aoristus zu übersetzen sey,
müssen

müssen wir erst das folgende Wort betrachten. קָצִיר heißt die Ernbte. Die Hall. Bibel gedenkt an messem caelestium bonorum per Euangelii praedicationem, dis liegt aber schwehrlich in diesen Worten an dieser Stelle. שׁוּת קָצִיר heißt sementem facere, vnde messis oritura sit, sich so betragen, daß aus unsern Handlungen unser Wohl oder unser Verderben abzuleiten ist. לָךְ tibi — worauf soll dis gehen? Pocock in comment. f. 324 erwähnet eines Ar. Mscp. wo der Zusaz o Ißrael! stehe. Die gewönliche Erklärung ist, daß man es vor eine Anrede an Ißrael hält: Juda bereitet dir eine Ernbte. Alsdenn müßte es aber eine glückliche Verheissung seyn, weil Ernbte meist von Glück und Wohlthaten pflegt gebraucht zu werden. Darum denkt man an die Zeiten des N. T. und führt an: Wie sich von Judäa aus das Christenthum in der Welt verbreitet habe. Nichts weniger kann aber hier natürlich erwartet werden, als eine so grosse Verheissung. Wollte man שׁת in der 2 perf. punktiren, so käme der leichtere und natürlichere Sinn heraus: Juda! du bereitest dir eine Ernbte. Dis ginge dann auf das Glück, welches Juda indessen genösse, deß Ißrael gestrafet würde. Man hat aber keine Verpflichtung, das Wort קָצִיר gerade durch Ernbte zu geben. קצר heißt im Arab. überhaupt truncauit, abbreuiatus fuit — Vgl. Cocc. Lex. ed. *Schulz*. *Scheid* Gloss. p. 173. *Willmet* Lex.

Lex. Arab. 606. Davon könnte unser Wort Verstoſſung finis, terminus, und metaph. clades heiſſen. So käme der ſchöne und hier paſſende Sinn heraus: auch Juda ist Schuld an deiner Verstoſſung, denn dieſes haſt du zur Abgötterey verführet. An meſſem malorum gedenkt das eben genannt. Cocc. ſer. und verſchiedne Ueberſetzer, davon ich gleich reden will. בשבי עמי. Das Zeitwort שוב ſteht hier, wie mehrmals in der Bibel z.B. Pſ. XIV, 7. ſ. w. tranſitiue „indem ich wegnehme von„ שבות— die Haſſiſche Bibel und viele andre Ausleger gedenken an die geiſtliche Gefangenſchaft der Abgötterey oder des Judenthums, davon die Menſchen durch die Predigt des Chriſtenthums abgezogen wären, wieder Andre ſind der Meynung, es werde hier auf die Babyloniſche Gefangenſchaft gezielet, davon doch aber vorher die Rede nicht geweſen war. שבות wird von allen Drangſalen überhaupt gebraucht Eſ. 14, 7. Hiob 42, 10. עמי geht auf Juda, im Gegenſatze der Iſraeliten, welche verworfen waren. Um Judà willen ſoll Iſrael auch mit geſtraft werden, weil es jenes verführet hat. Vgl. Vitringa ad Jeſ. T. II. p. 133. b. Mehrere Erläuterungen werde ich nun noch dieſem Verſe geben können, da ich Muſterung über die alten und neuen Ueberſetzer und Erklärer haben will. Die Vulg. überſetzt: Sed et Juda, pone meſſem tibi, cum conuertero captiuitatem populi

mei

mei. Ihr Text ist dem unsrigen gleich gewesen und welchen Sinn sie mit diesen Worten verbunden habe, ist nicht gut herauszubringen. Das Einzige sieht man gewiß, daß sie לך nicht auf Ißrael, sondern auf Juda gezogen hat. LXX: Και Ιεδα (Cod. A. Ιουδας) αρχε τρυγαν σεαυτω, εν τω πιστρεφειν με την αιχμαλωσιαν τε λαε με. Die ersten Worte verbinden sie mit dem vorigen und die Römische Leseart ist ohnstreitig vorzuziehen. Darauf haben sie, wie Hr Bahrdt glaubt, gelesen: שרא שראלקיר לך. שרא heißt im Chald. incipere, Anstalt machen. Vgl. Buxtorf Lex. s. h. v., und קציר haben sie durch den infin. übersezt, das übrige aber so gelesen, wie wir noch jezt lesen. Barber. Και Ιουδα αφηκε θερισμον αυτε. Statt לך leg. לו. Symm. Και σοι Ιεδα αποκειται θερισμος: Hier ist שת impersonaliter genommen, *positi* d. i. posita, destinata tibi est messis. So steht αποκειται 2 Tim. IV. 8. E. Αλλα και συ Ιουδα παρεσκευαξες αυτον εις το εκθερισθηναι. Hier ist gelesen שתה לו לקציר. Das Targum umschreibt auf folgende Weise: quin etiam viri domus Jehuda coeperunt multiplicare peccata sua: ad eos pariter pertinget reatus, cum convertero captiuitatem populi mei. Sie scheinen eben so gelesen zu haben, wie wir und haben ohngefähr den Sinn gefaßt, welchen ich in meiner Uebersetzung ausgedrükt habe.

Syr.

Hosea VI, 11.

Syr. et tu quoque, Iuda, para tibi vindemiam. Dum reducerem captiuos populi mei. Ihre Lesart war wol: שת ואתה יהודה. שבות ist im imperat. genommen, שבות ist im concreto überseʒt. Was sich aber eigentlich unter vindemia dieser Uebersetzer gedacht habe, ist zweifelhaft. Ar. Et Judam (welches er noch zum vorigen V. construirt). Incipe vindemiare tibi, met ipsi. (Eben so gelesen, wie die LXX), cum reduxero captiuitatem populi mei. Eine sehr wichtige hieher ʒehörige. Stelle finde ich in Lub. de Dieu *Crit. Sacr.* non improbo Junium, schreibt er, qui per meſſem intelligit fementem idololatriae ab Iſraelitis traductam in tribum Judae, cuius poenas Judaei postea meſſuerint. Examinetur tamen, an non simplicius verti queat: *Etiam, o Jehuda, posuit* (nempe Ephraim) *demeſſionem tibi*, ut respiciatur historia 2 Paral. XXVIII, 6. ubi Pekach Ephraimitarum siue x tribuum rex interfecit ex Judaeis centies vicies mille die uno, ac vere demeſſuit. Id factum est, inquit hic Deus, cum ego reducerem captiuitatem populi mei, nempe ducenta millia mulierum, puerorum et puellarum, de quibus ibidem v. 8. 9. 10. etc. Contingit illa clades sub rege Achaso, quo tempore hunc nostrum Prophetam viguiſſe, ex cap. I. v. 1. constitit. Diese Erklärung ist vortreflich, ich finde sie sonst bey keinem Neuern. Auch aus diesem

Bey-

Beyspiele erhellet, wie nöthig einem Exegeten Belesenheit in ältern Schriften sey. — Nimmt man nun קציר in der Bedeutung von clades, wozu ich oben die Gründe angegeben habe; so kann man שוב שבות ganz eigentlich nehmen. Hr D. Dathe: Tibi quoque, o Juda, messis malorum parata est, eo ipso tempore, quo bene tibi facere cogitabam. So habe ich auch ohngefähr übersetzt. Dieser Gelehrte nimmt שת imperson. קציר im bösen Sinne, de poenis diuinis, wie Joel IV, 13. Jer. LI, 33 und שוב שבות de omni mutatione in melius, wie Hiob XXXXII, 10. Bahrdt: Analogiae consentaneum est גם יהודה ad comma praecedens referri, vt fecerunt LXX & Arabs. Et sensus ipse facilior aptiorue euadit. Nam sic verba sequentia apparent, vt responsio ad quaestiones v. 4. propositas: quid tibi faciam? tentaui omnia — v. 4 — 10. unum, ait, (v. 11.) restat. Parabo tibi messem, cum e graui exilio te reduxerim. Eben dieser Gelehrte nimmt שת imperson. und glaubt, die Juden würden mit einem Samen verglichen, welchen Gott in Gegenden des Exils ausstreuen wolle, in der Hofnung, daß sie dort vielleicht besser fortkämen und eine glüklichere Race, als sie vorher gewesen war, dort entstehen möchte. Michaelis: auch Juda trägt etwas, wiewohl weniger, zur Schuld bey. Statt לך, לו. Mit בשוב fängt er das folgende Kapitel an. Schröer,

er: Eben so ist auch Juda, er, Gott, mein Vater, hat dir eine Abmehung, wie zur Erndtenzeit das Unkraut abgeschnitten wird, festgesezt, wenn ich mein gefangen Volk zurükbringen werde. — Er sondert die ersten beiden Worte von den folgenden ab, macht darauf Gott zum Subjekte, nimmt Erndte im bösen Verstande, und versteht unter der Gefangenschaft die geistliche Erlösung des Volks durch Christum Hebr. II, 14. Pfeifer, welcher die lezten Worte mit Michaelis zum folgenden Kapitel rechnet und unter שבות jeden Druck, jede Sclaverey, darunter das Volk seufzet, versteht, übersezt den Anfang: Auch so gar dir, Juda, hat es eine Erndte bereitet (Israel). Hezel verbessert in seinen Noten die Lutherische Uebersetzung also: Selbst Juda mußte dir zur Aerndte dienen, als ich die Gefangnen meines Volks wieder zurückbringen sollte. Auch er versteht diesen Vers von der Geschichte 2 Chron. 28, 5. 6. Ich weiß aber nicht, ob er von selbst auf diese Stelle gefallen ist, oder ob er aus L. de Dieu dieselbe entlehnet hat.

Kapitel VII.

Dritte Rede des Propheten. Sie enthält Drohungen der göttlichen Strafen und der gänzlichen Verstossung der Israeliten wegen ihrer Sünden.

K. VII. VIII.

Die Zeit läßt sich ziemlich bestimmen. Als

sich die Könige untereinander selbst aufrieben und ermordeten. V'I, 7. ff. VIII, 4 ff. Da man Aſſyrien und Egypten zu ſeiner Zuflucht machte; in dieſe Zeit fällt allen Umſtänden nach dieſe Rede; etwa in den Anfang der Regirung des Königs Hißkia und um das Ende der Regirung des Iſraelitiſchen Königs Hoſea, ohngefähr gegen 3280. 2 Kön XVII, 3 ff. Michaelis ſezt die Zeit in das groſſe Interregnum und überſezt שבות durch Sclaverey, in welches Groſſe, während daß kein König da war, das Volk ſtürzten. Auch iſt Hr. D. Dathe dieſer Meynung. Aller Wahrſcheinlichkeit nach iſt dieſe Rede zu einer andern Zeit, als jene, gehalten; denn ſie fällt ſpäter.

V. 1.

כרפאי — So wie, oder in dem ich Iſrael heile d. i. von ſeinem Unglücke befreye, reductis ſcilicet, bemerkt die Halliſche Bibel, et receptis ab hoſte regni terminis. 2 Kön. XIII. XIV. 26. Das Heilen iſt von eben dem Bilde hergenommen, welches im vorigen Kapitel VI, 1. erkläret worden, nur ſind hier noch einige Zuſäße. Die Hebräer machen aus ihren Infinitiven mittelſt Beyfügung des ſuffixi wahre tempora praeſentia ſ. w. לישראל — Das praef. ל iſt hier nicht zu urgiren. Es iſt nicht immer bloſſe not. datiui, ſondern es wird auch wol den übrigen caſibus vorgeſezt. Vor dem genitiuo haben

wir

wir es schon einmal gehabt. וְנִגְלָה־אֶפְרַיִם.
So entdekt sich erst recht die Schuld und Gottlosigkeit Ephraims. Das ו steht mit כ im Anfange in Verbindung, ohngefähr, wie die Deutschen Partikeln: indem — so. עָוֹן— culpa, impietas, studium Idololatriae. Niph. kann hier abermals gut durch ein reciprocum gegeben werden. Nach dieser Befreyung von den Feinden fing sich die unruhigste und unglüklichste Zeit des Israelitischen Reichs an. Ephraim wird als der Hauptstamm genennt. In dem Königlichen Hause giengen die grösten Bosheiten vor, welche sich nun bey erhaltener Ruhe immer weiter ausbreiteten und das ganze Land anstekten. Das ו in den beiden folgenden Worten ist die blosse copula. עָוֹן und רָעוֹת sind Synonyma, so wie אֶפְרַיִם und שֹׁמְרוֹן. Sehr gut bemerkt Hr. D. Döderlein: Simile petitur a medico, qui dum manum applicat vulneri sanando, noua mala reperit, quae vulnus fere immedicabile demonstrant. כִּי־שֶׁקֶר. Die Partikel ist explanatiue zu nehmen, quia vel quod nimirum. So wie אֱמֶת in der Bibel oft für ein rechtschaffenes Betragen steht, so bezeichnet שֶׁקֶר alle Bosheit. Aeusserlich nahmen sie den Schein der Besserung an, Gott half ihnen, wie sie sicher und frey wurden, da brachen sie in die alten Greuel, besonders der Abgötterey, wieder aus. Vgl. Seb. Schmid. Nachdem im allgemeinen ihre Sünden gerügt waren, so geht

nun der Prophet zu dem besondern über. In
der Hallischen Bibel wird das ו vor גנב gut gegeben: et ut ad specialia progrediar. Unsi-
cherheit und Räuberey ist in der Stadt und auf
dem Felde. Der Dieb in der Stadt heißt גנב,
welcher nicht mit offenbarer Gewalt, sondern mit
List und heimlich zn Werke gehet, גדוד aber,
vgl. VI. 8. welches hier collectiue stehr, zeigt
Straſſenräuber an, welche Bedeutung noch durch
den Zusaß בחוץ, foris, im Gegensaz gegen die
Stadt, bezeichnet wird. בוא steht hier wieder im praes. wie schon das folgende פשט zeigt,
daß von keiner zukünftigen Zeit die Rede sey.
פשט, ausziehen, ausplündern. II, 5. Bey
פשט haben drey Kennicottsche Codices die Ver-
bindungspartikel, die gut ist. Alle Umstände
lehren, daß damals in dem Lande die größte Un-
ſicherheit gewesen seyn müſſe, da die Könige
ſelbſt nicht ſicher waren. Die Vulg. überſezt:
cum sanare vellem Israel, reuelata est iniquitas Ephraim et malitia Samariae, quia operati sunt mendacium: et fur ingressus est spo-
lians, latrunculus foris. Ihr Text ist mit dem
unsrigen meist conform geweſen, nur hat ſie פשט
zu גנב gezogen und im partic. punktirt. LXX.
ἐν τῳ ἰασασθαι με τον Ισραηλ, καὶ ἀποκα-
λυφθησεται η ἀδικια Εφραιμ, καὶ η κακια
Σαμαρειας, ὁτι εἰργασαντο ψευδη· και κλεπ-
της προς αυτον εἰσελευσεται· ἐκδιδυσκων λη-
της ἐν τῃ ὁδῳ αὐτῆς. In dieser Uebersetzung
ist

נגלה. im futuro genommen, nach נגל hat sie den Zusatz אלו, statt בהוץ, בדרכו, auch hier פשע als ein participium. Das Targ. übersezt diesmal mehr, als daß es umschreibt: cum exquirerem peccata Israel, detectae sunt iniquitates Ephraim et malitia Samariae, quandoquidem operati sunt falsitatem; et noctu in domibus furantur et interdiu in deserto graßantur. Das erste Zeitwort scheint hier anders gelesen zu seyn, sonst ist כי recht gut gegeben und die Gegensätze von גנב und גדוד sind gut ausgedrükt. *Syr.* dum sanarem Israelem, tum prodidit se scelus Aphrem et malitia Samariae; nam perfidiam coram me committebant et fur ingrediebatur et turma spoliabat in plateis. Nach שקר ist hier noch לפני im Terte gelesen, sonst stimmt alles mit unserm Terte überein. Auch scheint damals תדוד im Terte gestanden zu haben. *Ar.* Cum sanauero Israelem, et detecta fuerit impietas Aphremi et improbitas Samariae: quia fecerunt mendacium: et fur ad eum ingreditur; spoliat latro in via eius. Die Zusätze habe ich schon bey den LXX angegeben. *Symm.* übersezt die leztern Worte: *καὶ κλέπτης μὲν εἰσῆλθεν, ἔνδυον δὲ λῃστήριον*· Auch hier scheint פשע gelesen zu seyn. Das lezte Wort drükt גדוד gut aus. *E. καὶ κλέπτης μὲν ἐστιν ἔνδον, λωποδύτης δὲ λῃστεύει τὰ ἔξω.* Die Dathische Uebersbersetzung ist nicht ganz wörtlich, aber doch richtig: quoties sanare institui Israelem, prodit se Ephraimi iniquitas & Samariae scelera. Mentiuntur enim, furantur, latrocinantur. Nur scheint שקר, welches, meinem Gefühle nach, im Texte eine allgemeinere Bedeutung hat, hier zu speciell genommen zu seyn. Meine Uebersetzung richtet sich mehr nach den Worten des Originals, dem Sinne unbeschadet. Herr HR. Michaelis zieht noch den Schluß des vorigen Kapitels hieher und übersezt das Ganze: Wenn ich mein Volk aus der Sclaverey erretten und Israel heilen will, so fällt gleich die Schuld Efraims und die Sünde Samariens in die Augen: auf Betrug sinnen sie, der Dieb steigt ein und der Räuber macht die Strassen unsicher. Unter der Sclaverey versteht er die Tyrannen der Aristokraten oder Generale, welche sich der höchsten Gewalt wechselseitig zu bemächtigen suchten. Heilen also und von dieser Sclaverey erretten, hält er vor Synonyma. Herr Babrdt übersezt: fur venit & tota foras turba dissipatur. Er hat eine ganz eigne Erklärung. Er hält es vor ein Sprüchwort. Ich will seine Gedanken mit seinen eignen Worten anführen: finge fures noctu aggredi domunculam aliquam, inscios ipsam furis esse, et furem in ea versari. Ille audit foras (soll wol foris heissen) laborantes. Mox decernit erumpere et videre, quis animus sit collegis. Rupta ianua,

pro

proditoque clamore vehementiori, isti celerrime aufugiunt. Inde prouerbium istud: *fur venit* etc. quod postea de iis dictum, qui magno ausu aliquid suscipiunt, mox vero, objecto ipsis leui impedimento, manum retrahunt, negotiumque inceptum deserunt, quod fecisse Iudaei dicuntur, qui magno saepe ardore emendationem promiserunt & susceperunt; sed objecto idolo aliaue re peruersos animos alliciente, destiterunt fidemque Deo datam sefellerunt. Mir kömmt aber diese Erklärung gezwungen und erkünstelt vor, mir gefällt die, welche in den alten Uebersetzern ausgedrükt ist, besser. Schröder hat auch was eignes in der Erklärung: Indem ich die Parthey von Ißrael heilen oder reformirem will, so bricht die Sünde von der Parthey Ephraims recht aus, sammt den Bosheiten der Stadt Samaria, denn sie gehen mit lauter Lügen und Trügen um (in der Kirche gegen Gott mit der falschen Religion, in Politicis Untreue gegen den König). Aber der Dieb wird kommen, und ein räuberisch Kriegsheer hat sich von aussen ausgebreitet. Er glaubt, dis Kapitel sey unter der halbjährigen Regirung des Königs Zachariä, des Sohns Jerobeams II, aufgesezt worden. Seine Gründe sind a) Hoseas unterscheide die 2 Partheyen unter den 10 Stämmen und gedenke doch eines Königs ausbrüklich. So habe es zur Zeit des Königs Zachariä ausgesehen. b) der Prophet

phet gedenke des Aufruhrs, welcher durch die Schläfrigkeit und die üble Aufführung des Königs sey mit befördert worden und wodurch der König umkam. c) Aus der Historie der damaligen Zeit könne jedes Wort vorzüglich erläutert werden. Dem zufolge nimmt er heilen vom geistlichen Gesundmachen oder Reformiren, und ist noch unschlüssig, ob dis Zeitwort im praes. oder fut. gegeben werden müsse. Unter גנב ist er geneigter, den Rebellen Sallum, als den König Phul zu verstehen, und bey גדוד gedenkt er an die streifenden Partheyen Menahems. HR. Pfeifer zieht auch die lezten Worte des vor. Kapitels, gleich Michaelis, hieher und übersezt: Jemehr ich die Sclaverey meines Volkes zu ändern, Jemehr ich Israel zu helfen suche: Desto offenbarer wird Ephraims Missethat, Und die Bosheit Samariens. Da stiften sie Meutereyen, Der Usurpateur kommt Und überall breiten sich Rotten aus. Es kommen wol in dieser sonst sehr guten Uebersetzung zu viele Französische Worte vor. Da hier nicht von einzelnen Untugenden die Rede sey, glaubt er in der Anmerkung: so sey גנב nicht jeder Dieb, sondern hier der Dieb der Krone, dessen Anhang (גדוד) sich im Lande (בחוץ), entgegengesezt der ResidenzStadt, ausbreite, verheere, morde und den Unterthan drücke. Vgl. VI, 8. 9. In jeder Absetzung eines gottlosen Regenten zeigte Gott den Israeliten eine Art Hülfe, er ließ es nie an Auffordrung

seh-

Hoseä VII, 1.

fehlen. Aber weit entfernt dergleichen Gelegenheiten zu benutzen, stifteten sie neue Meutereyen und bey solchen Partheyen konnte keiner dem andern mehr trauen. Herrn Hezels Anmerk. zur Luther Bibel enthält nach dem, was ich schon angeführet habe, nichts neues. Die in Ariä Bibelausgabe befindliche Lateinische Uebersetzung ist die allerwörtlichste: Secundum sanare me Israel & discooperuit se iniquitas Ephraim, et malitia Someron, quia operati sunt mendacium, et fur ingressus est, spoliauit latro foris. Sie steht auch in der Londner Polyglotte. Es ist die vom Arias verbesserte oder verschlimmerte Uebersetzung des Pagnini. Vgl. *Waltoni* Proleg. ex edit. f. ven. *Dathe* p. 203. 4.

V. 2.

Bey allen diesen grossen Sünden sind sie noch frech und vermessen und denken nicht an meine strafende Gerechtigkeit, welche bey so grossen Vergehungen unmöglich gleichgültig bleiben kann. וכל ist in der Hallischen Bibel gut erklärt: neque tamen. ילבבם d. i. בלבבם. Vgl. X, 2 ff. non dicunt cordi vel animo suo d. i. non cogitant, non reputant. Vom Denken und Ueberlegen wird diese Redensart in der Bibel mehrmals gebraucht. בל־זכרתי. Daß ich aller Sünden gedenke d. i. sie bestrafe. Vor כל ist

ist eine Partikel zu subintelligiren, כִּי oder אֲשֶׁר. Weil sie ihre Sünden theils nicht vor Sünden halten, sondern glauben, nach dem Kriegsrechte dürsten sie sich solche Verheerungen und Ungerechtigkeiten erlauben, theils auch die Plagen, welche ich über sie verhänge, nicht so ansehen, als wären es meine Strafen für ihre Sünden: so häufen sie ihre Sünden immer mehr. עַתָּה סְבָבוּם מַעַלְלֵיהֶם — jam urgent premuntque eos opera, quae committunt, mala. Die erste Partikel steht so, wie V, 7. Von der Sache selbst s. Sprüche Sal. V, 22. In dem סָבַב liegt ein gewisser Nachdruck, welcher uns auf die Grösse und Menge ihrer Sünden führt. Das Wort מַעַלְלִים habe ich oben schon erklärt. נֶגֶד פָּנַי vor meinem Angesichte sind sie, nehml. ihre Sünden. So wird es gewönlich genommen. Man könnte auch bey הָיוּ zum Subjekte die sündigenden Menschen selbst annehmen: sie sind vor meinem Angesichte d. i. frech begehen sie in dem Lande, das ich ihnen erst gegeben habe, Sünden. Ps. 90, 8. Vgl. Vitringa in Jes. T. II. p. 341. a. Natürlicher und ungezwungner scheint die erste Erklärung: Sie können mir mit ihren Sünden nicht entgehen. Mein allsehendes Auge entdekt sie. *Vulg.* et ne forte dicant in cordibus suis, omnem malitiam eorum me recordatum: nunc circumdederunt eos adinuentiones suae, coram facie mea factae sunt. Ihr Text ist mit dem unsrigen gleich ge-
we-

Hosea VII, 2.

wesen, nur hat sie die Construction anders eingerichtet, so daß ein Vorder-und Nachsatz herauskommt, worinn aber kein deutlicher Sinn liegt. LXX. Οπως συνᾴδωσιν ἀ͒οντες (Al. συνᾴδωσιν ως συνᾴδοντες) τῃ καρδίᾳ αυτων· πασας τας κακιας αυτων εμνησϑην· νυν εκυκλωσαν (Al. εκυκλωσεν) αυτες τα διαβελια αυτων· απεναντι τε προσωπε με εγενοντο. Die Worte οπως συνᾴδωσιν oder συνᾴδουσιν und ως συνᾴδοντες sind verschiedne Lesearten, welche hier in eins zusammengeflossen sind. Uebrigens haben sie statt der gewönlichen Leseart וְבַל־יֹאמְרוּ gelesen, quin etiam occinant cordibus suis. Aq. καὶ μηποτε ειπωσι ταις καρδιαις αυτων. πᾶσαν κακιαν αυτων εμνησϑην Er hat das, בַל so genommen, wie die Vulgata. Das Wort מַעַלְלֵיהֶם geben Aq. und Symm. τα επιτηδευματα und E. ἀσεβηματα. Jonathan erklärt sehr gut: nec interim reputant in cordibus suis omnia ipsorum maleficia manifesta esse coram me. mox circumuenient eos opera ipsorum mala, quae coram me aperta sunt. Dieses ist ohnstreitig die richtigste Uebersetzung, welche ich allen übrigen vorziehe. Syr. Nec tamen dicebant apud semetipsos, omnium flagitiorum suorum me esse memorem, iam circumdabunt eos facinora, quae perpetrata sunt coram facie mea. Hier ist das בַל auch sehr gut genommen und überhaupt der Sinn gut ausgedrükt. Der Arabe that auch
die

die Leseart der LXX. Hr. Bahrdt hat die Conjektur: die ursprüngl. leseart der LXX. dürfte συναγοντες gewesen seyn und sie gelesen haben אספו. Denn אספ geben die Alexandriner Jes. 39, 6. Durch συναγειν gedenkt Houbigant bey בכל an vergangne Sünden, worauf ohnstreitig das Zeitwort זכר führt. Michaelis: Sie sagen das ihrem eignen Herzen nicht, daß ich alles ihres Bösen eingedenk bin: bald werden ihre Werke sie umringen; vor meinem Angesichte stehen sie schon. Er nimmt בל statt לא, übersezt ו gar nicht, drükt das erste etwas zu Hebräisch aus, nimmt das Zeitwort סבב im fut. und erklärt es so: wenn die bösen Handlungen bestraft werden, wird es vorgestellet, als umringeten sie den Thäter von allen Seiten. Herr Bahrdt hat wieder eine eigne Erklärung. Er gibt ו, verum בל, ne und אמר, *dicere cordi suo*, *sibi persuadere*, *animum persuasionibus mulcere*: so daß der Sinn wäre: *nolint spe vana se lactare*: *poenas certissime dabunt*: *differo eas*, *sed non aufero*. Die leztern Worte gibt er: *peccata enim eorum semper in oculis habeo*. סבב nimmt er: *circumire hominem*, *dicuntur impostores*, *hostes obsidentes denique peccata*, *quae tot malorum parant*, *e quibus elabi quis nequeat*. Hr Insp. Schröder übersezt diesen Vers recht gut: dennoch denken sie nicht bey sich selbst, daß ich an alle ihre Bosheit gedenke, nun stehn ja alle ihre Werke um sie herum,

sie

sie sind vor meinen Augen geschehen. Das gedenken, erklärt er, wie ich, von bestrafen, und wie er sich זכר gedenke, erhellt aus folgenden Worten seiner Anmerkung: sie können ihre Bosheit nicht läugnen, sie stehen als Zeugen um sie herum. Seine geistlichen Anwendungen sind ihm mehr zu gute zu halten, als von Auslegern nachzuahmen, so lange sie nicht auf der Kanzel stehen. Hr. D. Dathe übersezt die Worte eben so, wie ich sie schon erklärt habe. Einen ganz neuen Schwung hat diesen Worten Hr. HR. Pfeifer gegeben, er übersezt sie: Aber fern sey der Gedanke, daß ich all' ihre Sünden genannt hätte. Und, was sie je gethan haben, vor mir läge. Er nimmt also die Worte ובל־ impersonaliter, זכר, mentionem facere, enumerare, das סבב steht so ganz müßig, und überhaupt scheint mir diese Uebersetzung dem Texte die natürliche Gestalt nicht zu lassen, sondern ihn zu verkünsteln. Hr Hezel nimmt כל, gleichwol, זכר, ahnden, und wie er das Uebrige verstehe, erhellt aus folgenden Worten: Ihr Thun umringt sie gleichsam; es ist doch so in die Augen fallend: — und ich der Allwissende sollte es nicht sehen? zu seiner Zeit des nicht gedenken? es nicht ahnden? —

V. 3.

V. 3.

In diesem Verse wird eine Absicht und ein Endzweck angegeben, welchen sie bey ihren grossen Versündigungen hätten, nehmlich sich bey ihrem Könige und seinen Räthen beliebt zu machen. Man könnte glauben, dis ginge auf die Unruhen, welche sie anfingen, um den einen König zu stürzen, und den andern zu erheben und auf den Thron zu befördern. Allein die Folge lehrt, daß es auf die Abgötterey gehe. Sie suchen sich durch abgöttische Sünden bey ihren Königen beliebt zu machen. רעה Geht auf alle vorhergerügten Sünden, besonders auf die Abgötterey. ישמח ist recht eigentlich Pi. oder transitiua conj. gaudio perfundunt, laetificant. מלך — Diejenigen, welche unter רעה Räubereyen und Meutereyen verstehen, nehmen hier diejenige Königliche Parthey an, für welche sie sich interessirten. Da aber vom Hofe aus, besonders durch Schuld der Jesabel, die Abgötterey unter dem Volke ausgebreitet wurde, so wäre ich geneigter, es in dem Sinne zu nehmen, welchen ich gleich im Anfange angegeben habe כחש mendacium, idololatria. שרים Die Häupter des Volks nach dem Könige, die Ministers. Vulg. in malitia sua laetificauerunt regem & in mendaciis suis principes. Diese Uebersetzung steht auch über dem Hebräischen der Lond. Polyglotte und der

Aus-

Ausgabe des Arias. Das ב ist nicht gut durch
in gegeben, *per* oder der bloße Ablativ würde besser seyn. LXX. Εν ταις κακιαις αυτων ευ-
φραναν βασιλεις και εν τοις ψευδεσιν αυτων
αρχοντας· Ganz harmonisch mit der Vulgata
und unserm gewönlichen Texte ganz gemäß. Targ.
Vanitatibus suis exhilarant regem & mendaciis suis principes. In dieser Latein. Uebers.
des Chald. ist das ב am besten durch den Ablativ gegeben. Syr. Malitia sua et mendacio suo
reges exhilarant. Hier ist ein offenbarer Fehler im Syr. principis ist von seinem Worte
mendacio suo getrennt, und zum folgenden V.
gezogen. Vgl. Bahrdt. Ar. ist mit den LXX.
harmonisch. D. Dathe: Sceleribus suis regem exhilarant, et mendaciis suis principes.
Hr. Bahrdt: וחש, fallacia, Täuschung, deinde *id quod fallit spem* h. l. peccata, et in
primis idololatria, a quibus frustra sperabant
commoda. Michaelis: Ueber ihr Böses freuet
sich der König, und über ihre Lügen die Fürsten.
Schröer: Mit ihrer Bosheit erfreuen sie den
König und mit ihren Intriguen die Räthe oder
Ministres. Pfeifer: Durch ihre Bosheit erfreuen
sie einen König Und durch ihre Falschheit Ministers. Hezel nimmt diesen Vers in ganz all-
gemeinem Sinne, wie man aus folgenden Worten seiner Anmerkung zur Lutherischen Uebersetzung ersiehet: es ist so weit gekommen, daß man
den König durch Erzählung verübter Schandthaten

thaten, und Streiche lustig machen oder aufheitern kann, und, bey Ermanglung würklicher Thatsachen der Art, durch erdichtete Streiche. Da muß wol alle Religion und alle Gerechtigkeit aus dem Lande verschwunden seyn, wenn der König sich an solchen Dingen, die er bestrafen sollte, noch belustigen kann.

V. 4.

Dieser und die folgenden Verse haben ihre grossen Schwürigkeiten, daher auch die grosse Verschiedenheit der Ausleger. Das sieht man wohl, daß von heftiger Brunst zur Abgötterey und zu andern Lastern die Rede sey. Worte und Bilder aber sind sehr schwehr, vielleicht daß in diesen Versen der Text des Hoseas nicht ganz richtig zu uns gekommen ist. כֻּלָּם — Omnes, schreibt die Hallische Bibel, Ephraimitae, et Samariae incolae, alii: Rex, principes et populus. מְנָאֲפִים — adulteri. Es gibt Ausleger, welche an würklichen Ehebruch, an einen solchen Sittenverfall gedenken, daß man von dergleichen groben Sünden gar keine Notiz mehr genommen. Andre glauben: die Rede sey von geistlichem Ehebruch, von Abgötterey. Manche meynen die Rede sey von groben, mit dem Götzendienste des Bacchus und der Venus verbundnen, Sünden. Ich denke an die in diesem Propheten herrschende Idee, die Abgötterey durch Ehebruch zu bezeichnen. Um ihren Häuptern zu folgen, werden sie

Hofea VII, 4.   179

ſie alle abgöttiſch, eine rechte Brunſt durchdrin=
get ſie. כמו תנור, ſicut furnus. בערה, ardens, qui ardet. Man könnte es auch im paſſ.
geben: wenn der Backofen geheizt iſt. תנור
iſt ein maſc: בערה eiu femin. Dis fühlten die
Punktatoren, ſezten den Ton auf die mitlere Syl-
be, daß es ein Maſc. bleiben und das ה para-
gogiſch ſeyn ſollte. מאפה— a piſtore (ſc. ſuc-
cenſus) qui panes coquit. D zeigt aber auch
zuweilen einen Mangel an, vom Becker verlaſſen. Alsdenn wird die Flamme nicht genähret.
Die Brunſt der Abgötterey wird mit einer ſolchen
wilden Flamme verglichen. ישבות— ceſſat, qui-
eſcit. מעיר— excitans, ſeu excitator. Dis
Wort iſt mit dem vorigen zu verbinden: wenn
es keinen gibt, der das Feuer aufſtöret, wartet
und zuſammenhält. Es könnte aber auch nach
מאפה ein pronom. relat. אשר ausgelaſſen
ſeyn: wenn der Becker aufhört zu knäten, bis
zur Verſäurung. מלוש— a depſendo, a ſubi-
gendo. 1 Moſ. XVIII, 6. Jer. VII, 18. 1 Sam.
XXVIII, 27. בצק maſſam, den Teig. 2 Moſ.
XII, 34. חמצתו— uſque ad fermentationem
eius, bis der Teig durch die Säurung aufgehet.
Da das Säuren aber vor dem Kneten vorherge=
het: ſo bleibt hier Dunkelheit. Will man aber
bey dem gewönlichen Texte bleiben: ſo kann man
nicht deutlicher überſetzen, als ich gethan habe.
Die alten Ueberſetzer haben ganz anders geleſen.
Vulg. omnes adulterantes, quaſi clibanus
                        M 2   ſuc=

succensus a coquente: quievit paullulum civitas a commistione fermenti, donec fermentaretur totum. Sie hat eine wichtige Leseart: מְעַט עִיר. Vgl. Cappelius S. 871. & ibi *Scharfenb.* LXX. παντες μοιχευοντες ως κλιβανος καιομενος εις πεψιν κατακαυματος απο της φλογος, απο φυρασεως ςεατος εως τȣ ζυμωθηναι αυτο. Sie haben aus בָּאֵשׁ ein Nennwort gemacht, das praef. ל vorgesezt „geheizt zum Brobbacken„ שְׁבוּת sehen sie auch als ein Nennwort und das ה als ein heemanticum an. Herr Bahrdt glaubt aber κατακαυμχτος sey die unrichtige Leseart, die wahre sey gewesen: καταπαυσει απο της φλογος· Statt עִיר haben sie gelesen מָאוּר (Ezech). V, 2. oder מִבְעֵר (Es. IV, 4. E. απαντες εις το μοιχευειν εκπυρουμενοι, ως οπτανιον υπο τȣ πεσσοντος: επαυσατο προς ολιγον η πολις τȣ φυραματος κοινωνιας, και μετα μικρον πασα εζυμωθη· Statt בְּעֵרָה ist hier בְּעָרִים gelesen und zwar an einer andern Stelle, vor כְּמוֹ הַנּוּר. Statt מְעַט, wie in den LXX, מְעַט הָעִיר. Von בָּצֵק an bis zum Schlusse scheint ihnen folgende Leseart vor Augen gewesen zu seyn: חָבַר וּכְמֵעַט תִּתְחַמֵּץ כֻּלָּהּ. Diese Leseart verdient alle Aufmerksamkeit und wird von Hr Bahrdten also erkläret: „insano „studio feruntur in idololatriam, accensi ve- „luti furnus a pistore. Vix enim ab isto

stu-

Hoseä VII, 4.

„dio paullulum difceffit ciuitas, mox denuo
„abripitur a libidinis impetu, et velut vno
„momento tota iterum immerfa eſt luto tur-
„piſſimorum facrorum„. Zum Theil hat der
Urheber der Vulgata dieſe Leſeart vor Augen gehabt und ſie gibt einen viel leichtern Sinn, als
die gewönliche, bey der ſehr viele Schwierigkeiten bleiben. *Jon.* Vniuerſi cupiunt conpri-
mere vxores proximorum fuorum: aeſtuant
inſtar clibani, quem accendit fibi piſtor. quamobrem migrabunt cito ex ciuitatibus fuis, non
fecus ac feſtinant ad opere complendam co-
gitationem impiam: et quia minime fuerunt
memores miraculorum et rerum magnarum
geſtarum, quae operata funt eis die, qua
afcenderent ex Aegypto, ab eo tempore
quo fubacta fuit maſſa, antequam fermentaretur. Sie haben נאף vom würklichem Ehe-
bruche genommen. Uebrigens müſſen ſie einen
ganz andern Text gehabt haben; denn wie für
den gewönlichen bis die Erklärung ſeyn könne,
ſteht nicht zu begreifen. Das ſieht man wohl,
daß von עיר ciuitas etwas im Texte geſtanden
habe. *Syr.* omnes principes eorum moechan-
tur, ut clibanus ardens ad coctionem panis:
deficiet ab urbe fubigens maſſam, donec
fermentetur. שרים iſt aus dem vorigen Ver-
fe noch hieher gezogen, aus מאפה iſt, wie in
den LXX, ein nomen gemacht מעיר iſt n'dit
vom Zeitworte עור oder עיר, excitare, erige-
re,

re, als ein participium angesehen, sondern von
עיר ciuitas, vrbs abgeleitet. *Ar.* omnes adulteri funt fimiles furno accenfo ad panem ca-
lore flammeo ex maffa fimilaginis donec fermentetur. Hier ist doch die wunderliche Leseart
der LXX. Κατακαυμχτος Φλογος ausgedrükt.
Diese grosse Verschiedenheit der alten Uebersetzer läßt theils Schwürigkeit im Bilde selbst, theils
Verschiedenheit des Textes hier argwohnen. Die
Abschreiber verstanden wol nicht recht, was sie
abschrieben, oder wagten am Rande Erklärungen
des Bildes, welche denn in den Text kamen.
Houbigant verschlimmert, indem er zu verbessern glaubt. Statt בעיר will er מעיך, von
מער, oder בעיק von עוב lesen, welche beiden
verba er subigere überseßt. מלוש gibt er maſ-
sam, בצק, qui depfebat. Er kömmt gar auf
die lateinische Idee von *subigere vxores;* ipse
adulter, qui alienas subigat vxores: donec
eas alieno fermento interciverit. Hr D.
Dathe: omnes adulterantur *et ardent* ut furnus piftoris fuccenfus, *ad quem* vigilare cef-
fat, poftquam depfuit maffam, donec ea fer-
mentefcat. Hr D. Döderlein widerholt vor
מלוש das verb, ישבות und überseßt: fimiles
funt furno fuccenfo a piftore, qui nec vigi-
lat, nec depfit maffam vfque dum deferbue-
rit. Er glaubt, Menahems und Andrer träge
Regirung werde beschrieben. Luxus in aula,
find seine Worte, alit negligentiam regis &
mi-

ministrorum mala studia. Michaelis: Sie alle sind Ehebrecher: wenn der Backofen geheizt ist und der Becker die Arbeit geendiget hat, wekket er den, der vom Knäten des Teiges bis zum Säuren geschlafen hat. Diesen Sinn mit dem gewönlichen Texte zu vereinigen, dürfte wol vielen Schweiß kosten. Dieser Gelehrte lieset ganz anders. Das ה von מבערה zieht er zum folgenden und lieset also: האפה„ wenn der Ofen geheizt ist, ruhet der Becker„ das Ruhen gefällt ihm aber nicht, er möchte also ישבח lesen, welches er übersezt: schiebt er die Kuchen ein. Orient. Bibl. T. XIX, S. 174. 175. Gleich im Anfange möchte er auch lesen statt מנאפים, נאפים. Sie sind alle Becker. Er ist aber mit seiner Uebersetzung selbst nicht zufrieden. Wer das Asiatische Backwesen genau kännte, dürfte hier mehr sehen. Allein keine Handschrift bestätigt diese Vermuthung, kein Uebersetzer hat so gelesen. Schröer paraphrasirt in seiner Uebers. also: Sie sind alle ehebrecherische (bundbrüchige, untreue) Leute, wie gegen Gott, so auch gegen ihren König; sie sind, wie ein Backofen, der vom Becker geheizt oder glüend gemacht ist, der Becker aber oder Wächter, der wecken soll, begiebt sich zur Ruhe, von dem an, da er den Teig geknätet, bis er durchsäuert ist. Er nähert sich in seiner Erklärung der Döderleinschen. Unter בער versteht er excit.

citatorem, einen Anheizer, der das Feuer zum Brennen aufrührt, oder einen solchen, der andre zur Arbeit ermuntere. Und das sey der König, welcher in seiner Regirung schläfrig und nachläßig gewesen. Herr Bahrdt nimmt אנף, inhiare adulteriis d. i. idololatriae. Ueber den ganzen Vers macht er die Anmerkung: nam in oriente pluribus locis furnarii publici erant, qui noctu domatim mulieres excitabant ad maſſam ſubigendam: quo facto abibat & furnum calefaciebat uſque dum venirent cum maſſis suis. Die Worte von מלוש bis zu Ende überſezt er: von dem Knäten an, bis er durchſäuert ist d. i. daß er ihnen Zeit laſſe, zum Knäten und einſäuren. Indicatur, ſchreibt er, tempus, quo definit furnarius excitare mulieres. Pfeifer: Alle sind sie entbrannt, wie ein Ofen, geheizt vom Becker, Aber bald wird Gelegenheit zum Kneten und Sauerteig fehlen. Er hat eine eigne Vorstellung von dem Sinn dieses Verses, welche ich am besten mit seinen eignen Worten angebe. „Zur Erklärung dieses Bildes, „sagt er, muß ich erst meine Vorstellung von der „Sache selbst geben. Die Meutereyen der „Iſraeliten besserten das Land nicht; niemand „als die an der Regirung Antheil habenden Per„sonen gewonnen dadurch. Dis sagt der dritte „Vers. Und bemohngeachtet loderte die Be„gierde zu Meutereyen in dem gemeinen Volk. „Diese Begierde wird mit einem Feuer des Back„ofens verglichen. Aber bald, droht der Prophet,

„phet, würde es eine leere Hitze, ohne allen Nu-
„zen seyn. Die Hitze des Backofens soll zum
„Brodtbacken dienen, fehlt es aber am Mehl,
„daß kein Teig eingerührt, kein Sauerteig berei-
„tet, kein Brodt geformt werden kan; was hilft
„denn alle Gluth des Ofens? Noch gaben Sal-
„lum, Menahem und Andere Gelegenheit ge-
„nug, daß die Israeliten sich in Partheyen theil-
„ten, und je nachdem einer diese oder jene er-
„griff, die Sache derselben eifrigst verfochten.
„Aber bald würde die Absicht aller dieser Zer-
„rüttungen wegfallen. Es würde kein König
„mehr seyn„. Es hält schwehr diese Erklärung
mit den Worten zu vereinigen. Herrn Hezel's
Gedanken kommen der Pfeiferischen Meynung
sehr nahe: „Sie alle sind Ehebrecher, (glühen)
„wie ein Backofen, vom Becker geheizt. Da-
„für wird aufhören in der Stadt (עיר also, wie
„einige Alte) Knäten sowohl, als Säuren des
„Teigs„ Diese Uebersetzung erklärt er nun, wie
„folget: Alle sind für Ehebrecherey erhizt, wie
„ein Backofen, den der Becker geheizt hat, —
„zur Strafe dafür wird auch bald Knäten und
„Säuern aufhören, — und folglich auch Heizen
„des Backofens. — d. i. die Stadt wird zerstö-
„ret, leer von Bewohnern werden, — so daß man
„nicht mehr backen, nicht mehr den Backofen hei-
„zen wird. Und so — wirds denn auch mit der
„Ehebrecherey ein Ende seyn„. Immer bleiben
Härten in dem Verse, welche aber weniger auf-
fal-

fallen, wenn man bedenkt, daß die Sprache und
der ganze Ideengang dieses Propheten etwas dunkles und abgebrochenes habe.

V. 5.

Auch dieser Vers hat seine Dunkelheiten;
das Verderben, davon im vorigen Verse geredet
war, wird hier weiter geschildert. Das bekannte לאמר ist im Anfange dieses Verses ausgelassen. יום מלכנו. Das suffixum steht mit בלם
im 4ten Verse in Verbindung. Es ist nicht so
leicht zu bestimmen, was dis vor ein Tag des
Königs seyn solle. Es kann ein Geburtstag oder
auch ein Krönungstag seyn. Da damals die
Regirungen so plözlich abwechselten, und allezeit
die Parthey, welche einen neuen König auf den
Thron gebracht hatte, demselben sehr schmeichel-
te: so ist es wol am wahrscheinlichsten, den Tag
von dem Regirungsantritte eines neuen Königs
zu verstehen. החלו שׂרים. So wie die Worte
gewönlich punktirt sind, kann man sie nicht wol
anders übersetzen, als: Infirmant oder corrum-
punt (sc. populum) principes vtre de vino.
Das Zeitwort wird von חלה, welches Jes. 53.
vorkömmt und aegrotauit heißt, hergeleitet. Von
diesem Worte handeln, ausser den gewönlichen
Lexicis, Alb. Schultens Origg: I, 9. und
Michaelis Supplem. ad Lex. Hebr. p. 764 ff.
Im Arabischen heißt das Zeitwort terere, poli-

re,

re. S. *Willmet* Lex. Arab. S. 215. Ich weiß nicht, ob man nicht bey dieser ersten Bedeutung stehen bleiben könnte „Sie ruiniren den „Schlauch ganz durch den vielen Wein, welchen „sie hineinfüllen lassen und austrinken„. Dann würde das Saufen recht hyperbolisch ausgedrükt. Der sel. Zacharia übersezte es wohl: euacuant. Bey der gewönlichen Uebersetzung und Punktation ist eine grosse Härte in der Zusammenfügung מם חמת, da das מ ganz überflüssig und ungewönlich scheinet. משך ידו־לצצים proiicit, extrahit, iungit manum suam cum derisoribus, werden diese Worte gewönlich übersezt und da kein Subjekt der Rede da ist, so versteht man aus dem Anfange des Verses מלך „Der König mache mit„. Im Arabischen heißt *Lazon* fur, latro und überhaupt iniquus, malus, αδικος. Vgl. *Willmet* Lex. Arab. S. 665. 666. Alsdenn würde das Verderben des Hofes geschildert werden. In den Zeiten, davon hier die Rede ist, waren die Partheyen, welchen oft ein König den Thron zu verdanken hatte, schlechte Menschen. Doch durfte er es mit ihnen nicht verderben, um nicht wieder abgesezt zu werden. Er muste sie also suchen zu seinen Freunden zu erhalten. Viele alte und neue Uebersetzer sind aber von den Punkten abgegangen. *Vulg.* Dies regis nostri: coeperunt principes furere a vino; extendit manum suam cum illusoribus. Dieser Uebersetzer punktirt zwey Wörter anders, החלו

und

und הֵחֵלוּ in infin. oder wie Hr Bahrdt glaubt, הֵם. LXX. Ἡμεραι (oder αἱ ἡμεραι) των βασιλεων υμων. ηρξαντο οἱ αρχοντες θυμȣσθαι εξ οινȣ· εξετεινε την χειρα αυτȣ μετα λοιμων· Hier sind die beiden eben berührten Worte eben so punktirt, wie in der Vulgata, ausserdem kommen noch folgende Abweichungen vom Masorethischen Texte vor. Gleich im Anfange haben sie in der mehrern Zahl gelesen ימי und nicht, wie Hr Bahrdt anführt, מלכנו, sondern מלכי כלבים, לצצים haben sie recht gut durch λοιμȣς übersetzt, welches ich schon oben aus dem Arab. erläutert habe und welches Hr Bahrdt gibt: leve consortium, liederliche Kerls. Vgl. Biel Thes. welcher einen sehr guten Artikel von diesem Worte hat. Theod. hat den sing. ἡμερα βασιλεως und Aq. giet לצצים, wie gewönlich, χλευαςων· Vgl. Lex. Graec. ad Hex. Orig. und Biel f. h, v. Chald. Die, quo conſtituerunt ſuper ſe regem ſuum, exorſi ſunt magnates compotare cum eo vinum, extraxit ad manum ſuam turbam falſidicorum. Im Anfange wird das יום ſehr gut erklärt, übrigens iſt ſo geleſen, wie in der Vulg. und in den LXX. Syr. Die regum noſtrorum coeperunt magnates vino furere, traxerunt manus ſuas cum ſceleratis: Auſſer den ſchon erläuterten Leſearten, ſcheint dieſer Ueberſetzer noch מלכים mit einem Jod und משו im plur. geleſen zu haben. Ar.

Coe-

Coeperunt principes irasci (חמה ira) a vino: extendit manum suam cum corruptione. Das μετα λοιμων in den LXX ist hier nicht recht verstanden und hat zu einer Verwechselung im Arab. Veranlassung gegeben. Vgl. Bahrdt. Doch hat er vielleicht auch corruptio collective statt corruptores genommen, und λοιμοι sind solche, welche die Sitten Andrer verderben. ApG. XXIV. 5. Ganz wörtlich ist die Uebersetzung in Arią Bibel: Die regis nostri aegrotare fecerunt principes vtre a vino, protraxit manum suam cum illusoribus. Vgl. Cappellus Crit. Sacr. ed. *Scharf.* S. 533. 863. Houbigant versteht des Königs Geburtstag, will עים lesen und versteht darunter alle Abgötter und Feinde des Gesetzes. Dathe: Die regis nostri vino incalescunt principes, atque ille cum irrisoribus versatur: Er folgt den alten Uebersetzern und drükt das Lateinisch aus, was jene nach den Worten geben: coeperunt furere. Den leztem Theil des Verses versteht er so: est compotor istorum profanorum. Bahrdt macht die Bemerkung: *protrahere manum est, gestus propinantium.,,* Stößt an und trinkt's ihnen zu„ Döderlein glaubt, das vorige Bild werde fortgesezt: ille velut furnarius accendit animos. Das משך ידו nahm Grotius so: *protraxit manum suam* i. e. abstinuit eos punire, ut debuit, und Döderlein: forsan phrasis e re pistoria petitur, et *trahere* est *ligna at-*

tra-

trahere, subdere furno. Unter לצצים versteht er Schmeichler, falsche Hofleute. Michaelis: Heute ist der Tag unseres Königes! Die Fürsten fangen an vom Weine warm zu werden, er gibt den Spöttern die Hand. Er liest, wie Dathe und mehrere Alten. Vgl. Oriental. und exeget. Bibl. T. XIX, S. 177. In seinen deutschen Anmerkk. erklärt er sich, daß, im Falle er auch bey dem Masorethischen Texte bliebe, er חמה nicht Schlauch, sondern Hitze, von חמה, übersetzen würde. Sonst erklärt er den mit den Alten geänderten Text, wie folget: Heute machen wir einen neuen König! er lebe! Die Krönung, oder wie sie bey den Jsraeliten hieß, Salbung, eines Königes pflegte mit einem grossen Gastmahl verbunden zu seyn. 1 Kön. I, 8. 9. Bey diesem Gastmahl berauschen sich die Fürsten d. i. Die vornemsten des Volks. Er wird beym trunkenen Gastmahle treuherzig mit denen, die ihn am Ende nur zum Gelächter haben, und bald wieder sich gegen ihn verschwören werden, so gut sie ihm jetzt geschworen haben. Schröer: Es ist unsers Königs Krönungsfest, die Ministers machen sich krank durch Erhitzung vom Weine, und er (der König) reicht seine Hand den Spöttern. חמה nimmt er nicht vom Schlauche, das Zeitwort החלי reciproce, wie er es auch Jes. LIII, 10. nimmt. Er glaubt, die Rede sey vom Regirungsanfange des Zacharias. Spötter nimmt er von Religionsspöttern. Herr HR.

HR. Pfeifer geht von allen übrigen, ab: Uns fres Königs Tag! laßt immer Ministers durch Feuer des Weines sich schwächen, Er wird Verächter schon strafen. Er glaubt, dis sey die froh ertönende Stimme des Volks, die ihren neuen Erwählten ausrufe. Der Minister feyere diesen Tag festlich. Der lezte Theil des V. könne auf Gott gehen, welcher die Israeliten für ihren Uebermuth bestrafe. Doch gesteht er, daß das Original auch folgenden Sinn vertrage: Jetzt haben wir einen König. (Jauchzt das Volk.) Laß immer die Ministers (auf der Gegenparthey stehen und) durch Banquete sich schwächen! ja (der König, den wir erwählten) wird seine Verächter. (Die ihn so nicht annehmen wollen) bestrafen. Ein wenig Härte liegt meinem Gefühle nach darinn, daß dieses Zeitwort הֵחֵלוּ ohne אֲ, oder eine andre ähnliche Partikel hier so conjunctiue oder permissiue genommen worden. Unsers sel. Luthers Uebersetzung, welcher hier mit LXX, Vulg. Dath. s. w. gleich lieset, sucht Hr Hezel durch seine eigne zu verbessern, welche also lautet: An unsers Königs Fest sind krank die Fürsten von (geleerten) Weinschläuchen. Er hälts mit den Spöttern. In der Erklärung kömmt nichts vor, wodurch er sich von Andern auszeichnete, ausser, daß er לֹצְצִים durch Spasmacher gibt.

V. 6.

V. 6.

In diesem Verse werden der Dunkelheiten fast noch grössere und mehrere. Ich will erst anführen, wie man die Worte gewönlich nimmt und verstehet. כִּי — quum vero. קֵרְבוּ — Pih. adpropinquant, advertunt sicut clibanum cor suum. Was soll das? *Wenn sie ihr Herz herzubringen, wie einen Backofen?* Selbst der Zusatz בְּאָרְבָּם, *bey ihren Nachstellungen* (von אָרַב. insidiatus est) macht die Sache nicht deutlicher. In der Hallischen Bibel wird dis so erklärt: reaſſnmit similitudinem clibani, ut doceat, eumdem esse impetum & furorem in odio & insidiis, qui prius erat in amore et adulationibus. Wer aber richtiges Hebräisches Gefühl hat, wird gleich das Gezwungne in diesen Ausdrücken und Deutungen erkennen. קֶרֶב in diesem Sinne paßt zu תַּנּוּר nicht. Der lezte Theil des Verses ist nicht leichter. כָּל־אֹפֵהֶם tota quidem nocte dormit pistor eorum, sed diluculo ille ardet sicut ignis flammae vel flammans. Was soll man vor Begriffe mit den Worten verbinden: *schläft ihr Becker die ganze Nacht hindurch, am Morgen brennt er, wie lichtes Feuer?* Eigentlich können die Worte ganz und gar nicht genommen werden. Die Hallische Bibel versteht unter der ganzen Nacht, die Zeit, welche zum offenbaren Aufruhre noch nicht geschikt wäre,

wäre, das Schlafen nimmt sie von dem sich stil¬
le halten, unter Becker versteht sie Sallum, das
Haupt des Aufruhrs, der Morgen soll die beque¬
me Gelegenheit zum Aufruhre, seyn, durch das
Brennen aber der Angriff auf den König und
seine Parthey bezeichnet werden. Kein Hebräischer
Sprachgebrauch gibt aber den Worten diese Bedeu¬
tung. Wenn man einmal einen politischen Be¬
cker verstehen wollte, so würde vielleicht der Zu¬
sammenhang leichter, wenn man שׁו im Arabischen
Sinne nähme, wo שׁו heißt, superstitem esse.
Denn würde der Sinn entstehen: „die ganze
„Nacht ist der Becker auf und brütet an seinen
„politischen Projecten und Unternehmungen, des
„Morgens bricht er damit los„. Die alten Ue¬
bersetzer, welchen ich auch hier in meiner Ueber¬
setzung gefolget bin, werden uns hier auf bessere
Gedanken leiten. *Vulg.* Quia applicuerunt
quasi clibanum cor suum, cum insidiaretur
eis: tota nocte dormiuit coquens eos, mane
ipse succensus quasi ignis flammae. Hier ist
die gröste Uebereinstimmung mit unserm Texte;
in Kleinigkeiten haben sie die Worte anders ge¬
faßt, als man sie gewönlich nimmt. LXX. Διc-
τι ανεκαυθησαν ως κλιβανος αι καρδιαι αυτων,
εν τω καταρασσειν αυτες ολην την νυκτα· υπ-
νε Εφραιμ ενεπλησθη, πρωι ενεγενηθη, ανε-
καυθη ως πυρος φεγγος. Daraus, daß sie
קרבו durch ανεκαυθησαν übersetzen, folgt noch
nicht, daß sie anders gelesen haben; benn קרבו

N   קרב

קרב können sie, wie Hr Babrdt richtig bemerkt, so genommen haben, daß sie ihm die Bedeutung gaben: entbrannt, erpicht auf etwas seyn. כתנור sollte denn nur zur Vergleichung hinzugesezt seyn, um die Heftigkeit ihrer Begierden zu bezeichnen. Vgl. Boysen Beytr. zu einem richt. System d. Hebr. Philol. T. III. S. 459, welcher glaubt, daß קרב im Syr. auch entzünden heiße Castellus Lex. heptagl. glaubt, כרב und המר wären Synonyma. Auch Hr D. Döderlein glaubt, daß קרב im Arab. incendere heiße. Doch können sie auch צרבו gelesen haben. צרב, welches auch Ezech. XXI, 3. vorkömmt, heißt entflammt, entbrannt werden, ein Chald. Wort. Cappellus glaubte, sie hätten חרבו gelesen S. 579 ed. Scharf. Buxtorf Anticr. S. 586. glaubte, sie hätten קרחו gelesen, Vgl. Scharfenberg Mot. 403 zu Cappelli crit. sacr. S. 736. und Houbigant b. d. St. Sie haben ferner באבדבם כל־הלילה zu gezogen. Statt אפהם lesen sie אברים, statt הוא. דויה oder יהיה Aq. hat קרבו ועוצעו übersezt. Das בארבם geben Aq. Symm. Theod. ενεδρευειν; und ישן אפהם בקר hat Aq. υπνωσεν ο πεσσων πρωιας. Er hat אפה ohne Suffixum gelesen. Jonathan: Accesserunt enim ad consilium peccatorum et non sunt cunctati: perinde ac clibanus ardet cor eorum in insidiis suis: tota nocte protrahitur furor eorum vsque mane; aestuat in morem

Hoseä VII, 6.

ignis flammiferi. Dieser Paraphrast hat statt
אֹפֵהֶם, אַפֵּהֶם, (von אַף nasus, ira) gelesen.
Syr. Incaluit enim ceu fornax cor eorum in
insidiis suis, et tota nocte sedabatur furor
eorum, mane vero ignis flammaeque instar
exardescebat. Im Anfange den LXX, und
am Schlusse dem Chaldäer ähnlich. *Ar.* Quia
corda eorum exarserunt sicut fornax, dum
tota nocte maledicunt: repletus est Aphrem
somno: mane facto exardet vt splendor ignis. Er folgt den LXX, hat aber entweder ihr
καταρασσειν nicht verstanden, oder statt dessen
καταρασθαι gelesen, als hätte im Hebr. Texte
בארדם gestanden. Lud. de Dieu glaubt, allen Schwierigkeiten abzuhelfen, wenn er כל־אפהם
Frageweise nähme. Ich sehe aber nicht, was
er dadurch gewint. Houbigant übersezt: per
spiracula eorum sumat furor eorum. Er
ließt statt ישן, עשן. בארבם will er per spiracula oder caminum eorum übersetzen. Dann
müste es heissen בארבתם. Bey furor nimmt
er die Leseart einiger Alten an, welche ich schon
erläutert habe. In Ariä Bibel werden die Worte
unsers Textes ganz genau übersezt: quia applicuerunt veluti clibanum cor suum in insidiando eos, tota nocte dormiuit coquens eos,
mane ipse succensus tamquam ignis flammae.
Dathe: Incensus est vti furnus eorum animus, clam tota nocte continetur eorum ira,
ma-

mane erumpit in flammam. בארבם zieht er gegen die Accente zum folgenden Gliede und übersezt es clam, und zieht auch die Leseart אהבם oder אבם vor. Hr Bahrdt bemerkt, daß die Rede, wie v. 4 auf die Jsraeliten gehe, erklärt den Satz, intenti sunt insidiis suis so: „sie sind be„gierig auf einen Fang, auf jede Gelegenheit, „ihre geilen Lüste auszulassen, die Worte: der „Becker schläft und brennt, zieht er auf den Backofen und hält das Ganze vor ein Sprüchwort, welches den Sinn ausdrücken solle: intentionem sequitur executio vehementissima. Herr D. Döderlein macht zum Grotius die Bemerkung: *Cor eorum in insidiis suis sicut clibanus* h. e. dum vino incensi sunt, animo flagrant ad insidias regi struendas. Unter dem Becker versteht er den König, qui coercere deberet flammam etc. Meine Uebersetzung wird nach diesen Erinnerungen deutlich seyn. Michaelis: sein Innerstes ist wie ein Backofen, und ihr Herz unter denen, die mit Nachstellung und Hinterlist umgehen: die ganze Nacht schläft ihr Becker, am Morgen heizt er den Ofen mit lichtem Feuer. Statt des Zeitworts liest er ein Nennwort und punktirt קֹרְבוֹ. Vor לבם gedenkt er sich das ו und בארבם punktirt er im Participio: בארבים. Die Meynung des Bildes, sagt er, scheint zu seyn: der politische Becker der b. i. der auf Veränderungen und Umsturz des Staates sinnet, hält sich eine Zeitlang ganz ruhig; denn aber, wenn alles genug in Gährung ist, tritt er unvermuthet auf, und braucht die Gelegenheit den Staat, wenn ich es so nennen darf, umzubacken, das aber bey den Jßraeliten, so viel wir etwan aus der Geschichte wissen, durch Ermordung des Königes. Er wagt auch noch anders zu lesen und zu übersetzen, ist aber mit allen seinen Versuchen nicht recht zufrieden. Es kann uns leicht an Känntnis einer besondern Sitte oder einer speciellen Thathandlung fehlen. Schröder: Ob sie schon wie ein Ofen mit ihren Herzen losfahren, und zum Tumult oder Streit losbrechen, bey ihren hinterlistigen Nachstellungen, so schläft doch ihr Becker die ganze Nacht, bis der Ofen des Morgens lichterloh brennet — קָרְבוּ concursus hostium, davon glaubt er hier dem Zeitworte קוּב die Bedeutung geben zu können, sich über einen hermachen, auf einen feindlich losfahren Pf. 119, 150. Jef. 41, 5. 21. Der Vordersatz fände so einige Erläuterung; aber doch bleiben viele Zweifel, welche ihm hätten einfallen müssen, wenn er ein wenig schärfer nachgedacht hätte. Wie kann man losbrechen בְּאָרְבָם? מֵאָרְבָם, aus dem Hinterhalte wohl; er sagt aber nichts von einer Veränderung der Leseart, wiewol ב und מ leicht verwechselt werden können. Der Ofen bricht los, wenn das Feuer völlig anbrennt

brennt. — Vom lezten Theile des Verses fügt er gar keine Erklärung hinzu — Pfeifer: Mit Ofenhitze sind sie auf ihre Nachstellungen erpicht. Die ganze Nacht ruht ihre Begierde, des Morgens lodert sie wie Feuerflamme! — Unter den Nachstellungen versteht er alle Zügellosigkeiten eines Pöbels; und statt אפהם ließt er mit mehrern Alten und den besten Handschriften bey Kennicot אפיהם. Herr Hezel hat wieder etwas eignes bey diesem dunkeln Verse. Er übersezt: Sie nahen sich ihm (dem Könige); wie ein Backofen (glühend) ist ihr Herz in ihrer Hinterlist. Die ganze Nacht schläft ihr Becker; des Morgens lodert auf sein Zorn in Feuerflammen. Diese Uebersetzung erklärt er, wie folget: Sie nahen sich dem König, um einen bequemen Augenblick abzupassen, da sie ihn ermorden könnten — wie ein Backofen (glühend) ist ihr Herz in ihrer Hinterlist. d. i. Dem Bösewicht, der mit so einer schwarzen That umgehet und sie eben vollbringen will, wirds warm ums Herz. Sein Busen glühet, — halb durch Furcht und halb durch Hofnung, die That glüklich zu vollbringen. — So denn auch die Königsmörder! — Der Becker ist hier der König. Er schläft die ganze Nacht, ohne einmal nachzusehen, ob der Ofen zu heiß werde, und der Teig gesäuert, gegangen und geknätet sey. Das alles verschläft er d. i. der König bekümmert sich wenig um die Regirung, wachet nicht, um etwanigen Gefahren,

ren, die dem Reiche drohen, vorzubeugen —und
diese seine Sorglosigkeit rächt sich denn selbst an
seiner Person. Des Morgens, da er aus seinem
Sorglosen Schlafe erwacht, aufsteht, und nun
die ausgebrochene, ihm geltende, Rebellion erfährt,
will er nun auf einmal Feuer und Schwerdt in
heftigster Furie brauchen, — aber zu spät und
umsonst. 2 Kön. XV, 23—25. Es wird also
hier zweyerley zugleich an dem damaligen Israelitischen Reiche bestraft, Sorglosigkeit des Königs, Treulosigkeit und Mordgier der Grossen.

V. 7.

In diesem Bilde wird noch fortgefahren
und der ausnehmende Sittenverfall des Volkes
beschrieben. יחמו— Alle entbrennen und glühen
vor Wuth und heftigen Leidenschaften, wie ein
Backofen. Das Stammwort ist חמם. Pf.
39, 4. שפטיהם— Richter, Regenten — hier
wol Könige. אכל ist hier verschlingen, tödten.
נפלו— Ihre Könige fallen durch Meutereyen und
Meuchelmord. Man vergleiche nur die traurigen
Zeiten, welche 2 Kön. XV. beschrieben werden.
Die beiden Wörter שפטים und מלכים sind
Synonyma. Vgl. Vitringa ad Jes. T. I. 258.
59. II, 782 b. אין־אל. Gleichwol wendet sich
Niemand zu mir. Die wahre Religion sollte das
zügellose Volk auf bessere Gedanken leiten und
von jenen Ausschweifungen abziehen: aber wer
wen-

Hosea VII, 7.

wendet sich unter ihnen mit busfertigen und gläubigen Gesinnungen zu Gott? Vulg. omnes calefacti sunt quasi clibanus, & deuorauerunt iudices suos: omnes reges eorum ceciderunt: non est qui clamet in eis ad me. Hier ist der Text mit dem unsrigen ganz übereinstimmend. LXX. Παντες εθερμανθησαν ως κλιβανος (Alex. πυρος καιομενε αι καρδιαι αυτων) και κατεφαγον τες κριτας αυτων (Al. και κατεφαγεν τ κ. α.) παντες οι βασιλεις αυτων επεσαν (Al. επεσον) εκ ην εν αυτοις ο επικαλεμενος προς με. Es scheint, wie schon Hr Dabrot bemerkt, daß ehedem der Hebr. Text variirte. Einige Handschriften hatten בכם, andre לכם. Daher kam es vermuthlich, daß sich Jemand auf den Rand der LXX. bey παντες die Leseart αι καρδιαι αυτων bemerkte, welche darauf in den Text kam, woher die Leseart der LXX entsprang: παντες εθ. κ. καρδιαι αυτων. Was die Worte πυρος καιομενε anbetrift, so ist zu vermuthen, daß Jemand an den Rand der Worte ως πυρος φεγγος des vorigen Verses die Variante πυρος καιομενε angezeichnet hatte, welche darauf durch ein Versehen hieher kamen, woraus es erklärlich wird, wie die Leseart, die oben angeführt worden, habe entstehen können. Ferner lasen einige Hebr. Handschriften, statt der jetzigen Worte, "אנכל אל ש. Vgl. Cappelli Crit. Sacr. S. 579. und das. Scharfenberg. Chald. Omnes calefacti sunt
quasi

quasi clibanus, & in lingua mendaciorum condemnant iudices suos; omnes reges eorum necati sunt; nec ullus est eorum, qui deprecetur coram me. Hier ist entweder anders gelesen, oder das אכל ist durch verläumden periphrasirt. *Syr.* Omnes incaluerunt, ut furnus; et consumpserunt iudices suos: omnes reges eorum ceciderunt, nec est inter eos, qui me inuocet. Dem Texte der Vulgata und dem unsrigen ganz gleich. *Ar.* Incaluerunt corda eorum omnium ceu fornax: et comederunt iudices suos: omnes reges eorum ceciderunt, nec fuit inter eos, qui clamaret ad me. Dieser Uebersetzer scheint, gleich einigen Exemplaren der LXX, statt כלם, לבם gelesen zu haben. Den Zusatz omnium hält Hr Bahrdt vor einen Zusatz eines Spätern, welcher כי רב auf dem Rande gefunden und mit in den Text gezogen hatte. Houbigant übersezt das Zeitwort יחמו conflagrabunt; und macht die Bemerkung: nunc scelerum poena describitur: seruata similitudine eadem, qua scelus adumbrabatur; quasi dicat Propheta: quia flagrarunt vino et adulteriis, tamquam clibanus, conflagrabunt, vt clibanus, igne eodem, quem accenderunt; quo igne absumentur iudices eorum &c. Nach dieser Erklärung würde die Strafe auf die bisher gerügten Sünden folgen. Dathe: Omnes ardent, sicuti furnus et con-

confecerunt suos iudices; reges eorum perierunt, nec est, qui me inuocet. Zur Erläuterung dieser Uebersetzung bemerkt er, daß es auf die unruhigen Zeiten gehe, welche 2 Kön. XV. beschrieben werden, und erinnert noch weislich: in allegoria, qua Propheta vtitur, non puto nimis esse argutandum. Nihil amplius indicatur, quam consilia ista occulto esse agitata & praeter spem atque exspectationem omnium esse perfecta. Frustra laboret, qui in tanto historiae defectu plura ex hoc loco extundere velit. Hr Bahrdt nimmt אבל im besondern Sinne. Er bemerkt: dicitur de igne, ita, vt sit adurere. „Sie stecken auch ihre Obrigkeiten an." Unter שפטים versteht er Magistratsp.rsonen, welche sich hätten zur Abgötterey und den damit verbundnen Lastern hinreissen lassen. נפל nimmt er auch anders; er erklärt es: incidere in peccata, labi; wie πτοσις und Sündenfall gebraucht werde. כלהם hält er vor principes und קרא mit ב übersetzt er: einem zurufen, daß der Sinn wäre: nemo est, qui eos reuocet ad me. Michaelis: sie alle werden heiß, wie ein Bockofen. Ihre Richter bringen sie um, alle ihre Könige fallen, denn unter ihnen ist keiner, der mich anrief. Pfeifer: Alle sind erhizt wie ein Ofen, Reiben auf ihre Richter, All' ihre Könige fallen: Aber keiner unter ihnen nennt mich). Schröer: Sie sind alle wie ein Ofen erhizt, ihre Regenten oder Könige zu ver-

zeh-

zehren. Alle ihre Könige fallen dahin, unter ihnen ist keiner der mich anrufet. — Er hält auch, wie ich thue, שמר vor ein Synonymum von דמך Herr Hezel überseszt: Sie alle glühen, wie ter Ofen: verschlingen ihre Richter; alle ihre Könige fallen; und doch ruft keiner unter ihnen mich an. — Das glühen zieht er auf die Mordgier, versteht auch die schon angegebne Zeitperiode, und nähert sich in einigen Gedanken Houbiganten, daß er nehmlich auch hierin Strafgerichte Gottes erkennt, —

V. 8.

Für die bisherigen Sünden wird nun die Strafe gedrohet. Das Israelitische Reich soll gleiche Schikfale mit den heydnischen Völkern haben; Gott will seine allerbesonderste Vorsehung nicht weiter auf sie richten. אפרים, ein Hauptstamm des Israelit. Reiches, steht hier statt des ganzen Reichs der zehn Stämme. בעמים geht auf die heydnischen Völker; הוא wird gern nach dem nom. propr. zu Erweckung grösserer Aufmerksamkeit wiederholt. יתבולל von בלל. Viele Ausleger nehmen dis Wort in der vergangnen Zeit, Michaelis in der gegenwärtigen, ich aber mit Struensee und Dathe in der zukünftigen Zeit. Dieses Vermischen aber ziehen einige auf die Vermischung in den Sünden der Abgötterey oder auf Heirathen mit Heydnischen Frauen,

en, andre verstehen richtiger Strafen„ es soll ihnen gehen, wie es so vielen Heydnischen Völkern
gegangen sey„ היה Bey den Propheten werden
die Zeiten promiscue gebraucht, die Zukunft sehen sie als gegenwärtig an. —ענה, statt עוגה,
von עוג. 1 Mos. XVIII, 6. Ezech. IV, 12.
Man versteht gewönlich darunter einen Kuchen,
welcher auf Asche gebacken wurde (panis subci-
neritius) —בלי הפוכה— der nicht gewendet oder
umgekehret wird; von הפך. Diese nicht gewand-
te Seite wird sodenn verbrennen, und die andre
roh und unbrauchbar bleiben. So gerade gings
mit Jsrael; mit einem Theile war es vorbey, den
hatte Tiglathpileser weggeführet, und mit dem
andern war auch nichts auszurichten, der war
voll Gährungen: Vgl. Vitringa ad Jes. T. I.
p. 268. a. Vulg. Ephraim in populis ipse
commiscebatur: Ephraim factus est subci-
nericius panis, qui non reuersatur. Ihr
Text ist mit dem unsrigen ganz übereinstimmend
gewesen. LXX. Εφραιμ εν τοις λαοις αυτȣ συ-
νεμιγνυτο. Εφραιμ εγενετο εγκρυφιας, ȣ με-
ταςρεφομενος. Statt הוא בימם scheinen diese Ueberseter בימי gelesen zu haben, oder statt
αυτȣ muß αυτος gelesen werden. Von εγκρυφιας f. Biel b. d. St. und Bahrdt. Hesychius:
αρτου ειδος, ο εν σποδῳ γενομενος, τῳ (εν τῳ)
μη ειναι κλιβανον E. ως εν σποδια πεσσομενος αρτος αμεταςρεπτως. Jonath. Domus Ephraim inter populos commisti sunt: similis est

da-

domus Ephraim subcineritio pani, qui, antequam verſetur, comeditur. Er überſetzt hier mehr, als daß er umſchreiben ſollte. Aus dem Anfange des folg. V. muß in ſeinem Exemplare noch Niph. von אבל am Ende dieſes Verſ. geſtanden haben. Syr. Aphrem inter gentes miſcuit ſeſe, Aphrem factus eſt placenta, quae antequam cocta eſſet, comeſta fuit. Vor בלי ſcheint hier אשר geleſen zu ſeyn, vielleicht ſtatt הפוכה, אפויה: Und wie bey dem Chald. ſcheint auch hier das comeſta eſt aus den Anfange des folgenden V. entſtanden zu ſeyn. Ar. Aphrem miſcuit ſe inter populos ſuos, Aphrem factus eſt placenta minime rediens. Auch dieſer Uebſ. ſcheint wie die LXX, בעמיו geleſen zu haben. Statt הפוכה ſcheint השובה geleſen zu ſeyn. Lud. de Dieu in ſeiner Crit. Sacr. iſt bey dieſer Stelle nachzuleſen. Houbigant: accommodata eſt haec altera ſimilitudo ad verbum יתבולל, quod ſignificat *miſcere* cibos varios, vel liquores, quibus ſubcinericii panes conficiebantur, vt deinde in clibano concoquerentur, operti cineribus & prunis. Ephraim autem dicitur *miſcere ſeſe cum gentibus*, partim quia gentium deos faciebat ſuos partim quia cum gentibus foedera iungebat, vt, gente una premente, altera opem ferret. Hr. Bahrdt hat darinn etwas ähnliches mit Houbigant, daß er בלל durch einmengen, wie wir

wir vom Mehle zu sagen pflegen, nimmt. Er macht folgende Anmerkung zur Erklärung: cum scriptor imaginibus a pistoribus petitis saepius vsus fuerit, non mirum videbitur lectoribus, Israelitas porro comparari cum massa, quam deus perficere studuerat, sed sine operis successu. Jam se repetere velle, ait, istud negotium et videre, an melior placentula eueniat. Nouum vero modum eum fore, vt farinam permisceat, an forsan per talem commistionem pistura perficiatur exoptatior. Mir scheint es nicht, daß die Metapher vom Becker bis hieher ausgedehnet werden müsse. Dathe: Ephraim inter gentes dispergetur, Ephraim similis est placentae non versae; wobey er die Anmerkung macht: quae, quod a nemine curatur, ab igne corrumpitur. Michaelis: Ephraim klebt mit den Völkern zusammen, Ephraim ist wie ein Aschkuchen, der nicht umgewandt wird. Das Bild erläutert er so: Ein Aschkuchen wird in Palästina und Arabien gemeiniglich unterweges auf diese Weise gebacken: man macht in Sande ein Feuer an, das den Sand erhitzet, legt dann den Teig auf den erhizten Sand, und Asche und Kohlen über ihn, in einer halben Stunde ist er gar, aber es versteht sich, daß sich nicht blos Sand und kleine Steine, sondern auch etwas von der Feurung, dabey der Aschkuche gebacken wird, in seine Rinde einziehen; sehr häufig hat diese noch dazu einen

nen sehr hohen Geschmack, weil die Feurung aus gedürrtem Miste bestehet. Ueber die Sache selbst aber macht er folgende Bemerkung: das Reich der zehn Stämme klebt bey seiner politischen Bäckerey mit fremden Völkern zusammen; d. i. in dem langen Interregnum suchen die streitenden Partheyen bey Auswärtigen Schutz und Hülfe, und hängen sich, zum grösten Unglücke des Ganzen und zu ihrem eignen Unglücke, an auswärtige Mächte. Schröer: Die Parthey von Ephraim mischt sich selbst unter die Heiden, Ephraim ist ein Kuchen geworden, der nicht umgekehrt und also verbrannt ist. — Man sieht, daß etwas Erklärung mit in die Uebersetzung gekommen ist. Das Bild wird so ziemlich nach unsern Sitten erklärt: Sie pflegten die Kuchen auf glüenden Kohlen zu backen, und musten sie also umwenden, sonst verbrannte Saft und Kraft. Dis Gleichnis, fährt Herr Schröer fort, nahm der Prophet von ihren Schmausereyen her, welche sie in ihrem Amte so nachlässig machten, daß darüber Land und Stadt verderben muste. Pfeifer: Ephraim mengt sich unter die Völker, Ein Kuchen, der nicht umgewendt ist. — Er denkt in der Erklärung an das, was man in Franken matsches (d. i. halb ausgebaknes) Brodt nenne. Es will und kann nicht. Richtig bemerkt er, man müsse sich von dem vorhergehenden Bilde eines Ofens losreissen. Was an diesem halb ausgebaknen, halbverbrannten, Kuchen den man nicht essen und auch nicht wieder ein-

rüh-

rühren konnte, noch Gutes sey, saugten Frem*
de, Aſſyrer und Syrer aus. Herr Hezel denkt
bey dem Vermiſchen an die Verbindung mit
Damaskus gegen das Jüdiſche Reich unter Ahas
2 Kön. XVI. Von dem Bilde des Aſchkuchens
iſt er beſonders bey 1 Kön. XIX, 6. a. zuber*
gleichen. Die Erklärung, welche er von dieſem
Bilde gibt: iſt folgende: Es ſcheint zwar von
auſſen', als wenn Iſrael in guter Verfaſſung wäre, einem Feinde Troz zu bieten und ſich gegen
denſelben zu erhalten, weil es mit dem Damas-
ceniſchen Reiche in Verbindung ſtehet; allein —
wenn man's genauer betrachtet, ſo taugt ſeine
Verfaſſung doch nichts. (Der Kuchen iſt inwendig
Teig) — Das zeigte der Erfolg durch den Aſſyr.
König Tigath-Pileſer 2 Kön. XV, 29.

V. 9.

Der Grund jener gebrauchten Vergleichung
von einem halbverbrannten Kuchen ſoll hier gegeben werden: ſo wie derjenige Theil des Ku-
chens, welcher auf den Kohlen oder im heiſſen
Sande liegt, vom Feuer verzehret wird: ſo ſau-
gen Fremde, זרים, hauptſächlich Egypter und
Aſſyrer, Iſraels Mark aus. כח, die Stärke, das
Mark. Jene Feinde riſſen ein Stück von Reiche ab 2 Kön. XV, 29. Wie aus אכלו das
Wort, welches einige alte Ueberſetzer noch am
Ende des vorhergehenden Verſes leſen, abzuleiten

ten ſey, iſt bereits erinnert worden. וְהוּא geht
auf Ephraim in 8. V. לֹא יָרַע. Er erkennet
es nicht. — Hiermit ſoll die höchſte Sicherheit
und Vermeſſenheit, womit das Reich der zehn
Stämme lebte, bezeichnet werden. -שׂיבה׃
So wie vorher einer Abzehrung erwähnet war,
ſo wird nun die Herannährung des Todes verſi-
chert. Graue Haare oder Alter ſind Vorbo-
ten und Erinnerungen des Todes. -זרקה- entweder iſt dis Kal im reciproken Sinne zu nehmen,
ſpargit ſe, oder es iſt ein Nennwort, welches graue
Haare bezeichnet, zu ſubintelligiren, ſpargit
canos — ולֹא ידע - So hartnäckig iſt Ephraim
in ſeiner Bosheit, daß es, aller Warnungen und
Erinnerungen ohnerachtet, nicht beſſer wird. Vulg.
comederunt alieni robur eius, et ipſe neſci-
uit: ſed et cani effuſi ſunt in eo, et ipſe ig-
norauit. Vielleicht iſt hier נזרקה in Niph.
geleſen oder Kal iſt reciproce gebraucht worden.
LXX. Κατεφαγον αλλοτριοι την ισχυν αυτȣ,
αυτος δε ȣκ εγνω, (Al. επεγνω) και πολια
εξηνθησαν αυτα, και αυτος ȣκ εγνω· Es iſt
möglich, daß ſie זרק geleſen haben, doch iſt's
auch möglich, daß פרח ihre Leſeart war. Sonſt
pflegen ſie wenigſtens פרח oft durch εξανθεω
zu geben. Vgl. Biel ſ. h. v. E. ȣκ ησθετο,
και ταυτα πολιος ηδη (nicht ετι, wie in Bahrdt's
Appar. crit. ſteht) τυγχαιον· Den Sinn hat
dieſer Ueberſetzer bloß ausdrücken wollen. Jon.
Diripuerunt populi ſubſtantias eorum & ipſi
non

non norunt: infirmitas etiamnum adſecuta eſt eos et non intelligunt. — Mehr überſezt, als paraphraſirt. שׂ בה iſt durch infirmitas erklärt. *Syr.* Ita comederunt alieni robur eius, ipſo minime aduertente, cani exorti ſunt ei, nec animaduertit. Auch dieſer Ueberſetzer iſt der Leſeart פרדה günſtig. *Ar.* Comederunt extranei robur eius, ipſo non percipente: effloruerunt ei pili cani, ipſo non ſentiente. Auch ben LXX gleich. Dathe: Peregrini vires eius conſumſerant, nec tamen intelligit; iam canitie conſpergitur, nec tamen intelligit. Hr Bahrdt glaubt, כה ſey auch hier etwas vom Kuchen und bedeute da dasjenige, was vom Becker unter den Teig gemenget werde, damit der Kuchen beſſer aufgehe, z B. Gewürz, Butter, Eyer, Honig und dergl. Er glaubt demnach folgenden Sinn hier zu finden: coniunctiones cum gentibus barbaris effecerunt, vt Jſraelitas emendandi ſtudium caſſum eſſet. Ich glaube aber nicht, daß das Bild vom Kuchen hier noch fortgehe; auch wünſchte ich Sprachbeweiſe für dieſen Gebrauch von כה. Was übrigens זרקה anbetrift: ſo iſt ſeine Meynung, daß Kal für Hithpael ſtehe. Michaelis: Fremde verzehren ſein Vermögen, ohne daß er es weiß, auch ſeine Haare werden ſchon mit Grau geſprenget. Schröer: Heiden verzehren deſſelben Vermögen, (oder Saft und Kraft) und es merkt's doch nicht, ja das graue Haar iſt ſchon auf ihn ausgeſtreuet,

und

und es ist doch nicht verständlg. — Hierzu macht
er folgende Bemerkung: der ganze Staatskör-
per ist einem alten Manne gleich, dessen graues
Haar seinen nahen Untergang anzeiget. Pfeifer:
Es saugen Fremde sein Mark aus, Er merkt's
nicht. Schon Silberhaare sprossen ihm auf, Er
merkt's nicht. — Wieder ein neues Bild, sagt
er in der Anmerkung, die Republik nähert sich
ihrem Ende. Herr Hezel erläutert die Sache
gut: „Syrien, schreibt er, und insbesondre Da-
mascus, mochte schon von Israel ziehen, —noch
mehr aber Assyrien. 2 Kön. XV, 29. Aber das
hielt Ißrael für so gefährlich nicht, als es war;
glaubte nicht, daß es endlich den völligen Sturz
des Reichs nach sich ziehen würde, wie doch die
Folge lehrte. Es wandte sich also nicht etwa zu
seinem Gotte—sondern beharrte in seinem Unsinne
und ging denn so seinem völligen Untergnge lang-
sam entgegen. Die grauen Haare, die Ephraim
hier und da wuchsen, sollen die Alterschwäche des
Ißr.Reichs, das seinem Tod d. i. Untergang nahe war, andeuten„.

V. 10.

Nach der gewönlichen Leseart würde der
Sinn seyn: wiewol ihr eignes Gewissen sie von
ihrem strafbaren Stolze überzeugen muß, wenden
sie sich gleichwol nicht zu mir. Den Worten
nach heißt es: und der Stolz Ißraels ant-
wor-

wortet ihm ins Geſicht. — Dieſe Redens-
art עֲנוֹת בְּפָנָיו iſt bereits V, 5. erläutert worden. וְלֹא. Das וְ hat hier einen gewiſſen Nachdruck: bey dem allen, dem ohnerachtet; mit
ihm muß man das וּבְכָל זֹאת am Ende verbinden. Die gröſte Halsſtarrigkeit wird gerügt,
welche weder durch eigne innere Vorwürfe, noch
durch Leiden, noch durch die Zeit gebrochen werden kann. Uebrigens ſind die Redensarten
בקש יהוה und שׁוב אל־יהוה Synonyma,
welche Umänderung und Beſſerung der bisherigen
Geſinnungen bezeichnen. Vulg. Et humiliabitur
superbia Iſrael in facie eius; nec reuerſi ſunt
ad Dominum Deum ſuum, & non quaeſierunt eum in omnibus his. Sie hat עֹנָה geleſen. Vgl. Vitringa ad Jeſ. T. II. S. 788.
LXX. καὶ ταπεινωθήσεται ἡ ὕβρις Ισραηλ εἰς
προσωπον αυτου, καὶ ουκ επεστρεψαν προς κυρι-
ον τον θεον αυτων· καὶ ουκ εξεζητησαν αυτον εν
πασι τουτοις. Eben ſo geleſen, wie die Vulgata.
Theod. hat גְאוֹן durch ὑπερηφανια und E unſer שׁוּב durch μετενοησαν überſezt; und das בקש
durch επεκαλεσαντο. Jon. Atque humiliabitur
gloria Jſrael ipſis cernentibus, propterea quod
non redierunt ad cultum domini Dei ſui, nec
ſunt deprecati praeſentiam eius in his omnibus. Auſſer der Leſeart עֹנָה iſt noch zu merken,
daß ſie גְאוֹן in guten Sinne genommen und gloria überſezt haben, das übrige iſt mehr Umſchreibung,

bung, als Ueberſetzung. *Syr.* Humiliatus eſt faſtus Jſraelitis in conſpectu eius, attamen conuerterunt ſe ad Dominum Deum ſuum, neque requiſiuerunt eum. Die erſte Negation fehlt in der Ueberſetzung, und den Schluß, בכל זאת, hat der Syrer ausgelaſſen. *Ar.* Deprimitur arrogantia Iſraelis ante faciem ipſius, attamen non ſunt reuerſi ad Dominum Deum ſuum, neque quaeſierunt eum cum his omnibus. Alle Alte ſtimmen ſo glich in dieſer Leſeart עָנָה überein, und es iſt kein Wunder daß Hr Struenſee, welcher beſonders den LXX folgt, ſich auf ihre Seite ſchlägt. *Dathe:* Teſtatur contra Iſraelem eius ſuperbia: ille vero nihilominus neque ad Jouam Deum ſuum redit, neque eum quaerit. Richtiger werden die Zeitwörter, welche die Alten zu ängſtlich und nach keiner guten Theorie in der vergangnen Zeit überſezten, hier in der gegenwärtigen genommen. Ich habe auch mit allem Bedachte ſo überſezt. Eckelhaft wörtlich und ängſtlich iſt die Ueberſetzung in Ariä Bibel: Et conteſtata eſt ſuperbia Jſrael in faciebus eius et non reuerſi ſunt ad Dominum Deum ſuum, nec quaeſiuerunt eum cum toto hoc. *Michaelis:* der Stolz der Jſraeliten wird vor ihren Augen gedemüthigt, bey dem allen bekehren ſie ſich nicht zu Jehova ihrem Gott und ſuchen ihn nicht. — In der Leſeart עָנָה tritt er den Alten bey, wegen dem gegenwärtigen Zeit aber, in welcher er die verba nimmt, entfernt er sich von ihnen. Schröer: obgleich der Stolz Ißraels, oder die Parthey vom Hause Ißrael zu Thirza, ihm ins Angesicht zeuget, oder vor seinen Augen recht klar ist, so kehren sie doch nicht zum Herrn ihrem Gott zurück; und suchen ihn bey alle dem nicht. — Die Erklärung ist hier schon der Uebersetzung beygefügt. Die Ueberzeugung, bemerkt er noch besser unten, von der Sünde ist oft klar genung und dennoch thut der Sünder nicht Buße. Pfeifer: Sein Frevel wird sich selbst Strafe seyn, daß sie nicht rükkehrten zu Jehoven ihrem Gott Und ihn nicht suchten bey allem diesen. — Wie er sich die Worte des Textes gedacht habe, kann nun nach dem oben Erklärten nicht schwehr seyn, zu bestimmen. Unser sel. Luther hat die Leseart der Alten, und diese Demüthigung versteht Hr HR. Hezel vom Tiglathpileser.

V. 11.

Die strafbare Einfalt und Unvorsichtigkeit wird gerügt, womit sich Ißrael in die ihm von seinen Feinden bereiteten Gefahren und Schlingen stürze. ויהי — eſtque oder factus eſt. אפרים steht, wie v. 8. ſtatt ganz Ißrael. כיונה. Die Taube ſchadet zwar nicht leicht Jemanden, das iſt lobenswürdig; aber Tadel verdient ſie, daß ſie ſich ſelbſt nicht vorſieht. פותה — wird von Kindern und Einfältigen gebraucht, ſo wie das
Grie=

Hosea VII, 11.

Griechisch νηπια 2 Kön. XVII, 4. Die folgenden Worte לב אין sind eine nähere Erklärung von פותה. לב wird oft eben so gebraucht, wie das Lateinische cor d. i. demens. מצרים— Bald rufen sie die Egyptier zu Hülfe, bald wenden sie sich zu den Assyriern, da sie doch in der Noth ihr Vertrauen allein auf mich wenden sollten. VIII, 13. XII, 3. V, 13. VIII, 9. XII, 2. 2 Kön. XV, 19. Vulg. Et factus est Ephraim quasi columba seducta non habens cor: Aegyptum inuocabant, ad Assyrios abierunt. LXX. και ην Εφραιμ ως περιστερα ανες, ουκ εχυσα καρδιαν, Αιγυπτον επεκαλειτο, και εις Ασσυριους επορευθησαν· Ganz wörtlich. Aquila übersezt das פתה: θελγομενη (Von פתה ist oben geredet II, 16. θελγειν, locken). Symm. απατωμενη, decepta, quae facile decipi potest. Jon. Et facti sunt viri domus Israel similes columbae simplici, cuius filii capti sunt (ein Zusaz, den wir im Hebr. nicht haben) & non habet cor: ad Aegyptum accesserunt, in Assur migrauerunt. Syr. Sed factus est Aphrem, similis columbae stolidae corde carenti: Aegyptum adierunt et ad Assur profecti sunt. Ar. Et factus est Aphrem, vt columba stulta, mente carens: quaesiuit Aegyptum & iuerunt ad Assyrios. Die leztern Uebersetzer scheinen דרכו gelesen zu haben, welches vom Suchen der Hülfe auch gebraucht wird. So wol bey קרא, als bey קרב und הלך ist אל zu

D 4   sub-

subintelligiren. Houbigant macht die Bemerkung: פ תה · *vt columba decepta seu quam venator quibusue insidiis intercipit.* Decipiebatur autem Ephraim consiliis fatuis eorum hominum, qui mox dicti sunt habere caput canitie conspersum, qui nunc dabant consilium eundi ad Aegyptios, nunc autem ad Assyrios: quibus consiliis cum viebatur Ephraim, fieri non poterat, quin sese illaquearet, quoniam gentes inimicae erant Assyrii & Aegyptii; vt cum una gente jungere dextras non possent, quin alterius odia & arma in se concitarent. Dathe: Ephraim similis est columbae stolidae & insipienti, ad Aegyptum clamat, Assyriam adit. Michaelis: Ephraim ist wie eine einfältige Taube, bald gehen sie nach Aegypten, bald nach Assyrien. Schröer: Ja die Parthey von Ephraim ist, wie eine verlockte Taube, die keinen Verstand hat, sie schreyen nach Egypten, sie laufen nach Assyrien. Pfeifer: Ephraim gleicht einer unverständigen Taube, ohne Einsicht, Egypten rufen sie herbey, nach Assur gehen sie. Hezel: Ephraim ist wie eine einfältige, dumme Taube; es ruft Egypten an, nach Assyrien zieht's hin. — Die Taube, bemerkt er, fliegt oft auf eine Gegend zu und gurrt dahin — dreht sich wieder um, und fliegt wo anders hin — als ein dummes, ohne Vernunft handelndes, Thier. Gerade so machens die Israeliten. In eben solcher Einfalt rufen sie Egypten

ten an, und wenden sich dann sogleich auch nach
Assyrien — beydes zu ihrem grossen Schaden
und Untergang.

V. 12.

Gott drohet: alles soll ihnen nun zum Fall‑
strick und zum Unglücke gereichen. באשר ילכו.
So wie sie da hingehen, entweder nach E‑
gypten oder nach Assyrien, um da Hülfe zu ho‑
len. ארשתי - So will ich mein Netz über sie
ausbreiten. Eben die Einfalt, mit welcher die
Tauben bald hie, bald dorthin fliegen, macht es
desto leichter, sie zu fangen. אורידם - Wie Vö‑
gel des Himmels will ich sie auf die Erde
herabbringen, daß sie sterben sollen. Nach
dem Parallelismo der Glieder daßelbige, was im
vorigen Satze gesagt war. איסרים- Hiph.
von יסר, castigauit, Ich will sie züchtigen
כשמע-. Nachdem, was ihre Versamm‑
lung gehört hat, nehmlich nach dem Unter‑
richte der Propheten. So nimmt man diese Wor‑
te gewönlich, שמע soll auditio, d. i. auditum
verbum, und עדה coetus seyn. Soll die ge‑
wönliche Leseart beybehalten werden, so muß עדה,
wie Jerem. VI, 18. das Volk heissen, an
Synagogen ist wol nicht zu gedenken. Doch al‑
te und neue Uebersetzer haben anders gelesen. Vu g.
Et cum profecti fuerint, expandam super
eos rete meum: quasi volucrem coeli detra‑
ham

ham eos, caedam eos secundum auditionem coetus eorum. Dis entspricht ganz gut unserm Texte. *LXX.* καθως αν πορευωνται, επιβαλω επ'αυτες το δικτυον με, καθως τα πετεινα τε ουρανε καταξω αυτες, παιδευσω αυτες εν τη ακοη της θλιψεως αυτων. Sie haben gelesen בְּשָׁעְתָם‎, oder לְרָעָתָם‎ oder besser לְצָרָתָם‎, S. Cappellus S. 582. 590. 609. und daselbst Scharfenberg. Aq. κατα ακοης της συναγωγης· Unserm Texte ganz gemäß. Symm. κατα ακοης της μαρτυριας· Hier ist gelesen לְעֵרְוֹתָם‎. Jonath. quocumqne (scheint לאשר‎ gelesen zu haben) ierint, expandam super eos rete meum, quasi volucrem coeli vagari faciam eos (vielleicht Hiph. von נדד‎ v. 13.) correctiones adducam super eos, propterea quod sint obsecuti suis consiliis. (לעצתם‎, nach ihren Anschlägen). Syr. Quocumque (auch לאשר‎) abierint, expandam super eos rete meum, et vt volucres coeli (וכעוף‎) descendere faciam eos, & castigabo eos secundum auditum contestationis eorum. Am Ende ist er der Lesart gefolgt, die auch Symmachus hat. Ar. At quocumque (ולאשר‎)abierint, expandam super eos rete meum: vt aues coeli descendere faciam eos, et castigabo eos in auditu tribulationis suae. Uebrigens am Ende die Lesart der LXX, wie gewöhnlich. Lud. de Dieu: verto, *secundum praedi-*

cati-

cationem coetui ipsorum factam, vel secundum quod coetui ipsorum praedicatum est, sicut Es. LIII, 1. *quis credit praedicationi nostrae?* Cappellus S. 582. pro ut olim significaui patribus ipsorum in deserto per Mosis ministerium. Houbigant tritt der Leseart des Chaldäers bey, welche er so erklärt: quia opem implorabant nunc Aegyptiorum, nunc Assyriorum, ego castigabo eos, per eas ipsas gentes, ex quibus auxilium sibi adfuturum confidebant. Hr Bahrdt erklärt die gewönliche Leseart: poenas istas inferam, quas in Synagogis suis saepe audiuerunt descriptas a prophetis, cum eorum libri praelegerentur. Dathe: Sed cum abierit, ego expanso reti meo eum vti avem opprimam & puniam, prouti saepe illis *per Prophetas meos* testatus & comminatus sum. Man sieht, nach dem Vorausgeschikten, wie der Hr. Docter theils zierlich übersezt, theils umschrieben hat und meiner Uebersetzung Grund muß nun jedem einleuchten. Michaelis: wenn sie hingehen, will ich mein Netz über sie zuschlagen, und sie fangen wie die Vögel: ich will die Strafe an ihnen üben, wie es ihnen vorher gesagt ist. — Er sagt in der Anmerkung selbst, er habe umschrieben, so gut er gekonnt, glaube aber nicht, daß wir hier einen richtigen Text vor uns hätten. Er äusert Or. und exeg. Bibl. T. XIX. S. 178. eine Vermuthung, die lezten Worte anders und

zwar

zwar so zu lesen: כְּשָׁמְעָם לְעֵדָתָם, so bald ich nur
ihren Laut höre, will ich sie fangen. Schröer
übersezt ganz wörtlich nach unserm gewöhnlichen
Texte: Wenn sie aber gehen werden, so will ich
mein Netz über sie werfen, wie die Vögel in der
Luft will ich sie danieder schlagen. Ich will sie
züchtigen, wie sie es in ihren Versammlungen
gehört haben. — In der Anmerkung erklärt er
dieses Gehen von der Zuflucht zu Egypten und
Assyrien. Er gestehet zwar überhaupt, daß es
ein Gleichnis vom Vogelfang hergenommen sey,
meynt aber doch, der Prophet sehe wol auf die
Hurenzelte, welche nezförmig gewürkt waren,
wovon er in der vorausgeschikten Historie der 10
Stämme Cap. III. §. 2. mehr handelt. Pfeifer:
So wie sie hingehen, breit ich aus über sie mein
Netz, Wie Luftgeflügel hohl ich sie herab, Strafe sie durch ihre eigne Rathschläge. — Er folgt
der Lesart des Chaldäers und macht die Anmerkung; durch ihre Rebellionen richten sie sich selbst
zu Grunde. Dann unterwerfen sie sich dem Assyrer, lassen sich einen Tribut auflegen, wollen
sich davon befreyen, suchen desfalls ein Bündnis mit Egypten, Assyrien findet sich beleidigt;
und so stürzet sich Israel durch sein ganzes poli-
tisches System ins Unglük. Herr Hezel nimmt
שמע vom öffentlichen Gerüchte und erklärt seine
Meynung in folgender Anmerkung: ich will dasselbe schrekliche Strafgericht würklich über sie

ver-

Hosea VII, 12. 13.

verhängen, wovon man in ihren Conseſſen mit
Schauder ſpricht, nehmlich den aſſyriſchen König Salmanaſſer. Das Gerücht, das unter ihnen herumgeht, ſoll kein leeres Gerüchte ſeyn,
ſondern ſich — fürchterlich genug beſtätigen. Nachdem ich die Meynungen der alten und berühmte-
ſten neuern Erklärer angeführt habe, ſo wage ich
folgende Vermuthung: da ערדי in den Morgen-
ländiſchen Sprachen urſprünglich tranſit heißt
und auch ſo Hiob XXVIII, 8. vorkömmt: könnte man davon dieſes Nomen hier nicht durch
Sünden und Ungehorſam überſetzen? „nach
dem zu mir gedrungnen Gerüchte ihrer Gottlo-
ſigkeit„.

V. 13.

Das Wehe wird über ſie ausgeſprochen,
weil ſie bey den vielen göttlichen Anſtalten zu ihrem Beſten fühlloß und ungebeſſert bleiben. So
wie אוי להם und שד להם Synonyma ſind,
ſo beziehen ſich auch die beyden Sätze כי נדדו
ממני and כי פשעו בי auf einander. Jene beiden
Sätze kündigen die Vollziehung der angekündig-
ten göttlichen Strafen an und dieſe bezeichnen die
fortgeſezte Abweichung von Gott durch Abgötterey
und die damit verbundnen Sünden. נדד heißt umher, ſchweifen und iſt von herumirrenden Vögeln
hergenommen. Ein paſſender Ausdruck für den
Leichtſinn des Volks, mit welchem ſie dem Reize
zur

zur Abgötterey unterlagen. אאפם – Vom פדה redemit. — In der Hallischen Bibel steht die Bemerkung: Ego namque non tantum per Mosen ex Aegypto et nuper a Syris per Jerobeamum II. eos liberaui, sed aeternum etiam redemturus sum eos. Allein es gibt, dünkt mich, einen schönern Sinn, wenn man die Worte frageweise nimmt: solcher Leute sollte ich mich annehmen? solche erretten? Nimmermehr! כזבו – denn sie reden lauter Lügen gegen mich. Es geht ihnen kein wahres Wort aus dem Munde. Ihre bezeigte Reue, ihre guten Vorsätze — alles das ist ihr Ernst nicht. Vulg. Vae eis, quoniam recesserunt a me: vastabuntur, quia praeuaricati sunt in me; et ego redemi eos: & ipsi locuti sunt contra me mendacia. Ihr Text scheint mit dem unsrigen ganz übereingestimmt zu haben. LXX. ουαι αυτοις, οτι απεπηδησαν απ' εμȣ δειλαιοι (Ms. A. δηλαιοι) εισιν, οτι ησεβησαν εις εμε· εγω δε ελυτρωσαμην αυτȣς, αυτοι δε κατελαλησαν κατ' εμη ψευδη. Auch diese Uebersetzung kann mit unserm Texte wol conciliirt werden. Aq. προνομη αυτοις, d. i. Ausfouragirung. Symm. διαφϑορα. E. εκπορϑησονται Dieser Uebersetzer drükt mehr den Sinn, als die Worte aus. Chald. Vae eis, quoniam longe recesserunt a timore mei: praedones inducam super eos, quod rebelles fuerint in verbum meum: cum ego essem eorum redemptor, ipsi proferebant co-

coram me mendacia. Abgerechnet, daß hier mehr Umschreibung, als Uebersetzung ist, ist doch kein Grund vorhanden, eine von der unsrigen abweichende Leseart zu vermuthen. *Syr.* Vae illis, quod a me migrarint: malum adducam super eos, quod perfide mecum egerint: ego enim redemi eos, ipsi vero locuti sunt contra me mendacium. פשע ist hier in dem, durch den Schluß bestimmten, Sinne genommen. *Ar.* Vae illis, quia recesserunt a me: miseri sunt, quia impie gesserunt in me, cum ego redemerim eos: et ipsi locuti sunt contra me mendaciter. Den LXX. ähnlich. Houbigant erklärt das כזבים„: palam dictitabant, se, tametsi ad me redirent, meque unum Deum colerent, tamen praesidium in me non habituros contra vicinas gentes easque potentissimas. Dathe: Vae illis: quia a me discesserunt: etiamnum eos iuuarem, sed mihi mentiuntur. Bahrdt erklärt das ואנכי אפדם: ego quidem saepe ab hostium inuasionibus aliisque calamitatibus liberaui, cum viderem eos fletu & precibus meum auxilium exposcere nouamque obedientiam promittere; verum semper me deceperunt fidemque datam sefellerunt. Bey der Uebersetzung der LXX. ἐλύτρ· bemerkt er: λυτρόω, *libero*, sine respectu ad pretium quoddam, quo quid redidimitur. דבר כזב. spem fallere, decipere. Struensee übersezt die lezten Worte: sie sind nicht

auf-

aufrichtig gegen mich. Michaelis: Wehe ihnen! denn sie fliehen von mir: Unglük! denn sie sind von mir abtrünnig. Ich würde sie erretten, aber sie reden Lügen gegen mich. Schröer: Wehe ihnen! weil sie von mir weggeflogen sind; die Verwüstung kommt über sie; weil sie wider mich rebellirt haben. Ob ich gleich selbst sie erlösen will, so reden sie dennoch wider mich lauter Lügen (oder fälschlich). — Diese Uebersetzung ist theils zu wörtlich, theils nicht gut deutsch genug, nicht fliessend. Pfeifer: Weh ihnen, daß sie von mir weichen. Noch könnt ich sie retten; aber sie trauen mir nicht. — Er nimmt das כזבים besonders: von falschen Gedanken, die sie von Gott hätten, dergleichen XIII, 7. 8. noch deutlichere vorkommen. Hezel: wehe ihnen, daß sie mich verlassen haben und bey Menschen Hülfe suchen. Ihr Ruin ist's, daß sie mir untreu worden sind, treulos gegen mich gehandelt haben. Ich befreyte sie wol noch; aber sie heucheln mir, verehren mich nicht von Herzen; äusserlich zwar, aber nicht im Herzen!

V. 14.

Dieser eben erwähnte Mangel der Aufrichtigkeit gegen Gott wird hier bestimmter ausgedrükt. Nicht die edle Absicht, ihr Leben zu verbessern und ihre Seele zu veredeln, führt sie zu mir, sondern, wenn sie sich auch noch zuweilen im

Ge-

Hosea VII, 14.

Gebete scheinheilig zu mir wenden: so belebt sie bloß Wunsch und Verlangen nach zeitlichem Glücke. בלבם-. זעק wird vom Gebete gebraucht, das geht ihnen nicht von Herzen. Scheinheiliges Wesen ist ihre ganze äussere Verehrung. ייל-לי sie heulen; von היליל, ein Onomatopoeticon; Kal müste ילל seyn. Vgl. Vitringa Jes. T. I. S. 467. b. משכבתם- auf ihrem Lager Menschen, welche rechte Reue und Busse empfinden, können auch wol des Nachts nicht schlafen vor Seelenkummer und Betrübnis. Dergleichen affektiren auch die Jsraeliten; es ist ihnen aber kein Ernst. על-תגורו. Um des Getreydes und Mosts willen, um eine glükliche Erndte zu haben, versammeln oder fürchten sie sich, von גרר oder גור. Die gewönlichen Lexica verbessert Hr HR. Michaelis Spicil. p. 286. *congregandi significatio*, schreibt er, *quam a Rabbinis tralatitiam habent lexicographi, nec linguarum orientalium vsu, nec ullo nititur certo exemplo Hebraico*: Hab. I. 15, Jer. XXX. 23. *ad radicem* גרר *referenda*. — Von der andern Leseart, welche hier einige codd. haben, und die er vorzieht, werde ich bey Gelegenheit der LXX und seiner Uebersetzung mehr reden. Die gewönliche Leseart unsers Textes erklärt er nach dem Arab. durch *prosternunt sese* oder *timent sibi*: sezt aber hinzu: *quidquid sit, in falsa enim lectione explicanda hariolari etiam fas foret, certe hic locus non probat reliquis linguis* orientalibus ignotam congregandi significationem. שׁיר בּ. ist ein schwehres Wort. Denn soll es, wie gewönlich, abweichen heissen: so wird es nicht mit בּ construirt. Das בּ geben einige contra me, andre, a me, als wenn es כמנג hiesse. Wie die Alten gelesen haben, wird so gleich erhellen. שׁרע im Arab. heißt conj. 4. consilium, legem dedit, daher monitum, mandatum, lex praescripta. S. *Willmet* Lex. Arab. S. 400. „Sie rathschlagen gegen mich„. Dann würde das ' nicht radicale, sondern praef. futur- seyn. — Das ist, was man über den gewönlichen Text sagen kann. Die Alten sind auch hier Wegeweiser zu etwas besserm. Vulg. Et non clamiauerunt ad me in corde suo; sed vlulabant in cubilibus suis: super triticum et vinum ruminabant, recesserunt a me. Die schwürige Form hat sie von גרר hergeleitet, welches auch ruminauit heißt בּי ist a me übersezt. בּ und מ sind leicht verwechselt worden. LXX. καὶ ουκ εβοησαν προς με αι καρδιαι αυτων, αλλ' η ωλολυζον εν ταις κοιταις αυτων. επι σιτω καὶ οινω κατετεμνοντο. Das בּ haben sie weggelassen und לבם gelesen; statt יתגוררו haben sie יתגו-רו. gelesen גדר kömmt 1 Kön XVIII, 28 vor, vom Zersetzen beym Anrufen des Baals. Diese Leseart fand Lilienthal in der 2 Königsb. Handschrift, *Kennicott* cod. 115. 150. 182. und so hat die Ausgabe von 1486. Die lezten Worte haben diese se Uebersetzer zum 15 V. gezogen. Aq. αλλα ασελγως ελαλησαν· Symm. αλλ' η εχρεμετισαν εν τ. κατακλισεσιν αυτων· Denn לל wird ursprünglich von sehr heftig liebenden gebraucht, welche vor marternder Begierde seufzen, (χρεμετιζειν, das Wiehern der Hengste) hernach bezeichnet es jedes Geheule. Vgl. Babrdt. E. υπο τρυφης και πλησμονης σιτϑ και απεσκησαν μϑ· Dieser Ausleger hat das Wiederkäuen, welches auch die Vulg. hat, von der Wollust und vom Ueberflusse genommen. Noch ein andrer alter Griech. Uebers. beym Montfaucon hat übers. εξεκλιναν απ' εμϑ· Jon. Non autem orant coram me in cordibus suis, quin potius vlulant in lectulis suis prae vbertate tritici et vini, quae collegerunt: rebellauerunt in verbum meum. Zuvörderst erklärt diese Uebersetzung am besten den Sinn des Symm· לל ist vom Geheule vor Fröhlichkeit und aus Sättigung, das man in einigen Provinzen Arakeelen nennt, gebraucht und nach תירוש ist noch אשר gelesen oder subintelligirt. Syr. Neque clamauerunt ad me ex toto animo suo, sed gemuerunt super cubili suo, de frumento deque vino anxii, et rebellarunt contra me. גור wird auch von Furcht und Angst gebraucht. Ar. Et non clamauerunt ad me corda eorum, sed ululauerunt in cubilibus suis: excisi sunt propter frumentum & vinum. Ganz den LXX gleich, nur scheint sich der Uebersetzer wol. keine

P 2   rechte

recht richtige Idee vom dem κατετεμνοντο, welches nach der Hauptbedeutung der verbb. medd. im Griech). reciproce genommen werden muß, gemacht zu haben. Ludw. de Dieu nimmt den Schluß Frageweise und findet so genden Sinn darinn: quod ad me diuertant interdum: non ex animo faciunt, sed quia metuunt defectum frumenti ac musti, vel quia defectus istarum rerum mundanarum cogit eos conuenire, vt praecibus eas a me impetrent. Was die beiden lezten Worte anbetrift: so ließt Houbigant יכרדו ב׳ vom יסך, das besonders in Niph. l vorkömmt und vom Deliberiren und Berathschlagen gebraucht wird. Er glaubt auch, daß der Syrer diese Lesart gehabt habe. Dathe: Non ex animo me inuocant, sed in lectis suis eiulantes propter frumentum et mustum anguntur, a me recedunt. Zum Theil der Vulget, zum Theil dem Syrer gemäß. Bahrdt: meum fauorem non serio expetunt: sed solliciti modo sunt de bonis diuitiisque suis. Haec si possent reparare, Iouam nil curarent. De his solis deliberant, & sic, vt me omnino negligant; vt auxilia potius a barbaris, quam a Deo suo obtinere studeant. Michaelis: und rufen mich nicht von Herzen an, sondern heulen auf ihrem Lager, zersetzen sich über Korn und Most und weichen immer weiter von mir ab. — Ich, schreibt er in d Anmerk. verstehe hier nicht das Lager, auf dem sie schlafen, sondern

dern den Divan, d. i. das um das Zimmer herumgehende Polster, auf dem sie beysammen sitzen und sich berathschlagen. Pf. IV, 5. CXXXVIII.
5. Das Zerfetzen beym Gebete war eine Cananitische Weise, durch deren Befolgung man die Gottheit zum Mitleid zu bewegen suchte. Vgl. s. or. und exeg. Bibl. T. XIX. S. 178. Schröet: Sie schreyen nicht zu mir in ihren Herzen, wenn sie auf ihren Lagern heulen, sie sind nur wegen des Getreydes und Mostes in Furcht und Sorgen, sie weichen vom rechten Glaubenswege mir zuwider. — Die Uebersetzung des lezten Satzes gründet er darauf, daß hier סור mit ב construirt werde und vergleicht Hos. XIII, 9. Pfeifer: Sie flehen zu mir, nicht überzeugt. Wenn sie in ihren Versammlungen wehklagen Ueber Getraide und Most: So gehen sie in die Fremde, mich aber verlassen sie. — Er leitet יתגוררו von גור peregrinari ab und sucht seine Uebersetzung durch folgende Anmerkung zu erläutern: die Israeliten, die bey ihren Rebellionen, die Frucht derselben, allgemeine Noth, fühlten, deren Länder, wie's immer die Folge der innerlichen Kriege ist, verheert da lagen, empfi den Mangel Sie schliessen einen Vertrag mit Assyrien, und hoffen vom da Zufuhr zu erhalten. Dis hätten sie näher durch ruhige Bearbeitung ihres Landes nach göttlichen Gesetzen erlangen können. Sie suchen es aber, wieder auf sehr unpolitische Art, bey Ausländern. Hezel nimmt auch die Leseart zer-

fets

ſetzen an ober er glaubt, man könne die gewöhnliche Leſeart von מְגֵרָה, die Säge herleiten: ſer-
ra ſe ſecant. Vorrede zum VII Th. ſ. Bibel W. S.
IX. und der ſel. Luther gibt יְלִל durch löhren.

V. 15.

Die Undankbarkeit und der Ungehorſam der
Iſraeliten gegen Gott wird ferner gerügt. Gott
möge gütige oder gelinde Mittel bey ihnen an-
wenden; nie kämen ſie zur wahren dankbaren Erkänntnis ſeiner unverdienten Gnade: וְיִסַּרְתִּי
Ich züchtige ſie — Das Stammwort יסר
heißt verbis vel caſtigatione erudire. זֵרוֹעֹתָם
ich ſtärke ihren Arm d. h. ich unterſtütze ſie
im Streite. Vgl. Ezech. XXX, 24. 25. Im
Kriege mit den Syrern hatte ſie Gott noch un-
terſtützt, weil noch Anſchein zur Beſſerung da
war (V, 15. VI, 1.); nun aber war alle Hofnung aus. Beide Sätze ſtehen disjunctiviſch,
wie der Lateiner ihre Conjunctionen ſiue — ſiue.
Hieraus wird ſchon meine Ueberſetzung mit ihren
Gründen erhellen. וְאֵלַי־רָע. Den Worten nach:
ſo denken ſie böſes gegen mich d. i. ſie wiſſen es mir ſchlechten Dank, daß ich es ſo gut mit
ihnen meyne. *Vulg.* Et ego erudiui eos, &
confortaui brachia eorum: & in me cogitauerunt malitiam. Ganz wörtlich nach unſerm
Texte, auſſer, daß ſie ſcheinen יִסַּרְתִּים geleſen zu
haben. LXX. επαιδευϑησαν εν εμοι· καγὼ κατισχυσα

Hosea VII, 15.

σχυσα τυς βραχιονας, καὶ εις εμε ελογισαντο πονηρα. Es scheint, wie schon Hr Bahrdt richtig bemerkt, daß diese Ueberseter die letzten Worte des vorigen Verses יסורו ב hieher gezogen, יסרו ב gelesen und ἐπαιδευθησαν εν εμοι übersezt, die Anfangsworte unsers Verses aber ואני יסרתי. καὶ ἐπαιδευσα gegeben haben, welche dann ein flüchtiger Abschreiber übersah, woher die jetzige Lesart allein entstanden ist. Herr Bahrdt will also den Text der LXX so restituiren: καὶ εγω επαιδευσα (καὶ) κατισχυσα τους βραχιονας αυτων· Jonath. Quoties vero adduco aduersus eos correptiones et roboro brachia eorum, toties ipsi moliuntur addere coram me mala. Syr. Jdeo castigaui: corroboraui brachium eorum et contra me machinati sunt malum. Ar. castigati fuerunt per me: ego confirmaueram brachia eorum, contra me tamen cogitauerunt malum. Keine Abweichung von unserm Texte. Lud. de Dieu will die Anfangsworte frageweise nehmen. Habe ich sie gezüchtigt? vielmehr habe ich ja ihre Arme gestärkt. Dann müste aber daß ה interr. im Hebr. seyn. Dis scheint auch Junius in seiner Uebersetzung haben ausdrücken zu wollen: quum castigaui; confirmaui brachia eorum. Hr. D. Dathe drükt das disjunctivische gut aus: Siue punirem eos, siue inuarem, semper pessimam mihi gratiam retulerunt. Herr HR. Mi-

Michaelis: ich übte ihren Arm zum Kriege, und gab ihm Stärke: aber von mir denken sie böses. — Das מ wird hier mit dem folgenden Gliede synonym erklärt; die Sache aber auf das Zeitalter Jerobeams 2 gedeutet 2 Kön. XIV. 25. Schröer: Ich mochte sie nun züchtigen, ich mochte sie nun in ihrer Macht stärken (befestigen), so dachten sie dennoch Böses wider mich oder von mir. Pfeifer: Ich mag sie strafen oder stärken: So denken sie doch unredlich von mir. — Er glaubt, רע sey hier eben das, was v. 13. Lügen gewesen. Hezel: Ich mag sie züchtigen, oder ihre Arme stärken (also ihnen Gnade verleihen): so denken sie Böses von mir d. i. denken schlecht von mir, indem sie mir leblose Götzen und Menschenhülfe vorziehen.

V. 16.

Wegen dieses Mangels der Aufrichtigkeit gegen Gott wird ihnen dann Unglük im Kriege, als gerechte Strafe, angekündigt. Die Worte haben einige Schwürigkeit. על ist das höchste und Vollkommenste in seiner Art. So heißt על אף der höchste Zorn, die höchste Stufe desselben. Jerem. XXXII, 31. 2 Kön. XXIV, 20. Vgl. Venema Comm. ad Maleachi S. 65. שוב לא על heiß also: reuerti f. poeni entiam agere non perfecte. Diese heuchlerische Busse hat der

Pro-

Prophet v. 14 mit eigentlichen Worten beschrieben und vergleicht sie darauf mit einem betrügrischen Bogen. רמיה — sie sind wie ein betrügrischer Bogen, welcher den, wie Hieronymus bemerkt, welcher ihn spannt und losdrücken will, selbst verwundet. Die Anwendung dieses Gleichnisses wird in der Hallischen Bibel so gegeben: Nam Iſraelitae coeperunt poenitentiam agere, ſed mox remiſerunt et in priſtinam relapſi ſunt impietatem. פלו — Dis ist der Nachsaz des Verses, die Würkung ihres heuchlerischen Betragens. Es ist so zu nehmen, als wenn על־כן vorherginge, quapropter oder ideo cadent gladio ſc. hoſtium (impii) principes eorum; von deren Gottlosigkeit bereits im Anfange dieses Kapitels gehandelt ist. מזעם, wegen des Lästerns ihrer Zungen. זעם, maledicentia, indignatio. זו לענם — idque eos, nimmt man es gewönlich, Aegyptiorum ludibrio exponet. לעג ſubſannatio, Vgl. Vitringa Jeſ. T. II, 189. Die alten und neuern Ueberſetzer haben aber theils anders geleſen, theils andre Gedanken bey den gewönlichen Worten gehabt. Vulg. reuerſi ſunt vt eſſent abſque iugo: facti ſunt quaſi arcus dolosus: cadent in gladio principes eorum, a furore linguae ſuae. Iſta ſubſannatio eorum in terra Aegypti. Sie hat geleſen ללא על

LXX. Απεστραφησαι εις ουδεν, εγενοντο ως τοξον εντεταμενον. πεσουνται εν ρομφαια οι αρ-

χοντες αυτων, δι' απαιδευσιαν γλωσσης αυτων. ου-
τωνό φαυλισμός αυτων εν γη Αιγυπτω· φαυλισ-
μος gebrauchen die LXX in der Bedeutung von
Verspottung und Verachtung. S. Biel Thes.
f. h. v. Sie haben im Anfange gelesen לֹא עַל,
mit einer kleinen Versetzung. Vgl. Cappellus
Crit. Sacr. S. 682. 863. Dis ist mir viel
wahrscheinlicher, als die Meynung des Herrn
Bahrdts, welcher glaubt, sie hätten לֹבַל לֹא
gelesen. Symm. ἀνεστρέψαν εις το μη εχειν
ζυγον· gelesen, wie die Vulgata, רמיה ist durch
ανεστραμμενον gegeben, מרמה durch δι' εμβρι-
μησιν· Und das leztere: τουτο εστιν ο εφθέγ-
ξαντο εν Αιγυπτω· Herr Bahrdt bemerkt dabey: nam φθεγγεσθαι est non modo loqui,
meditari, sed et factis exprimere. Wozu dis
diene, wird beym Jonathan deutlicher seyn. A-
quila auch δι εμβριμησιν und zulezt: ουτος ο
μυχθισμος αυτων εν γη Αιγυπτω· E. απεστη-
σαν, ινα διαγωσιν ανευ ζυγου. רמיה, διαστρο-
φον. מרמה δια μανιαν. Hier der Vulg. gleich
und Hr Bahrdt bemerkt, daß zwischen ihr und
diesem Griech. Ueberseter gewönlich viel Aehnlichkeit sey, welche Bemerkung weitere Prüfung
und mehr Nachdenken verdient. Die bisherigen
Erfahrungen stimmen damit nicht überein. S.
Eichhorn's Einleit. §. 202. Von den lezten
Worten hat sich das Fragment erhalten: αυτην
εβλασφημησαν Jonathan: Auersi sunt vt
deficerent a lege, non quod malum intule-
rim

rim eis, similes sunt arcui dolofo: perimentur gladio principes eorum propter profunditatem linguae eorum. Ista erant opera eorum dum essent in terra Aegypti. Hier ist im Anfange eben so gelesen, als in der Vulg. denn unter על wird tropisch das Gesetz verstanden. Statt לעגם scheint er עבריהם gelesen zu haben, opera eorum, und nun wird das vorher beym Symm. Bemerkte licht erhalten. Syr. obliquarunt se nulla de caussa & facti sunt velut arcus fallax: gladio occumbent magnates eorum ob audaciam linguae suae; talis erit implicatio eorum, qualis fuit in terra Aegypti. Er hat על substantiue genommen von der Ursache. Dieser Begriff scheint ehemals mit diesem Worte verbunden gewesen zu seyn. Denn עלל heißt bey den Chald. Syr. und Arab. caussare, efficere. Vgl. Bahrdt. Statt לעגם ist לעים gelesen. לעז heißt lingua barbara loqui, quam alii non intelligunt. Daher scheint das Nennwort לעז abgeleitet zu seyn, welches von jeder räthselhaften und verwickelten Sache gebraucht wird. Ar. Convertunt se ad nihil, facti sunt velut arcus intentus: occumbent gladio principes eorum, ob ineruditionem linguae eorum. Sic improbitas eorum in Aegypto. So wie die LXX, bey deren Uebersetzung schon das Nöthige erläutert ist. L. de Dieu: reuertuntur, non sursum. Houbigant billigt die Leseart und Uebersetzung der Vulga-

gata. **Dathe:** Poenitentiam agunt, sed non sinceram, fallaci arcui similes. Gladio peribunt eorum principes propter linguae suae maledicentiam, idque eos Aegyptiorum ludibrio exponet. **Michaelis:** Sie bekehren sich, aber nicht recht, sondern sind wie ein Boge der nicht zum Ziel trifft. Ihre Fürsten fallen wegen ihres Meineides durch das Schwerdt: bis die Folge ihrer wahnwitzigen Liebe zu Egypten. — Er glaubt zur Zeit des langen Interregni hätten sie bald diesem, bald jenem Treue oder Bündnisse geschworen und dann ihren Eid gebrochen. **Schröer:** Sie bekehren sich nicht völlig oder rechtschaffen, sie sind wie ein falscher Bogen. Durchs Schwerdt werden ihre Fürsten, Ministers, Regenten, umkommen um ihrer unbändigen giftigen Lästerzungen willen, das haben sie von ihrer Spötterey über das Land Egypten. Das ist alles daher, daß sie spotteten, wenn sie wegen Egypten von Gott gewarnet wurden. Hier ist Ueberseßung und Erklärung vermischt und in einer besondern Anmerkung werden noch erbauliche Betrachtungen angestellt. **Pfeifer:** Sie kommen wieder, nicht redlich. — Sind ein trügender Bogen, Es fallen durchs Schwerdt ihre Fürsten Wegen ihres Meyneides, Wegen ihres uneingeschränkten Zutrauens auf Egypten. — Sie steiften sich gegen Assyrien auf Egyptens Beystand. זו heißt beym Syrer audacia. Aus diesem Verfahren der Israeliten entstehen neue Kriege. Dis trägt der Prophet
so

so vor, als sähe er den Feind schon anrücken. Der Israelite sucht dann Hülfe bey Gott, aber vergebens, wie die Folge lehrt. Hezel: sie bekehren sich, aber es hilft nichts, (von יהוץי) weil sie nehmlich gar bald wieder auf ihre vorigen Wege zurükkehren, oder nicht bleibend. (יע im Aethiopischen manere, permanere). Sie gleichen einem Bogen, der nach der stärkern Seite gespannt, im Schiessen wieder auf die schwächere Seite zurückschnellt. Er hat von diesem Bilde bey Pf. 78, 57 ausführlicher geredet. Sie fallen immer wieder in ihren vorigen schlechten Zustand zurück. Der König und die Stände des Reichs sollen mit dem feindlichen Schwerte der Assyrier niedergehauen werden, wegen des Schmähens ihrer Zunge und darüber wird Egyptenland spotten, anstatt ihnen gegen Salmanasser beyzustehen. 2 Kön. XVII, 4. Vgl. Hezels Vorrede vor dem VII Theile d. Bibelwerks S. IX.

Kapitel VIII.

Einige fangen hier ohne Grund eine neue Rede an. Denn die Zeit ist noch mit der vorigen gleich, auch paßt der Innhalt zu dem eben erklärten Kapitel. Man sieht also, was nun folgt, besser als eine Fortsetzung des vorigen an.

V. 1.

V. 1.

Die Rede ist von einem, der serm macht und die Ankunft des Feindes meldet. V. 8. Die Vorstellung ist poetisch und die Kürze der Worte ist ein Ausdruck der Eile und der Gefahr. חֵךְ (von הכך, guſtauit) palatus, guttur, collum, os. Nach) שפר ist wol שׂוּם ausgelaſſen„. Einige Ausleger glauben, der Prophet, andre, das Volk, und einige gar, der Feind ſelbſt, werde angeredet. Vgl. die Halliſche Bibel. כנשר — das geht nicht mehr auf das Blaſen, ſondern es iſt ein bloſſes Bild der Eilfertigkeit im Verſchlingen. Wie der Adler ſchnell auf ſeine Beute losfährt, ſo werden die Feinde, die Aſſyrier, die Jſraeliten ſchnell und unbarmherzig anfallen. Nach בית יהוה, worunter die Jſraeliten verſtanden werden, iſt alſo die Ellipſe ירד מלך אשור oder etwas ähnliches zu ſubintelligiren. In den übrigen Worten des Verſes wird in zwey correſpondirenden Sätzen der Ungehorſam gegen Gottes Gebote und beſonders die Abgötterey bezeichnet. Denn עבר בריתי und פשע על תורתי ſind offenbare Synonyma. VI, 7. VII, 13. Die Vulgata überſetzt: in gutture tuo sit tuba, quasi aquila super domum domini: pro eo quod transgressi sunt foedus meum, et legem meam praeuaricati sunt. Nach der Interpunction ſcheint entweder auf das

Ge-

Hosea VIII, 1.

Geschrey oder auf die Wachsamkeit des Adlers Rüksicht genommen zu seyn. Uebrigens stimmen die Worte mit unsrer Leseart sehr gut überein. LXX. εις κολπον αυτων, ως γη. ἁς αετος επ' οικον κυριε. ανθ ων παρεβησαν την διαθηκην με, και κατα τε νομε με ησεβησαν· Sie haben קֹים, und nicht, wie Cappellus S. 567 meynt, חֵיק, gelesen, ferner statt שֹׁפָר, כְּעָפָר. Das Uebrige ist mit unsrer Leseart harmonisch. Vgl. Bahrdt. Jonathan: Propheta, gutture tuo clamita, quasi in tuba. Dic: ecce sicut aquila, quae sese motitat, sic adicendet rex cum exercitu suo et castrametabitur contra domum sanctuarii Domini, pro eo quod transgressi sunt pactum meum et legem meam praeuaricati sunt. Aus dieser Paraphrase sieht man, theils wen der Paraphrast angeredet glaube, theils welche Ellipsen er sich gedenket. Syr. Os tuum vt buccina sit et vt aquila contra domum Domini: quia transgressi sunt foedus meum & in legem meam scelerate se gesserunt. Hier ist וכנשר gelesen; und im Anfange scheint die Leseart gewesen zu seyn. בשפר הכה. Ar. F☙t in sinu eorum, sicut terra; sicut aquila super domum domini: quia transgressi fuerant foedus meum et impie se gesserant contra legem meam. Mit der Leseart der LXX übereinstimmend. Junius und mehrere Ausleger halten diesen Vers vor eine Anrede an den
Pro-

pheten, so daß der Sinn wäre: adhibita palato tuo buccina inuola similis aquilae in domum Jehouae. Richtiger aber ziehet es Lud. de Dieu auf die Feinde selbst. Er erklärt es also: Tu hostis, adhibe palato buccinam, qua classicum canas et mox à canto classico inuola instar aquilae in domum Domini. Uebrigens stimmt er in Absicht der übrigen anznnehmenden Ellipsen mit den meisten übrigen Auslegern überein. Houbiganten misfallen die Ellipsen, er kann sich auch nicht vorstellen, was zwischen Trompete und Adler vor ein Verhältnis sey. Er nimmt also seine Zuflucht zum Emendiren, welches aber gewönlich härter ist, als alle Ellipsen. Statt כנשר will er ימשך, protendatur, lesen und bis Wort mit שפר verbinden. Statt יהוה ließt er יהודה und glaubt, daß dieses Kapitel gegen Juda und nicht gegen Jsrael gerichtet sey. Hr. D. Dathe: Ori tuo buccinam *admove*, sicuti aquila adversus aedem Jovae *hostis* irruit, quoniam rupto meo foedere a lege mea defecerunt. Durch die Einschaltung der Ellipsen wird es mehr Paraphrase, als Uebersetzung. Hr Bahrdt nimmt nach כנשר ausgelassen an: בא ארוב. Michaelis: Nimm die Posaune an den Mund, und du komm wie ein Adler über das Volk Jehovens, denn es hat meinen Bund übertreten, und ist von meinen Gesetzen abgefallen. — Ob im Anfange der Prophet oder der Feind angeredet werde,

dieſer Ausleger noch zweifelhaft, aber bey
בכשר glaubt er gewis, daß der Feind angeredet
werde, nehmlich die Aſſyrier, welche ihren Einfall in das Jſraelitiſche Land anfiengen. Grotius hat auch beim Adler an das Geſchrey gedacht und נשר und שפר in Verbindung zu ſetzen
geſucht: quae (tuba) tam late audiatur, ſchreibt
er, quam aquila templum ſnpervolitans et e
ſublimi crocitans. cf. Apoc. VII, 13. Hr D:
Döderlein macht aber in der neuen Ausgabe vom
Grotius die richtige Bemerkung: melius ſubau-
di: hoſtis irruit. Schröer: Stoß an mit der Trompete, ſchnell wie ein Adler fliegt, marſchirt wider das Haus (Volk) des Herrn; weil ſie meine
Worte übertreten, und wider meine Lehre geſündigt haben oder abfällig geworden ſind. — Er vergleicht damit das Commandiren unſrer Truppen,
und glaubt, der Prophet rede die Feinde ſo an; er
ſezt dis Kapitel in die Zeit des Königs Menahem
und der folgenden Regenten. Pfeifer: Die
Trompete an deinem Munde, Wie der Adler
zum Gotteshaus, Weil ſie übertraten meine
Verordnung Und meine Geſetze brachen. — Er
läßt es bey der gewönlichen Erklärung und Sup-
plirung der Ellipſen, hofft aber, daß auch dieſer
Vers einſt wol noch gröſſerer Aufklärung könne
theilhaftig werden. Hezel: Setze an die Trompete; (verkünde:) Wie ein Adler auf Jova's
Tempel! „ſo ſchnell und fürchterlich ſtürzt ſich
der Feind (Salmanaſſer) auf das Jſraelitiſche
Land

Land herab. — Dieser Ausleger glaubt, der Prophet werde angeredet. Er solle die Posaune ansetzen und damit den drohenden unvermutheten Ueberfall Salmanassers verkünden. Wenn ein Feind im Anmarsche war, sey mit Trompeten im Lande Lärm geblasen. Dis solle der Prophet thun, nehmlich als Prophet, nicht würklich mit der Trompete, sondern mit seinem Munde solle er das drohende Unglük laut verkündigen. —

V. 2.

Sie lassen es äusserlich nicht daran fehlen, sich zu mir wenden und von mir Hülfe und Schutz zu verlangen, nennen sich auch mein Volk; Heuchelen aber und Eigennutz ist die Triebfeder aller ihrer Handlungen. לי יזעקו, zu mir schreyen sie, mich rufen sie an, wenn sie meiner Hülfe bedürftig sind. —אלהי— distributiue, mein Gott, ruft Jeder, wir Jsraeliten dienen dir ja. In dieser Bedeutung ist ידע schon oben, II, 22. IIII, 1. f. vorgekommen. Sie meynten nehmlich, in dem Kälberdienste dienten sie dem wahren Gotte. Die Vulgata übersezt: Me inuocabunt; Deus meus, cognouimus te, Israel. Das Zeitwort ידע ist hier im futuro ausgedrükt. Eben so die LXX: Εμε κεκραξονται· Ο Θεος, εγνωκαμεν σε· Sie lassen ישראל aus. Es kann auch wol wegbleiben, zumal da es im 3 V. gleich wieder kömmt. Vgl.
Da-

Dathe und Cappellus S. 668. Chald. Omni tempore, quo venit super eos anguſtia, orant coram me dicentes: Nunc pro comperto tenemus, quod non sit nobis Deus praeter te: redime nos, quandoquidem ſumus populus tuus Iſrael. Nach dieſer Paraphraſe würde ohngefähr der Sinn herauskommen, welchen wir Jeſa. XXVI, 16. deutlich ausgedrükt fühlen. Syr. Ad me clamant et dicunt; Agnoſcimus te, Deus noſter. Nach ל ſcheint er ויאמרו gehabt und ſtatt אלהי das beſſer in den Context paſſende אלהינו geleſen, ישראל aber, gleich den LXX, ausgelaſſen zu haben. Ar. Clamant ad me, o Deus, cognoſcimus te. Auch hier iſt natürlich, wie bey den LXX, ישראל ausgelaſſen. Houbigant glaubt, mit Billigung des Herrn D. Dathe und Hrn Bahrdt, es ſey im Texte eine Verſetzung. Die eigentliche Wortfolge ſolle ſeyn: אלהי ישראל ידענוך. Dieſer Conjektur bin auch ich in meiner Ueberſetzung beygetreten. Ludw. de Dieu glaubt, in ישראל ſtecke der Nachdruck des nomin. plur. Wir Jſraeliten kennen dich. Wenn man bey der Wortfolge des Textes bleiben will, ſo iſt dis immer die natürlichſte Erklärung. Dathe: Et tunc quidem Iſraelitae ad me clamabunt: o Deus noſter, tibi dediti ſumus. Er hat ישראל als einen nominat. mit ידעו לי conſtruirt. Grotius und Döderlein ſind auch der Meynung, wie der Chaldäer, daß von Trübſalen die Rede ſey.

sey. Das אלהי nimmt erſterer diſtributiue: Singuli dicent, Deus meus. Beym ידע iſt Grotius der Meynung: nos Iſraelitae te Deum verum eſſe cognouimus. Hr D. Döderlein aber tritt der Dathiſchen Erklärung bey. Michaelis: Zu mir rufen ſie: wir, dein Ißrael, erkennen dich! Schröer: Zu mir werden ſie wol ſchreyen: o mein Gott! wir kennen oder verehren dich, als ein (rechtes) Ißrael. — In der Anmerkung erklärt er ſich, daß er ganz den Sinn der Paraphraſe des Chaldäers annehme. Pfeifer: Zu mir ſchreyen ſie: mein Gott! Es verehren dich deine Ißraeliten. Herr HR. Hezel überſezt: Zu mir werden ſie (dann) ſchreyen: Mein Gott! wir, Ißrael, kennen dich ja! d. i. du biſt ja unſer! — biſt unſer Gott! — Pſ. 50, 11. Jer. I, 5. Er überſezt alſo, gleich der Vulg. und den LXX, in der zukünftigen Zeit.

V. 3.

Weil es Ißrael an der wahren Herzensbeſſerung fehlt, es nur aus Heuchley und aus Furcht in der Noth zu mir ſeine Zuflucht nimmt, ſo ſollen die gedrohten Strafgerichte auch würklich über daſſelbe einbrechen. זנח die erſte eigentliche Bedeutung iſt foetuit, davon iſt die tranſitive abgeleitet, rejecit. - S. Michaelis Suppl. ad Lex. Hebr. S. 636. Unter טוב iſt die Erkänntnis und Verehrung des wahren Gottes durch treuen en Gehorsam gegen seine Gebote zu verstehen. אויב, der Feind, welcher im ersten Verse gleichsam gerufen war. Vor diesem Worte scheint יען ausgelassen. Weil Israel den wahren Gottesdienst zurüksezt, deswegen verfolgt es der Feind, so wie der Adler seine Beute. Das suff. in ירדפו ginge dann auf ישראל. Vulg. Proiecit Israel bonum, inimicus persequetur eum. Ganz wörtlich mit unserm Texte übereinstimmend. LXX. Οτι Ισραηλ απεςρεψατο αγαθα, εχθρον κατεδιωξαν· Sie haben im plur. punktirt, ירדפו. Schon die Vanderhoogtische Bibel hat so gelesen, nur hat sie unter das ד falsch ein Schwa gesezt, welches darum nicht angeht, da hier das verbum in pausa steht. Chald. Errauerunt domus Israel a cultu meo, cuius de caussa adducebam eis bona, in posterum hostis persequetur eos. טוב ist hier weitläuftig umschrieben, so daß es als die Würkung von der Verehrung Gottes, als Ursache, anzusehen ist. Auch hat dieser Paraphrast ירדפום gelesen. Syr. Oblitus est Israel probitatis, ideo persecutus est eos inimicus; scheint auch ירדפום gelesen zu haben, wofern er nicht das suff. ו in unserm Texte collectiue gegeben hat. Ar. Etenim Israel avertit a se bonitatem: persecuti sunt inimicum. Der Leseart der LXX gleich. Grotius nimmt im Anfange dieses Verses die Ellipse an: respondebit Deus, versteht unter טוב, ευεργετην, und nimmt רדף

ita

ita persequi, vt fugere nequeat. Sein neuester Herausgeber, Hr D. Döderlein, nimmt זנח ganz richtig: cum abominatione reiecit, und billigt die Leseart ירדפיו; denn ירדביו, wie in meinem Exemplare steht, ist ein blosser Drukfehler. Dathe: reiecit Ifrael fummum fuum bonum; ideo hoftis eum perfequitur. שוב ist hier etwas paraphrasirt. Herr Bahrdt versteht unter diesem Worte Deum O. M. und vergleicht Luc. XVIII, 19. אויב erklärt er von den Hülfstruppen der Feinde, der Aegyptier, Assyrier s. w. Michaelis: Aber Israel verwirft das Gute, läuft seinen Feinden begierig nach: Er nimmt die Leseart der LXX und des Arabers an, welche er in der Note so erklärt: Ißrael hängt sich an die benachbarten mächtigen Völker, Egyptier und Assyrier und ruft sie in das Land, die ihm den Untergang bringen werden. In dieser Verbindung heißt denn רדף fectari. Schröer: Es läßt Ißrael das Gute fahren: der Feind wird es verfolgen. Er bemerkt richtig, daß זנח hier die Bedeutung eines Griechischen Aoristi habe. Pfeifer: Ißrael verwirft den Guten, dem Feind folgen sie nach. Hr HR. Hezel versteht unter טוב Tugend und Religion, wie der Syrer.

V. 4.

In diesem Verse wird der vorige näher erklärt und gezeigt, worinn sie das Gute verwerfen und

und das Böse thun. Könige machen sie sich, ohne Gott gehörig um Rath zu fragen; Gottes Seegen wenden sie zur Abgötterey an. המליך, den Thron besetzen, Könige erwählen. Von Jerobeam ist die Rede nicht, denn diesen billigte Gott 1 Kön. XII, 24. Richtiger ist an die damaligen Aufwieglungen, und Rebellionen von Sallum an zu gedenken. Vgl. Vitringa Jef. T. II. 700. b. הם geht auf das vorher collectiue stehende ישראל. Nach היה ist ולא מפני oder eine ähnliche Ellipse anzunehmen; es ist übrigens völlig parallel mit dem folgenden Gliede ולא ידעתי, so wie השירו und המליכו correspondiren. עצבים idola. Ihr Silber und ihr Gold, meine Geschenke, misbrauchen sie zur Abgötterey und sie legen es nur darauf an, daß sie vertilget werden wollen. יכרת Nach dieser Leseart ist entweder aus dem 3ten Verse ישראל zu wiederholen, oder es ist eine impersonelle Redensart, wobey das Partic. נכרת als ausgelassen zu subintelligiren ist. Die Alten haben aber anders gelesen. Vulg. Ipsi regnauerunt, et non ex me: principes extiterunt, & non cognoui: argentum suum et aurum suum fecerunt sibi idola, vt interirent. Sie scheinen die beiden Zeitwörter, welche wir in Hiphil lesen, in Kal, und das lezte Wort im plur. יכרתו gelesen zu haben. LXX. ἑαυτοῖς ἐβασίλευσαν, καὶ ὀυ δἰ ἐμε, ἠρξαν, καὶ ὀυκ

ἐγνώρισαν μοι· τὸ ἀργύριον αὐτῶν καὶ τὸ
χυσίον αὐτῶν ἐποίησαν ἑαυτοῖς εἴδωλα, ὅπως
ἐξολοθρευθῶσιν· Statt הן wahrscheinlich להן
und stattt ירי, scheint es, lasen sie ידעתי.
Uebrigens stimmt ihre Leseart mit der der Vulg.
überein. Jon Regem sibi creaṛunt, et non
ex sententia mea; constituerunt principes,
sed non ex voluntate mea. Ex argento &
auro suo, quod sustulerunt sibi ex Aegypto,
confecerunt in suum vsum idola, propter
quae excidentur. Abgerechnet den Zusatz, wel=
chen ich durch andre Schrift abgesondert habe,
ist hier mehr Uebersetzung, als Paraphrase.
Syr: Regnauerunt, sed non ex me, domi-
nati sunt, at non monuerunt me, Argentum
& aurum suum verterunt sibi in idola, vt
perirent. Dieser Ueberseher, der im Anfange
auch Kal ausdrükt, scheint הורידוני gelesen zu
haben, welches vielleicht auch der Fall bey den
LXX war. Das lezte Wort ist auch hier, wie
beym Jonathan und den übrigen Alten, in der
mehrern Zahl gelesen. Ar. Regnauerunt a se-
metipsis, non a me: principes facti sunt, nec
indicauerunt mihi; argentum et aurum suum
conflauerunt in idola, vt eradicarentur. Den
LXX gleich. Houbigant will den Infin. in Hophal הכרת lesen. Grotius sieht richtig ein, daß
dieser Vers nicht auf den Jerobeam gehen könne,
welches gleichwol wider die oben angeführte Stel=
le Hr D. Dabrdt glaubt. Dath.: Reges sibi

Hosea VIII, 4.

bi faciunt, qui mihi non probantur; principes ſibi conſtituunt, qui mihi non placent. Argentum
& aurum ſuum in ſimulacra inſumſerunt, ideo
exſcindentur. Weil alle alten Ueberſetzer ſo leſen,
und der Context die Leſeart billigt, so zieht er auch
כרתו vor. Michaelis: Sie machen Könige
ohne mich, und Fürſten, von denen ich nichts
weis, aus ihrem Golde und Silber gieſſen ſie ſich
Götzenbilder, um es zu verlieren. — Zur Erklärung dieſes lezten Wortes macht er nachfolgende Anmerkung: erſt iſt es schon thörichte Verſchwen-
dung, Gold und Silber, als wenn man es zu
viel hätte, an Götzenbilder wenden: aber dabei
zieht ihr Götzendienſt den Unſegen Gottes über
ſie und durch den werden ſie von ihrem bisherigen Reichthum zu Armuth herabſinken. Schröer: Sie ſelbſt machen Könige, aber nicht nach
meinem Befehl; ſie machen Unterobrigkeiten,
aber ich billige es nicht: Ihr Silber und Gold
machen ſie ihnen ſelbſt zum Tort zu Götzenbildern. — Man ſieht aus dieſer Ueberſetzung,
daß ihr Verfaſſer השירו in einer ſpeciellern Bedeutung nimmt, als המליכו. Pfeifer: Sie
beſetzen den Thron, aber ohne mich, Setzen Fürſten, aber ich weiß nichts davon, Ihr Silber
und ihr Gold machen ſie ſich zu Götzen, daß ſie
ausgerottet würden! Hr. HR. Hezel erklärt
die Lutheriſche Ueberſetzung also: Eigenmächtig
ſetzen ſie ſich Könige, die es nicht verdienen zu
ſeyn, und die ich nicht zu Königen haben will.

Königsmörder laffen fie auf den Thron fich fetzen.

V. 5.

Der leztere Theil des vorigen Verfes wird hier beutlicher gemacht und gezeigt, wie der Misbrauch der göttlichen Gaben zur Abgötterey Gottes ganzen Unwillen reize. Von זנח ist schon beym 3ten V. gehandelt worden. Es hat auch die Bedeutung abominabilis fuit, welche hieher gut paßt. Vgl. *Schroeder* obſervv. ſeleȧt. ad orig. Hebr. p. 69. & 80. שמרון muß hier wol als der Vocativus angeſehen werden. Vgl. X, 5. Amos VIII, 14. Es kann das Kalb zu Dan und Bethel gemeynet und Samarien als die Hauptſtadt der zehn Stämme genannt ſeyn, es iſt aber auch möglich, daß ſelbſt in dieſer Stadt ein Kalb als Bild des wahren Gottes verehret worden. עגל wird aber überhaupt mehrmals im Hoſea meiſt ſpöttiſch von den Götzen überhaupt gebraucht. Was wollte ein ſo elendes Kalb gegen meinen Zorn! Vgl. b. Hall. Bibel. Das חרה אפי iſt von einem heftigen Zorne und Unwillen gebräuchlich. בם geht auf die Einwohner Samariens und auf die Jſraeliten überhaupt, welche ſchädliche Abgötterey trieben, dadurch Gotte misfielen, und in ſeine Strafen fielen. נקי Reinigkeit, Unſchuld. Vſque quo, non poterunt inocentiam? ſc. amare oder ad-

mit-

mittere. Dis ist der Sinn, welcher ohne Zwang aus den Worten des vor uns liegenden Textes gebracht werden kann. Die alten und neuern Uebersetzer geben aber Stoff zu andern Leßarten und Erklärungen. Vulg. projectus est vitulus tuus, Samaria; iratus est furor meus in eos: vsque quo non poterunt emundari? Dieser Uebersetzer hat זנח gelesen. Vgl. Cappellus S. 863. Vielleicht auch statt des Nennworts. זנח den Infin. Niph. הזנחה, doch kann das Nennwort mit der vorher supplirten Ellipse auch so übersezt seyn. LXX. Ἀπότριψαι τον μοσχον σε Σαμαρεια, παρωξυνθη ὁ θυμος με επ' αυτοις ἕως τινος ε μη δυνωνται καθαρισθηναι; Die Leseart ἀπορριψον ziehe ich vor; (Vgl. Capellus und Scharfenberg S. 538). sie haben die Worte des Hebr. Textes im imperat. punktirt זנח Jonath. Errauerint ad vitulum Samariae: exarsit furor meus in eos, quamdiu non potuerunt se purgare. Hier ist Uebersetzung und keine Paraphrase. Cappellus glaubt, dieser Uebersetzer hätte זנה, scortatus est, gelesen S. 784. Dann müste aber, wie schon Buxtorf Anticr. p. 737. und Scharfenberg erinnert haben, nach זנה noch אחר gelesen werden und auch selbst alsdenn gäbe es keinen leichten Sinn. Hern D. Bahrdts Meynung gefällt mir besser, welcher glaubt, der Chaldäer habe gelesen: נחו בעגלת שמרון. Dis gäbe

nach

nach v. 3., wo זנח so vorkömmt, den Sinn: defecerunt ob vitulum (d. i. cultum vitulorum) Samariae, ideo exarsit ira mea in eos. Das בם scheint einen pluralem im Zeitworte zu erfodern. Der Syrer ist hier mit dem Chaldäer zu verbinden: errauerunt ob vitulum tuum, o Samaria, ideo exarsit in eos ira mea, quousque non poterunt innocenter agere? Hier wird das ideo noch bestimmt ausgedrükt, wodurch der Vorder = und Nachsatz genauer verbunden werden. Ar. Comminue vitulum tuum, o Samaria: efferbuit in eos ira mea: quo usque non poterunt mundare se in Israele. Den LXX gleich, nur ist am Ende noch aus dem Anfange des 6 V. Jßrael hieher gezogen. Aq. ἀπωθησεν τον μοσχον σε· Er hat, wie die LXX זנח im imper. gelesen. נקין gibt er durch das Zeitwort αθωωθηναι. Symm. ἀπεβληθη ὁ μοσχος σε. זנח, wie die Vulg. gelesen; und das lezte Nennwort gibt er durch das Zeitwort καθαρθηναι· Theod. ἀπορῥιψαι, ähnlich mit den LXX E. ἀποβλητος σου ἐςιν ὁ μοσχος, ähnlich mit der Vulgata. Houbigant nimmt eine Versetzung an und fängt den 5 V. mit חרה אפי, den 6ten aber mit: זנח עגלך שמרון an. Ihm ist Dathe gefolgt; welcher unsern Vers übersezt: Ira mea in eos exarsit; quousque nullam admittent emendationem! und den 6 V. anfängt: Abominabilis mihi est vitulus tuus, o Samaria. In seiner critischen

Note

Note zieht er diese Houbigantische Conjectur bey weitem vor und ich ließ mich bey meiner Ueber-setzung hinreissen, ihr zu folgen. Jetzt aber wür-de ich Bedenken tragen, so zu übersetzen; weil a) kein Alter so hat und b) weil die gewönliche Leseart auch einen sehr guten Sinn gibt. Grotius erklärt den Anfang unsers Verses so: nihil in periculis tibi proderit; und Hr. D. Döderlein nimmt הנז in der ersten Bedeutung *foetet* i. e. res abominabilis est vitulus tuus. (Vgl. v. 3.) Michaelis: dein Kalb, Sama-rien, ist schändlich, mein Zorn ist über sie ent-brannt, wie lange werden sie den Muth nicht ha-ben, sich zu reinigen? — Er glaubt in der An-merkung, daß zu Samarien ein Kalb als Gott verehret worden. Schröer: Man läßt deinen Kuhgötzen auch fahren, Samaria; Es ist mein Zorn wider sie entbrannt; Wie lange währt's, daß sie nicht eine Reformation, oder Reinigung der Religion dulden wollen. — In der Anmer-kung ist er der Meynung, daß dieses הנז mit dem, im 3ten V. in einer gewissen Beziehung ste-he, so daß der Sinn sey: weil du, o Israel, das Gute fahren lässest, so kommt die Zeit, daß man auch deinen goldnen Kuhgötzen, o Sama-ria, wird fahren lassen — Er nimmt הנז im-personaliter und hat eine recht gute Grammat. Anmerk. über die Hebr. Impersonalia. Pfei-fer: Wegführt er dein Kalb, Samaria! Es brennt mein Grimm wider sie: Wie lange können

nen sie nicht gebessert werden? In der Anmerkung wird erinnert, daß זנח auch heissen könne: es erregt Ekel, dein Kalb ꝛc. Hezel: Abscheu sind ihm (deinem Gott) deine Kälber, Samaria! Mein Zorn ist gegen sie (die Bilderverehrer) entbrannt. — Wie lange werden sie noch unfähig seyn der Besserung? — Er versteht עגל von den Götzen zu Bethel und Dan.

V. 6.

Die Nichtigkeit eines solchen Götzen und wie wenig er auf die Hoheit und Macht Gottes Anspruch machen könne, wird in diesem Verse gezeigt. מישראל — d. i. Jeder weis der Götzen Ursprung, Menschen haben sie ausgedacht und gemacht. יהוא. Das ו wird zwar in Handschriften oft gesezt und oft ausgelassen; aber hier würde es einen fliessenden Sinn geben, wenn mann הוא zum vorhergehenden und das ו zum folgenden rechnete. עגל ist ein masculinum, daher das pron. und suff. masculinum. חרש, Handarbeiter, Künstler. Jes. 40, 19. 20. 41, 5. 44, 12. —ולא. Daraus folgt ja offenbar, daß ein solches Gemächte nicht Gott seyn kann, welches sich daraus noch mehr ergiebt, daß ein solcher Samaritanischer Götze leicht zerbrochen werden kann. שבבים. Man erklärt dis Wort aus dem Arabischen, wo שבב exarsit heißt. Allein wer kann sich das Kalb just von Holz gedenken?

Hosea VIII, 6.

ken? Ueberdis müste im Arab. ein שׁ seyn, wo im Hebr. ein שׁ ist. Vielmehr ist das Wort aus dem Chaldäischen herzuleiten, wo שבב heißt, in kleine Stücke zerbrechen. Davon unser Nennwort, frusta, kleine Stücke, heißt. Vgl. Buxtorf Lex. Chald. Thalm. unter שבב. Bochart Hieroz. II. S. 608. und Hall. Bibel. Vulg. Quia ex Israel et ipse est; artifex fecit illum, et non est Deus: quoniam in aranearum telas erit vitulus Samariae. Diese Uebersetzung scheint bey שבבים eine alte Griechische Version beym Montfaucon vor Augen gehabt zu haben, davon ich gleich mehr erinnern will. LXX. Εν τω Ισραηλ, dis rechnen sie noch zum vorigen Verse. και αυτο τεκτων εποιησε, και ȣ Θεος εςι διοτι πλανων ην ο μοσχος σȣ Σαμαρεια· Hier ist שבב de errore, instabilitate et seductione genommen. Diese Begriffe werden mit dem Worte verbunden Jes. 47. 10 Jer. 50, 6. und daf. die alt. Ueberss: Die Bedeutungen des Wortes scheinen so aus einander geflossen zu seyn: a) frangere b) dissipare fragmenta c) huc illuc vagari d) errare e) seducere. Vgl. Bahrdt b. d. St. Es scheint, diese Uebersetzer haben שבב gelesen. Vgl. Cappellus S. 824. Jon. Quia ex Israel est, ipsum compaginibus iunxit artifex, ipse fecit eum, Deus est, in quo non est vtilitas: etenim in minuta tabularum redigetur vitulus Samariae. Syr. Nam ab Israele suit is vitulus;

lus et artifex compofuit illum: proinde non
eft Deus, fed ad errorem fuit vitulus tuus;
Samaria. Hier ift עגלך gelefen und שבב fo,
wie bey den LXX. genommen. Ar. zieht auch
das erſtere zum vorigen Verſe und überſezt das
folgende: fecit illum faber, nec Deus eſt;
quia vitulus tuus feductor eſt, o Samaria:
den LXX gleich; in beiden Ueberſetzungen
iſt auch עגלך gelefen. Aq. überſezt חרש
durch τεχνιτης, und E. και τουτο υπο τεκτο-
νος γενομενον ουκ αν η θεος. Symm. gibt שבבים
ακαταστατων, Theod. πλανῶν. wie die LXX.
E. ρεμβευων. Das ακαταςατων des Symm.
iſt im Biel und Schleuſner ausgelaſſen, nur
führt lezterer an, daß dieſer Ueberſetzer das Hebr.
נד ı Moſ. IV, 12. durch ακαταςατος gibt.
ρεμβευω heißt circumago, vagor, efluctuo.
Vgl. Biel f. h. v. Ein ander älter Grie-
chiſcher Ueberſetzer, welchen die Vulg. ſcheint
vor Augen gehabt zu haben, überſezt: παρα-
πλησιως τω της αραχνης ιςω. Hieronymus
gibt in ſeinem Commentar שבבים durch atomos.
Grotius: eo argumento fatis apparebit omnibus, nihil in eo effe diuini. שבב, eſt mi-
nimum quidque in re quauis, vt fcintillae,
fragmenta, fegmina. Hr D. Döderlein überſ.
in flammas abibit vitulus und vergleicht יֵשֵׁבב
Hiob XVIII, 5. Schulrens erklärt das Wort
שבבים fragmina, quibus ignis fouetur &
fufcitari folet. *Animaduerff. philol.* ad h. l.
Stru-

Struensee nach den LXX: es ist ein Verführer. Dathe: (Von seiner Trajection ist beym vorigen Verse geredet) est enim Israeliticum inuentum: opus artificis, non Deus. Sane in fragmina scindetur vitulus Samariae. Michaelis: Denn von Ißraelitischer Erfindung ist es auch, der Künstler hat es gemacht, und Gott ist es nicht. In kleine Stücken wird das Kalb Samariens zermalmet werden. Schröder: Es ist doch nur (dieser Kuhgöße) aus Ißrael her, ein Goldschmid hat ihn gemacht; also ist er nicht Gott: Darum soll der Samarische Kuhgöße zu kleinen Goldstücken (Münzen) werden. — Er erklärt כי לא durch tantummodo. Pfiser: Denn aus Ißrael ist es, ein Künstler machte es, Nicht Gott ist es. — Drum soll es Trümmer werden, das Kalb Samariens. Luther gab das Wort שבבים: darum soll das Kalb Samaria zerpulvert werden. Hezel: Zu Staub sollen sie werden Samariens Kälber. (Wie ehedem das Kalb Aarons. Nemlich wenn Salmanasser Samaria zerstören wird). Durch die Einnahme der Stadt nach hartnäckiger Belagerung sahe man, daß alle Götzen, die darinn verehret wurden, nichts helfen konnten.

V. 7.

Daß die nichtigen Anschläge und Unternehmungen der Ißraeliten auch einen nichtigen Ans-

Ausgang haben müſten, wird nun gezeigt. In dieſem Verſe ſcheinen viele ſprüchwörtliche Redensarten vorzukommen. כי־יזרעו. ventum seminant, turbinem colligent. סופה, Sturmwind, Wirbelwind. Was der Menſch ſäet, das wird er ernbten, ſagt Paulus Gal. VI. Sie faſſen nichtige Anſchläge in ihren Werken: ſo leer und eitel ſoll auch der Lohn ihres Gottesdienſtes ſeyn. Welchen glüklichen Erfolg ſeiner Unternehmungen kann ſich ein Abgötter verſprechen? קמה (von קום) die ſtehende Kornerndte, das Kornfeld. לו geht auf Iſrael. Nihil ei supererit, sed omnia prosternentur, conculcabuntur. צמח — קמה. Zwiſchen beiden Wörtern iſt ein ähnlicher Klang und ſolche Wortſpiele lieben die Morgenländer auſſerordentlich. צמח iſt omne progerminans und קמה Mehl. Vgl. Jeſaiä 47, ג. 4 Moſ. IV. 15. אולי יעשה, et ſi forte quid fecerit aut protulerit זרים—, barbari, peregrini milites, hoſtes comedent. Die Kürze der Verbindung macht Anfängern einige Schwierigkeit. Vulg. Quia ventum seminabunt et turbinem metent: culmus stans non est in eo, germen non faciet farinam: quod et ſi fecerit, alieni comedent eam. LXX. Οτι ανεμοφθορα (Λ. ανεμοφθορια) εσπειραν, και η καταϛροφη αυτων εκδεξεται αυτα. δραγμα ουκ εχον ισχυν, τȣ ποιησαι αλευρον, εαν δε και ποιηση αλλοτριοι καταφαγονται αυτο. Von καταϛροφη; welches hier סופה ausdrücken ſoll,

iſt

ist Biel' im Thes. nachzulesen. Sie scheinen übrigens diese Sprüchwörter zusammengezogen und wahrscheinlich gelesen zu haben: קמה אין לו צמה עשות קמח *Jon.* Domus Israel similis est ei, quod ventus disseminat & turbo demetit, in quo non est stans seges, prouentum non faciet: quod si forte opes comparauerint, gentes depraedabuntur eas. Mehr Paraphrase und Erklärung, als Uebersetzung. Das Wort עמה ist hier nicht ausgedrükt. *Syr.* Quia ventum seruerunt (seuerunt), etiam turbinem messuerunt, nec habent culmum, neque spicam producentem farinam: & si haberent, extranei comederent eam. Mit unserm Texte ganz übereinstimmend. *Ar.* Ideo ventum foetidum seminauerunt, & subuersio eorum suscipiet eum; manipuli non valentes facere farinam, et si fecerint, comedent eam extranei. Den LXX gleich. Beide scheinen statt פתהיקצרו וס gelesen zu haben: סרפתה יקבצו. Vgl. Babrdt. Drey Sprüchwörter sind in diesem Verse: a) sie säen Wind und erndten auch Wind b) Sie werden nicht einmal die stehenden Stengel erleben, geschweige die Erndte. c) Der grüne Stengel wird kein Mehl machen d. i. nicht zur Reife kommen. Grotius erklärt das erste Sprüchwort so: Inanium operum calamitosam fore mercedem; und von den folgenden brüft er sich so aus: culmum

qui-

quidem surrecturum, sed sine germine ac proinde nullum inde futurum frumenti prouentum. **Dathe**: Ventum serunt, tempestatem etiam metent. Seges germine carebit, farinam non faciet, aut si fecerit, alieni eam consument. **Michaelis**: Wind ist ihre Aussaat und Sturm die Erndte. Ihre Saat geht nicht auf, ginge sie aber auf, so gibt sie doch kein Mehl, und gäbe sie Mehl, so werden die Feinde es verschlingen. — Unter dem Winde versteht er Lügen und falsche Religion, unter dem Sturme aber ein Unglük, das wie ein Sturmwind über das ganze Land kommt. Bishieher sey Aussaat und Erndte im figürlichen Verstande gesezt, für das, was der Lohn ihrer Werke seyn werde; was aber nachher folge, sey eigentlich zu nehmen. **Schrör**: Gewis sie säen in die Luft, und werden lauter Ungewitter einernten, oder Unglük davon haben: Sie werden keinen grünen Halm bekommen, die Saat wird kein Mehl bringen, sollte sie was bringen, so werden es Fremde verschlingen. **Pfeifer**: Da sie Wind säen: So sollen sie Sturm erndten. Nicht einmal die stehende Saat erleben sie, Vielweniger, daß der Stengel Mehl gibt; Und gäb' er auch welches, So werden es Ausländer plündern. — Hezel erklärt die Sprüchwörter: für ihre losen Werke werden sie einen denselben angemessenen fürchterlichen Lohn empfangen.

V. 8.

Hosea VIII, 8.

V. 8.

Der leztere Saß זרים יבלעהו wird durch eine Gradation noch mehr extendirt. Nicht blos die Halme werden von Feinden verzehrt, ganz Ißrael wird aufgerieben. נבלע— bis ist im aoristo zunehmen: Ißrael ist aufgezehrt und wird noch ferner aufgezehret werden. Ein Theil nehmlich war schon in die Gefangenschaft geführt und der andre sollte es auch bald werden. Das Wort ist ohnstreitig durch das unmittelbar vorhergehende veranlaßt worden. Vgl. von diesem Worte Jes. IX, 15. *Michaelis* Suppl. ad Lex. Hebr. S. 185. f. עתה-בו. Sie haben alle Achtung, allen Werth bey ihren Feinden verlohren, in welchem sie sonst stunden. Sie gleichen einem nichtswürdigen Gefässe im Hause (σκευος ατιμιας. Röm. IX, 21). כלי wird von jedem Hausgefässe gebraucht. Diese Redensart kömmt noch vor Jerem. XXII, 28. XXXXVIII, 38. Vulg. Deuoratus est Israel; nunc factus est in nationibus quasi vas immundum. LXX. Κατεποθη Ισραηλ· νυι εγενετο εν τοις εθνεσιν, ως σκευος αχρησον. Beide haben אין חפץ בו dem Sinne, und nicht den Worten nach, übersezt. Jon, Praedae patuit Israel; nunc fuerunt inter populos quasi vas inutile. Das נבלע ist sehr gut so ausgedrükt. Syr. Absorpti sunt Israelitae et facti iam sunt inter gentes, vt vas nullius pretii. Ar.

Ab-

Abforptus eſt Iſrael: jam factus eſt inter gentes, quaſi vas inutile. Das עתה erklärt Grotius durch intra breue tempus. Dathe: profecto Iſrael conſumetur, mox inter gentes, vt vas nullius pretii, omnium contemtui erit expoſitus. Michaelis: Selbſt Israel wird verſchlungen, und iſt unter den Völkern, wie ein verachtetes Gefäß. Schröder: Iſrael ſelbſt wird verſchlungen werden: Schon ſind ſie unter den Heiden, wie ein unreines Gefäß, daran kein Vergnügen iſt. Pfeifer: Geplündert wird Israel, Schon iſts unter den Nationen Wie ein Gefäs, das man nicht mag. Herr HR. Hezel erklärt das נבלע auch durch: wird verſchlungen werden von den Aſſyriern d. i. wird aufhören, ein Volk zu ſeyn. Das Uebrige: Nun (d. i. bald) werden ſie ſeyn unter den Völkern, wie ein Geſchirr, das man nicht achtet (äuſſerſt verächtlich).

V. 9.

Die Sünde, um derentwillen ſie ſich beſonders die göttliche Ungnade zugezogen haben, wird hier gerügt; zu Aſſyrien nahmen ſie ihre Zuflucht, ſtatt auf den wahren lebendigen Gott ihr höchſtes Vertrauen zu ſetzen. (Vgl. Kap. VII, v. 1. 11.) כי —עלו. Es wird nicht von einer Strafe ſondern von einer Sünde gehandelt. Deswegen darf man עלה nicht von der Aſſyriſchen Gefangenſchaft ver-

verstehen. פרא sc. ב. Das Nennwort, welches einen Waldesel bezeichnet, kömmt in der heiligen Schrift mehrmahls vor. Vgl. 1 Mos. XVI, 12. Jerem. II, 24. Hiob 39. Bochart Hieroz. I. S. 870. בודד – Von dem Arab. Worte בדד ist besonders *Willmet* Lex. Ar. S. 53 nachzulesen. Es heißt: sich absondern, allein leben; nicht, als wenn dieses Thier seines gleichen nicht liebte, sondern weil es in der Einsamkeit, entfernt von Menschen lebt. Es scheint hiermit die Absonderung von Gott bezeichnet werden zu sollen. אפרים – אהבים. Das Zeitwort התנו hält man gewönlich vor das praet. Hiph. pl. von תנה, welches Simonis nach dem Arab. erklärt largiter fecerunt dari d. i. largis donis compensarunt, conduxerunt. Cocceji aber erklärt es pacifci und unsre Stelle: pacti sunt amores. אהבים ist hier ein Nennwort im plur. als wenn der sing. אֹהֶב wäre. Sprüche Sal. VII, 18. kömmt dis nomen auch vor. Die alten und neuern Ueberseher haben aber zum Theil ganz anders gelesen. Vulg. Quia ipfi adscenderunt ad Assur, onager solitarius sibi: Ephraim munera dederunt amatoribus. Sie hat אֹהֲבִים gelesen. LXX. Οτι αυτοι ανεβησαν εις Ασσυριας ανεθαλεν καθ'εαυτον Εφραιμ δωρα ηγαπησαν. Statt פרא scheinen sie פרה oder פרה gelesen zu haben (vgl. Cappellus S. 563. Bahrdt S. 61.) und statt der

ben=

beyden lezten Worte: אֵחְנָה אֲהָבוּ. *Jonath.*
Quippe qui exularunt in Affur, pro eo quod
ambulaue int in voluntate animae fuae, tamquam on ger efferus: domus Ifrael traditi
funt in manum populorum, quos adamarunt.
Die Worte פרא בודד לו find erſt ausführlich
umſchrieben und führen zur richtigen Erklärung,
und ſobann iſt ſtatt התנו in Hophal הִתְנוּ, von
נתן (Cappellus S. 776) und ſtatt אהבים
vielleicht ביד גויים אשר אהכו oder לאהבים.
Vgl. Schärffnbergs Not. 386. 479. zum Cappellus. Aus dem folgenden Verſe iſt etwas hieher
gezogen. Syr. Quoniam iſti adfcenderunt ad
Affur, quaſi onager folitarius, Aphrem dona dilexit. Die lezten Worte hat dieſer Ueberſetzer mit den LXX ähnlich geleſen, nur das
Zeitwort im ſing. אתנה אהב. Ar. Quia adfcenderunt ad Affyrios, vber factus eſt A-
phrem in femetipfo: dilexerunt munera, ideo tradentur gentibus. Den LXX gleich,
auch den Anfang des folgenden V. mit hieher gezogen, wie bey Jonathan's Paraphraſe. Aq.
οναγρος μοναζων εαυτω Εφραιμ. Symm.
και εκ ανεθαλλεν εν εμοι Εφραιμ· hat vor
פרה noch ולא geleſen, und nach פרה das Wort
בי; der Sinn ſoll wol ſeyn, wie ſchon Hr D.
Bahrdt bemerkt: nec per me beatus eſſe cu-
pit. Theod. οναγρος μοναζων καθ'εαυτον
Εφραιμ· E. ως οναγρος μοναζων (κατ'εαυτον
&-

διαιτώμενος). Die in Parenthese eingeschloßnen Worte halte ich vor eine in den Text gekommene Randglosse, durch welche μονάζων erklärt werden sollte. Houbigant wiederholt vor פרא noch einmal יאשור. Deridet, schreibt er, propheta stultitiam Israelitarum, qui ab Assyriis auxilium sperent adfuturum, cum tamen Assyrius nihil aliud sit, quam ferus onager, nihil praeter se ipsum curans. 17 zieht er auf die Assyrier und ließt נתנו, das er auf Ephraim zieht: Ephraim dat amatoria. Grotius: Praedicitur rursus id, quod legimus 2 Reg. XV, 20. & XVII, 3. Assyrius dicitur *onager sibi pascens*, quod sui solius negotia gereret, alias gentes non curaret. Die Absicht des Geschenkegebens an die Liebhaber bestimmt er so: nempe conciliandis, vt pacem & foedus ab Assyrio impetrarent. Ez. XVI. 33. Dathe: Ad regem Assyriae abiit, ille vero vt onager solitarius sua tantum curat: Ephraim munera offert amatoribus. Er zieht פרא, wie Houbigant, auf die Assyrier. Herr Babrdt hält לו noch בודד vor redundirend, wie Jes. XXXI, 8. Amos II, 13. zieht den Satz auf Ephraim und erklärt das Bild so: qua imagine notatur is, qui a se solo pendet, nec aliorum audit consilia. Den Ausdruck התנו erklärt er so: Tributa vero, quae soluebantur Barbaris, et quibus auxilia sibi mittenda stipulauerant, cum mercede meretricia comparanrantur, quia tale confilium erat perfidia in Deum, tamquam dominum (maritum) Judaeae. Ich habe פרא mit Grotius Houbigant, und Dathe auf die Aſſyrier in meiner Ueberſetzung gezogen. Michaelis: denn zu den Aſſyriern gehen ſie, da ſind ſie wie ein einſamer Waldeſel, Ephraim verbindet ſich mit Liebhabern. — Er lieſet הֵתְנוּ אֲהָבִים und leitet es von הִתן her, welches im Arabiſchen heißt: ſocius fuit, ſocietatem iniit: adſociant ſibi amaſios. Schröer: Ob ſie ſchon zum Aſſyriſchen Monarchen hinaufgehen, der ein wilder Mann iſt, welcher für ſich (zu ſeinem Vortheil) in der Wüſten herumſtreift; ſo haben doch die Ephraimiten genug Geſchenke, als ein Hurenlohn an die Liebhaber, (Alliirte und Beſchützer) auszutheilen. — Er macht zu dieſer Ueberſetzung die Anmerkung: dieſer König mochte ſchon anrücken und auf den Gebürgen an der Gränze ſtehen, dies war der König Phul. Der Prophet zielt auf die Abgötterey und Gleichgültigkeit in der Religion. Pfeifer: Denn ſie giengen nach Aſſyrien, Ein wilder Waldeſel war es ihm. Ephraim ſuchte ſich Liebhaber zu dingen; — Auch dieſer Ueberſetzer zieht פרא auch anf אשור; und bemerkt zugleich, daß dieſes Thier ſeiner Natur nach ſehr wild, einſam und grauſam ſey. Der ſel. Luther hatte überſezt: Darum, daß ſie hinauf gen Aſſur lauffen, wie ein Wild in der Irre. Ephraim im schenket den Buhlern (und giebet den Heiden Tribut). Das leztere, das ich mit der Parenthese bezeichnet habe, ist eine Eperegesis, wodurch die vorhergehenden Worte erkläret werden. Hezel verbessert die Uebersetzung also: Sie gehen hin nach Assyrien, dem einsamen Wild, das nur sein ist (d. i. nur auf sich sieht — mit dem also Bündnisse nicht rathsam sind); doch sucht sich E-phraim Liebe zu erschenken„ 2 Kön. XV. 19. 20. — Er bemerkt zur Erklärung: durch seine Geschenke sucht es sich die Liebe, d. i. das Bündnis mit Assyrien zu erwerben. Assyrien heißt hier das einsame Wild, oder genauer der einsame (die Einsamkeit und Wildnis liebende) wilde Esel. Dieser ist sein gewönliches Bild der Freyheit und Unbesorgtheit um Alles. — Er hält sich in den dicksten tiefsten Wildnissen auf und flieht Menschheit und Menschlichkeit. Seine einzige Sorge geht auf seine Sicherheit und auf seinen Fraß.

V. 10.

Dieser Vers steht in der genauesten Verbindung mit dem vorigen Verse. Da sie sich zu auswärtigen Völkern wenden und sie um Geld dingen: so sollen sie nun auch Haufenweise kommen, aber weit mehr, als ihnen lieb ist. גם כי lam vero, quum — יתנו — Dis Wort ist bereits im vorigen V. erklärt; Vor בגוים ist das

lezte

lezte Wort des vor. V. מאהבי zu subintelligiren.
Mit עתה fängt der Nachsatz des Perioden an;
אקבצם, colligam eos sc. peregrinos amasios.
ויחלו – Nach der Form ists von חלל, welches
im Arab. auch soluere heißt. S. Michaelis
Suppl. ad Lex. Hebr. p. 773. soluere facient
d. i. liberabunt &c. In Simonis und Coccej. sericis wird dis Wort inceperunt oder do-
luerunt (von חול) nicht richtig übersezt. מעט
ein wenig — משא steht von dem Tribute,
welchen schon von Menahems Zeiten das Volk
erduldet hatte. מלך ziehen einige auf den Assyrer König, richtiger aber auf den Israelitischen,
weil sich das Volk über die Abgaben an densel-
selben und seine Staatsbeamte (vor שרים muß
wol noch ו gelesen werden) beschwehret hatte und
nun, wie man im Spüchworte zu reden pflegt,
vom Regen in die Dachtraufe fiel. So viel allgemein von diesem etwas dunkeln Verse, bey Erklärung der alten und neuern Uebersetzer hoffe ich
noch mehreres deutlich zu machen. Vulg. Sed
& quum mercede conduxerint nationes, nunc
congregabo eos: et quiescent paulisper ab
onere regis & principum. Dieser Uebersetzer
hat entweder יחלו, von יחל expectauit, oder
יחדלו, von חדל, und vor שרים ein Vau gels-
en. LXX, Διὰ τοῦτο παραδοθήσονται ἐν τοῖς
ἔθνεσιν. νῦν εἰσδέξομαι αὐτοὺς, καὶ κοπάσουσι
μικρὸν τοῦ χρίειν βασιλέα καὶ ἄρχοντας· Sie
haben

haben statt יחנו in Niph. von נתן gelesen, ferner statt ממשא, מִמַּשֵּׂא. Vgl. Cappellus S. 564. In dem Vat. Cod. sind beyde Lesearten ממשאund ממשח zusammengeflossen, daher μικρον τȣ χριειν, im Alex. Cod. fehlt das μικρον. Auch diese Ueberseßer haben ferner יֶחְדְּלוּ oder יחדלו und וְשָׂרִים gelesen. Jonath. Attamen si recondant domus Jsrael timorem mei in corde suo, cogam transmigrationem eorum de medio populorum. et si paulisper sapiant, auferam ab eis dominium regis & principum. Diese Paraphrase läßt sich mit unserm Texte nicht vereinigen; der Chaldäer muß ganz anders gelesen haben. Syr. Quamuis tradantur inter gentes, congregabo tamen eos, vt quiescant paulisper ab onere regum et principum. Im Anfange auch wie die LXX, נחנו, und am Ende in der mehrern Zahl מלכים ושרים. Ar. Der Anfang ist schon zum vorigen Verse gezogen und ist der Leseart der LXX gleich; das übrige: nunc recipiam eos & quiescent parumper; vt vngant regem et principes. Siehe die LXX. Die mit E bezeichnete alte Griech. Version im Montfaucon: Αλλα και οταν μιϑωσηται εϑνη, ευϑεας περιϛοιχιουμαι αυτους Von diesem Worte περιϛοιχιζεϑαι, welches circumcingere, comprehendere, heißt s. Biel, Dhavorin. Harpocr. und Suidas. קבץ heißt nicht blos colligere, sondern auch coarctare, in die

En-

Enge treiben. Den leztern Theil des Verses übersezt Aquila: καὶ λιτανευσωσιν ολιγον απο αρματος βασιλεως καὶ αρχοντων; et supplicabunt paullulum ab onere regis & principum. Hier ist חול, dolere, trepidare zum Stammworte angenommen, welches mit dem ס objecti, wie Jerem. 13, 5. Joel II, 6. construirt wird. Symm. καὶ μενουσιν βραχει απο φοβε βασιλεων (καὶ διαλειψουσι τε χριειν). Auch hier scheint, wie bey d. Vulg. und den LXX, יחל zum Stammwort angenommen, und beide Leseartten מחלא und מחלה zusammengeflossen und durch einen Schreibefehler φοβου statt φορου gesezt zu seyn. Die in Parenthese gesezten Worte sind aber wol am richtigsten auszustreichen, weil sie offenbar aus dem Theodotion hieher gekommen sind. Theod. καὶ διαλειψουσι τε χριειν, gelesen, wie die LXX, יחילו מחשה. Lud. de Dieu nimmt קבץ (wie VIIII, 6. und συγκομιζειν ApG. II, 8.) vom Begraben. Der Tod werde das beste Mittel seyn, sie dem Drucke der Assyrier zu entziehen. Houbigant will statt יחלו, ינוחו, quiescent, recreabuntur, lesen und auch ein י vor שרים. משא, schreibt er, intelligendum de tributis, quae populo imponebantur ad subsidia bellorum, quibus agitabatur regnum Israel. Et hält das Ganze vor Jronie, welche er durch scilicet ausdrückt. Grotius nimmt קבץ von dem Heranführen der Assyrier gegen die Jsraeliten, hält

hält das Ganze vor einen bittern Spott, daß sie es unter Assyrischer Herrschaft viel übler haben würden, als unter ihren Königen, mit welchen sie nicht zufrieden gewesen wären und nimmt יחל zum Stammworte an, aber Hr D. Döderlein, mit Bahrdten, lieber חיל. Dathe: Quamquam vero gentes sibi conciliare student, mox tamen eas *contra illos ipsos* congregrabo, et tunc quidem requiescent paululum ab onere regum et principum. Er tritt in der Jronie und ganzen Erklärung sehr dem Houbigant und Grotius, auch einigen Alten, bey Bahrdt übersezt גם כי, etiamsi, zieht הל, wie schon erinnert worden, vor, glaubt, שרים zeige einen König an, welchem mehrere Staatsbeamte unterworfen wären, also einen grossen König. Welchen Auctoritäten ich nun bey meiner Uebersetzung gefolgt sey, wird aus dem bisher Gesagten, sattsam erhellen. Michaelis: wenn sie aber mit andern Völkern Freundschaft machen, will ich sie sammlen, und sie sollen unter der Last des Königs der Könige anfangen wenig zu werden. Er glaubt שרים sey synonym mit מלכים, dann würde der Assyr König, μεγας βασιλευς oder der βασιλευς βασιλεων verstanden werden. Doch ist er Or. Bibl. Theil XVIII, S. 79. 80. geneigter, ישרים vorzuziehen, theils um der Auctorität der Alten willen, theils weil 12 Kennikottsche Hdschriften so lesen. Im leztern Falle ist er geneigter, die eignen Könige der Ißraeliten zu verstestehen; die sie so gedrükt hätten, daß darüber das Volk vermindert worden; besonders der Generals, welche sich im Interregno zu Königen aufwarfen oder doch das Volk aussaugten und drükten. יחלו leitet er auch von dem Arab. חלל her, welches einen weiten Begriff hat, hier wol ein uneigentlicher Ausdruck ist „Sie schmelzen schon allmählig„ Vgl. das Arabische 2 Pet. II, 11. Schröer: Wenn sie noch so viel Geschenke unter die Heiden werden ausgetheilet haben, so will ich sie (Jsraeliten und Heiden) nun bald in einen Haufen zusammenschmeissen, und sie werden in kurzem Leid tragen über die Last (Kopfsteuer) des Königes der Fürsten oder regirenden Herren. — Gebhardi in seinem comm. wollte סבץ aus dem Aethiopischen herleiten und es übersetzen: ich will eure Hofnung zu schanden machen. Dieser Uebersetzer folgt ihm aber nicht, sondern hält es vor ein Kunstwort, das von Metallschmelzern vorkomme Ezech. XXII, 20. Wie diese Gold, Silber, Kupfer im Schmelzofen in einen Haufen zusammenschmeissen, so wolle Gott die Jsraeliten zusammenschmeissen. Er nimmt ferner den Raber חיל an, übersezt es: Schmerzen, Schrecken und Reue empfinden. מלך שרים hält er vor den hochmüthigen Titel der morgenländischen Monarchen. Pfeifer: Wenn sie auch diese erlangen unter den Völkern, So will ich sie doch in die Enge treiben Und bald sollen sie seufzen Zur Strafe wegen König und Minister. — Er nimmt

auch

auch vor שרים ein Vau an Hezel: Weil sie sich denn Völker zu erschenken suchen (Bündnisse!—), so will ich diese auch bald (gegen sie) versammeln (Sie sollen bald — nicht als Bundesgenossen, sondern als Feinde — versammelt kommen); nachdem sie geängstigt worden sind eine Zeitlang durch die Last (Tributlast) des Königs unter den Fürsten.(Assyriens, welches damals das mächtigste Reich in Asien war).

V. 11.

Die Sünden des Volks, besonders die leichtsinnige Gottesvergessenheit und Abgötterey, werden nun bis zum Schlusse des Kapitels gerüget. Vgl. Vitringa ad Jes. T. I. S. 505 b. Die Worte des Verses bedürfen keiner besondern Erläuterung; nur da חטא zweymal vorkömmt, so erinnere ich, daß dis Zeitwort zwey Bedeutungen habe. Es kömmt 1) vom Sündigen 2) vom Strafen, als einer natürlichen und positiven Folge der Sünde, vor. So würde hier ein guter und zweckmässiger Sinn entstehen: Viele Altäre haben sie gemacht, um ihre Sünde recht weit zu treiben. Aber eben diese Altäre sollen ihnen zur schwehren Strafe gereichen. Doch muß ich gestehen, daß die meisten Altes das חטא zum andernmahle von einem delicto ingenti nehmen. Vulg. Quia multiplicavit Ephraim altaria ad peccandum: factae sunt

ει αρας ad delictum. LXX. Οτι επληθυνεν
Εφραιμ θυσιαστηρια, εις αμαρτιαν εγενοντο
αυτω θυσιαστηρια ηγαπημενα· Diese wunderliche Abweichung ist vielleicht eine Correctur aus
der Vulgata, in welcher vielleicht Jemand dilecta, statt delicta, laß. Vgl. Bahrdt. Jon.
Quia multiplicauerunt domus Ephraim altaria peccandi gratia: versa sunt eis altaria
idolorum suorum in ruinam. Er hat wahrscheinlich הרבו in der mehrern Zahl gelesen und
das Wort חטא zum zweytenmahle in der Bedeutung von Strafe oder Unglück genommen.
Syr. Quia multiplicauit Aphrem altaria ad
peccandum, et fuerunt ei altaria ad crimen
nigens. Ar. quia Aphrem multiplicauit altaria, altaria sua dilecta cesserunt ei in peccа-
tum. Vgl. das, was ich bey den LXX angeführet habe. Houbigant hat hier keine deutliche
Ideen; was er vom Sündopfer bey חטא anführt, paßt hieher gar nicht. Grotius gedenkt
richtig an die im Anfange von mir angegebenen
beiden Bedeutungen des Zeitworts חטא, geht
aber darinn von andern Auslegern ab, daß er
מזבחות zum andernmahle von Assyrischen Altä-
ren versteht: Assyriorum scilicet, schreibt er,
altaria ipsis in poenam erunt, cum ligna,
aquam, victimas eo ferre cogentur. Hr D.
Dathe: Multas sibi Ephraimitae ad peccandum aras exstruxerunt, hae ipsae etiam poenam peccati eis afferent grauissimam. Hr D.
Bahrdt

Bahrdt will zum andernmahle statt לחטא lesen לחתו, von חתת perire. Seine Gründe sind: a) eine widrige Tautologie werde auf diese Weise vermieden. Diese fällt ja aber weg, wenn man sich an diese doppelte Bedeutung von חטא erinnert. b) Die Orientaler liebten die Wortspiele; dergleichen finde zwischen לחטא und לחתו statt — Ist aber dergleichen nicht auch, wenn ein Zeitwort zweymal in verschiednen Bedeutungen gesezt wird? c) der Chaldäer habe so gelesen. Dis ist nicht erwiesen. Seine Worte werden sehr deutlich, wenn man bedenkt, daß חטא eine doppelte Bedeutung habe. Michaelis: Ephraim bauet der Altäre viel, um sich zu versündigen, seine Altäre gereichen ihm zur Sünde. Nach dieser Uebersetzung bleibt etwas Tautologisches in dem Verse. Schröer: Da die Ephraimiten viel Altäre zur Versündigung machen, so sind diese Altäre nur darzu, daß sie ihre Verschuldung und Strafe vermehren. — Er erklärt נשא ganz richtig vgl. Lev. XXII, 9. Pfeifer: Weil Ephraim vermehrt seine Altäre zur Sünde, So sollen ihm diese Altäre zur Sünde seyn. Das leztere erklärt er in einer Anmerkung: d. i. als Verbrechen angerechnet werden. Hezel: Israel hat sich viele Altäre gebauet, um darauf den Götzen der Assyrer zu opfern (denn immer pflegte man die Götter der mächtigen Bundesgenossen mit zu verehren). So sollen ihnen denn auch die Altäre zur Sünde d. i. zur Strafe dieser ih-

der Sünden gereichen. Göttliche Strafe dafür
soll sie treffen — durch die Assyrer! —

V. 12.

Diese ihre Geringschätzung der wahren Religion ist desto strafbarer, da ich es ihnen nicht
an geschriebnen Gesetzen, woraus sie meinen wahren Willen hätten erkennen können, habe ermangeln lassen. Allein diese Gesetze betrachteten sie
als etwas, das sie gar nichts angienge, wodurch
das Maas ihrer Sünde nur vergrössert wurde.
אכתוב־לו, Das Keri, zu welchem die unter
dem Cthiph befindlichen Vokalpuncte gehören,
hat kein Fulcrum. לו geht auf das Subject
אפרים, dessen im vorhergehenden Verse Meldung geschahe. רבי, nach dem Keri, zu welchem
die Vokalpunkte gehören, multitudines, nach
dem Cthibh aber רבו multitudinem, eigentlich
eine Myriade. Der plur. רבי ist von dem sing.
רב, multitudo. תורתי ist mit dem vorhergehenden רבי oder רבו genau zu verbinden. Mein
geschriebnes Gesez, welches ich ihm gegeben habe, enthielt Gebote in grosser Menge, so daß
sie sich mit Unwissenheit oder Mangel der Ermunterung und Veranlassung zum Guten nicht
entschuldigen können· נחשבו־geht auf רבי.
multae istae leges meae reputantur oder reputatae sunt, velut peregrinum quid— Sie
be-

Hosea VIII, 12.

betrachteten meine Geseze, als wenn selbige gar nicht für sie gegeben wären. Vgl. Vitringa ad Jes. T. I. p. 131. b. Vulg. Scribam ei multiplices leges meas, quae velut alienae computatae sunt. Das אכתוב ist nicht passend im futuro übersezt; da es ein wahrer aoristus ist, so muß es in diesem Contexte mehr in der vergangnen Zeit ausgedrükt werden. LXX. Καταγραψω αυτω πληθος, καὶ τα νομιμα αυτȣ εις αλλοτρια ελογισθησαν, θυσιαςηρια τα ηγαπημένα· Sie haben die Leseart des Cthibh vorgezogen, das ו von רבו zu dem folgenden Worte gezogen und statt des suffixi primae personae ein suffixum tertiae personae gehabt und folglich gelesen: רב ותורתו; ausserdem haben sie die beiden ersten Worte des 13 V. noch hieher gezogen und gleich der Vulgata אכתוב im futuro übersezt. Jonath. Conscripsi eis multiplicitatem legis meae: ipsi autem velut gentes reputati sunt. Hier ist אכתוב richtig im praet. übersezt, statt זר, זרים gelesen. Syr. Cumque praescripsissem ei multitudinem legum mearum, tamen, vt peregrina reputauit verba mea. Das lezte Wort des Verses scheint in Kal gelesen zu seyn oder, wie Hr Bahrdt will, im sing. Niphal mit dem suffixo נחשבם Ar. Exagitabo multitudinem ipsius: iura vero mea reputata sunt aliena. Im Anfange ist eine starke Abweichung von den

LXX

LXX, auch am Schluſſe. Das Griechiſche καταγραψω hat er καταραξω geleſen, denn das
hier gebrauchte Arab. Wort heißt concutiam;
רפו hat er zuſammengeleſen, nicht, wie die LXX,
getrennt, nnd ſtatt תוֹרָתִי hat dieſer Ueberſetzer
punctirt תוֹרָתִי; auch iſt hier der Anfang des
13 V. nicht hergezogen. Aq. γραψω αυτω
πληϑυνομενυς νομυς, ομοιως αλλοτριοι ελογισϑησαν Hier iſt auch, wie im Chaldäer, זרים
geleſen, und das erſte Wort im futuro überſezt.
Symm. εγραψα αυτω πληϑος νομων μυ,
ως αλλοτριοι ελογισϑησαν Das erſte Wort
richtiger im praeter. gegeben, übrigens, wie
bey dem Araber, תוֹרָתִי und, wie bey dem Chaldäer, זרים geleſen. Lud. de Dieu verſteht unter רבו oder richtiger רֻבִּי nicht ſowol die Menge, als vielmehr die Vortreflichkeit der göttlichen Geſetze, welche die Ehre und Reputation
des Volkes ausgemacht hätten, ohngefähr in
dem Sinne, wie μεγαλεια ApG. II, 11 ſteht.
Das erſte Glied des Verſes nimmt er Fragewei-
ſe. Schrieb ich ihm die treflichſten meiner Geſetze? Sie wurden als etwas frembes geachtet.
Houbigant hat eine comiſche Ueberſetzung: Et
ſic eum inſcribam: qui legum mearum magiſtri erant, pro extraneis habentur. Dunkel, gezwungen und den Worten Gewalt ange-
than. כתב heißt nicht inſcribere; wie kann
und ſoll hier רֻבִּי magiſtri heiſſen? Grotius
nimmt

nimmt אכתוב recht gut im plusquamperf. Scripferam eis multiplices leges meas *per Mofen* und das רבוש gibt er: habuerunt eas Jfraelitae tamquam rem ad fe nihil pertinentem. Däthe: Multas ei leges praefcripfi, fed habent eas pro re nihil ad fe pertinente. Nicht wörtlich, sondern frey überſezt. Michaelis: Ich schreibe ihm den Bund meiner Gesetze vor, aber die werden für etwas Fremdes gehalten. — Er nimmt אכתוב, als einen Aoriftus, in der gegenwärtigen Zeit. Er geht ferner darinn von den Puncten ab, daß er רבי ließt und es nach dem Arabiſchen Bund, Bündniſſe überſezt, wie Pf. 55, 19. Schröer: Ich schreibe ihm (dem Volke Jßrael) die herrlichſten Wahrheiten meiner Lehre vor, allein es werden solche für etwas heidniſches (kezeriſches) gehalten. — Er vergleicht Pf. 87, 3. und meynt die herrlichſten Gottesleshren hätte man damals, wie jezt, aus den Augen geſezt. Pfeifer: Ich schrieb ihnen weitläuftige Geſetze vor; wie Fremdes achteten ſie die Opfer, die ich gerne hatte. — Er zieht gleich den LXX die beiden erſten Worte des folgenden Verſes hieher.

V. 13.

Dieſe im vorigen Verſe enthaltne Anklage wird nur in dieſem Verſe im Einzelnen mehr

ftåtigt. Ein groffer Theil der geschriebnen Gesetze Gottes ging die Opfer an, und bey diesen
verhielten sich die Israeliten gar nicht gesetzmäs-
sig. Sie opferten nur zum Scheine und pro
forma, eigentlich thaten sie es, um sich an dem
Fleische der geschlachteten Opferthiere recht zu laben. ‎והבהבי‎-. Diese beiden Worte machen
ein subjectum diuisum a praedicato aus: was
anlanget s. w. Die Worte selbst aber haben den
Auslegern Schwürigkeiten gemacht. Der sing.
müste seyn ‎הבהב‎ und der plur. ‎הבהבים‎. In
Absicht der Ableitung ist eine grosse Verschiedenheit. Bey den alten Auslegern werde ich hernach zeigen, daß einige an das Stammwort
‎אהב‎, andre an ‎הבב‎; wieder andre an ‎הוב‎ denken.
‎הבב‎ wird im Chald. und Arab. vom dürren und
braten, und überhaupt vom anzünden gebraucht.
Vergl. Targ. Hieros. Exod. XII. 9. Dann
würde der Sinn herauskommen: was meine
besten, die mir aufs Feuer gelegten und ange-
zündeten Opfer anbelangt. Die besten Lexicographen leiten es von ‎יהב‎ her. Simonis: dona
multa & copiosa, ita vt donum donum ex-
cipiat. Ein ähnlich verdoppeltes Zeitwort Sprw.
XXX, 15. In der neuen Ausgabe des Coccesi
wird behauptet, eigentlich solle die volle Redensart heissen: ‎ובֹרי זבחי הבהבים‎. und in Absicht des Sinnes folgende Erklärung geäussert:
commodissimum putamus exponere sacrificia
fre-

frequentata et promtiſſime oblata. Quae Deus reprobat: quod ea nihil aliud ſint, quam apparatus epularum propriarum et ſeruitus palati ac ventris. בְשַׂר — Fleiſch opfern ſie, aber um's Eſſen iſts ihnen blos zu thun. זִבְחֵי־ Das ſuffixum geht auf זֶבַח oder man kann aus dem vorhergehenden Zeitworte das participium ſubintelligiren. רָצָה, voluit, acceptum habuit. Auf Genehmhaltung Gottes kann bey ſolchen Opfern unmöglich gerechnet werden, da ſie nicht nach ſeiner Abſicht und nach ſeinem Befehl, nicht mit den gehörigen Geſinnungen, gebracht werden. עַתָּה— Gott billigt nicht nur ſolche Opfer nicht, ſondern er wird ſie auch nebſt ihren übrigen Sünden würklich beſtrafen. Zwey ſynonyme Redensarten kommen hier vor. זָכַר und פָּקַד, ſo wie עָוֹן und חַטָּאת, ſind in der Bedeutung einerley הִזְכִּיר· Eine Hauptſünde, um derentwillen ſie Gott ſtrafen will, wird hier nun angeführt: ſie fahren fort ſich bey den Aegyptiern um Hülfe zu bewerben, ſtatt ſich in der Abſicht zum Jehova zu wenden. Vor מִצְרַיִם iſt עַל ausgelaſſen. Vulg. Hoſtias offerent, immolabunt carnes & comedent, & dominus non ſuſcipiet eas: nunc recordabitur iniquitatis eorum: ipſi in Aegyptum conuertentur. Sie haben das ſchwierige Wort הַבְהָבַי ausgelaſſen; oder vielleicht gebraucht Hoſeas, der mehrere eigne Wort hat, הַבְהָבִים, von יָהַב dedit, als einen Namen der Opfer; ein

andrer wollte auf dem Rande dieſes dunkle Wort
durch זבחי erklären und dieſe Randgloſſe kam
in den Text. Wenn Kenner dieſe meine Conjectur billigten, ſo hätte die Vulgata durch ihre Auslaſſung uns auf die richtige Spur der
wahren Leßeart geleitet. *LXX.* Die beiden erſten Worte haben ſie, wie ich ſchon oben erinnert habe, noch zum vorigen Verſe gezogen und
da ſie ηγαπημενα haben, müſſen ſie wol die
Ableitung von אהב gemacht haben. Das Uebrige überſetzen ſie: Διοτι εαν θυσωσι θυσιαν, καὶ
φαγωσι κρεα, κυριος ȣ προσδεξεται αυτα.
νυν μνησθησεται τας αδικιας αυτων, καὶ εκδικησει τας αμαρτιας αυτων. αυτοι εις Αιγυπτον
απεστρεψαν (mit dem Zuſatze) καὶ εν Ασσυριοις
ακαθαρτα φαγονται. (ובאשור טמא יאכלו)
κρεα ſcheint eine Gloſſe von demjenigen zu ſeyn,
welcher בשר in ihrer Ueberſetzung vermißte, welches ſie doch ſchon durch θυσιαν ausgedrükt hatten. Φαγειν θυσιαν iſt die **Opfermahlzeit
halten**. **Chald.** Sacrificant, quae ex rapina
colligunt, mactant carnes & veſcuntur, ſed
non eſt beneplacitum eorum Domino in eis.
Nunc viſitabit peccata eorum et ulciſcetur
iniquitates eorum; ipſi in Aegyptum reuertentur. Er ſcheinet הבהב geleſen zu haben: *Sacrificia cedo, cedo!* Alſo, was ſie zuſammen-
treiben und den Leuten wegnehmen konnten, das
opferten ſie. **Syr.** Victimas ſelectas ſacrifi-
cant, & carnem edunt, quibus non oblecta-
tur

tur dominus; ideo recordabitur iniquitatis
eorum et vifitabit peccata eorum & ipfi in
Aegyptum reuertentur. Hier scheint das streitige Wort von הבו, welches ich im Anfange erkläret habe, abgeleitet zu seyn. Ar. Altaria dilecta (quia cum immolant victimam, comedunt carnem) Dominus nequaquam accipit
ea. Jam recordabitur impietatum eorum
& vlcifcetur peccata eorum. Ipfi reuerfi
funt Aegyptum & interAffyrios comedent immunda. Statt זבחי ist מזבחי gelesen, הבהבי
gleich den LXX, von אהב abgeleitet und der
Zusatz der LXX hinten auch angehängt. Aq.
Θυσιας φερε φερε θυσιαζουσι· Hier ist הבהב
in dem Sinne, welchen ich bey dem Chalbäer
erklärte, gelesen. Symm. Θυσιας επαλληλους θυσιαζουσι· Hier ist הבהבי so genommen,
wie es Simonis erklärt. Theod. Θυσιας μεταφορων εθυσιασαν. Ludw. de Dieu will vor
יזבחו das relatiuum אשר wiederholen, so
daß seine Erklärung wäre: sacrificia donorum
meorum, quae facrificant, caro funt et comedunt i. e. non habeo ea pro facrificiis mihi oblatis, fed pro mera carne, quam illi
comedunt, quam in fuum ufum & voluptatem mactant. propterea Deus ea accepta non
habet. Houbigant meynt: es würde auf den
Zug durch die Wüste angespielet, wo sie immer
nach Aegypten zurückgeiret hätten. Grotius:
hoftiatum, quas mihi offerunt, carnes quod
atti-

attinet, mactanto eas & comedunto; quantum volent; Deus autem eas gratas non habebit, quia dantur animo non emendato. *Dathe*: quod ad sacrificia mihi debita attinet, offerunt ea quidem, sed eorum carne ipsi vescantur: ego illis minime delector. Mox enim iniquitatis eorum memor in peccata eorum animaduertam, quoniam ad Aegyptios redierunt. Er meynt, es werde auf die Treulosigkeit des Hoseas gezielt, welcher gegen sein, den Assyriern gegebnes, Wort gleichwol mit den Aegyptiern ein Bündnis geschlossen hatte. 2 Kön. XVII, 4. Meine Uebersetzung richtet sich hier nach der Dathischen. Hr D. Bahrdt tritt den LXX bey, welche die beiden ersten Worte zum vorigen Verse ziehen. Michaelis: Von den mir gebrachten Opfern essen sie das Fleisch, aber Jehova sieht sie nicht in Gnaden an, sondern erinnert sich ihrer Schuld und wird ihre Sünde strafen. Sie kehren nach Aegypten zurück. — Wer von seiner Sünde nicht abließ, dessen Sünden brachten, selbst nach den levitischen Grundsätzen, die Opfer immer mehr in Gottes Andenken. Die zehn Stämme hatten einen unglaublichen Hang, sich um die Freundschaft der Aegyptier zu bewerben. Schröer: Was die Gaben, die sie mir opfern, betrift, so opfern sie blos Fleisch, und halten Mahlzeiten; der Herr hat an ihnen keinen Gefallen, er wird ihnen ihre Sünde schon behalten, er wird ihre Misse-

Hosea VIII, 13. 14.

Missethat bestrafen; sich selbst sollen sie nach Aegypten zurükführen. Ich sehe gar keinen Grund, warum er ישובו reciproce nimmt. Hr HR. Pfeifer zieht, wie ich schon beym vorigen Verse erinnert habe, gleich den LXX und Hrn. D. Bahrdt וזבחי והבי zu dem vorigen Verse. Das Uebrige übersezt er: Sie opfern Fleisch und verzehren es, Jehoven aber kann es nicht gefallen. Nun denkt er ihrer Missethaten, Straft ihre Vergehungen. Sie wenden sich nach Aegypten. Hezel: Die Opfer, die sie mir bringen sollen, opfern sie zwar; aber das Fleisch fressen sie selbst. (Spärliche Fettstücken legen sie auf meinen Altar — und das Fleisch fressen sie. Sie opfern mir, um eine gute Mahlzeit zu halten.) Jova kann dis nicht gefallen; bald wird er ahnden ihre Missethat! Nach Aegypten werden sie wieder zurück müssen d. i. in Sclaverey, wie die ihrer Väter ehedem in Aegnypten war. Die lezte Erklärung ist, bem Sinne nach, mit der Schröerischen ähnlich.

V. 14

Das Undankbare eines solchen Betragens gegen den höchsten Wohlthäter und Schöpfer wird zulezt gezeigt und die Gerechtigkeit und Billigkeit seiner Ahndungen und Strafen gegen solche Fühllosigkeit zu erkennen gegeben. וישכח– So vergißt denn Ißrael עשהו– seines Schöpfers

fers und Schußgottes, der es zu seinem eigenthümlichen Volke gemacht und sich erwählet hat. Das suff. dieses partic. geht auf das vorher erwähnte Israel. היכלות – Man zieht bis gewönlich auf Hayne und Götzentempel, es kann aber auch sehr gut von Schlössern und festen Plätzen verstanden werden. Es erbauet sich Festungen kann denn eine nähere Erklärung von dem, ihm im Anfange vorgeworfenen, Vergessen seines Gottes seyn, denn zu ihm sollte es in der Noth seine einzige und beste Zuflucht nehmen. Diese Erklärung scheint neue Stärke aus der Aehnlichkeit des folgenden Gliedes zu erhalten. Denn es ist wol keinem Zweifel unterworfen, daß היכלות und ערים בצרות Synonyma seyn. Auch Juda vervielfältigt die vesten Städte, es verläst sich also mehr auf Steine, als auf seinen Gott. Nun folgt die Ankündigung der Strafe, so wol für die 10, als für die 2 Stämme. Jener b. i. Strafen will ich in ihre Städte (Festungen) senden, das soll ihre Palläste verzehren. Dis geschahe durch den Salmanasser in Israel und durch Sanherib und den grossen Nebucadnezar an Juda. *Vulg.* Et oblitus est Israel factoris sui, & aedificauit delubra: et Judas multiplicauit vrbes munitas: et mittam ignem in ciuitates eius et deuorabit aedes illius. Unserm Texte ganz gemäß. LXX. καὶ επελαϑετο Ισραηλ τȣ ποιησαντος αυτον και ωκοδομησεν τε-

Hosea VIII, 14.

τεριτη καὶ Ιεδας επληθυνε πολεις τετειχισ‑
μενας. καὶ εξαποςελω πυρ εις τας πολεις αυ‑
τε. καὶ καταφαγεται τα θεμελια αυτων
(A. αυτης). Auch ist dieser Text von dem Unsri‑
gen nicht abweichend. τεμενος ist aus dem Pau‑
sanias und andern Griechen bekannt. Ein Theil
Landes um den Tempel herum hatte diesen Nah‑
men; hernach wurde der Tempel selbst wol so
benannt. Wir haben hierüber eine wichtige Stelle
im Eustathius, welcher einen noch zu wenig
genuzten Schatz Griechischer Sprachgelehrsam‑
keit enthält Iliad. p. 493, 42 ed. Basil. τεμενος
παρα μεν τοις υςερον, ο ναος καθ' υπεροχην,
παρ' Ομηρω δε, τοπος απλως αφορισμενος, τε‑
τεςιν, ορω ιδιω περιγεγραμμενος, καὶ ως ο ποι‑
ητης ετυμολογειν βελεται, αποτετμημενος
των εγγυς. Vgl. Jl. p. 868. 29. 1403. 42.
Odyss. 265. 10. ed. Bas. Vgl. Biel Thes. s.
h. v. Jon. Et dimisit Israel cultum factoris
sui & extruxit templa idolis; viri vero domus
Jehuda multiplicauerunt ciuitates munitas:
sed immittam ignem in ciuitates eius et con‑
sumet palatia eius. Hier ist das שכח richtig
und faßlich durch dimittere cultum erklärt,
היכלות von Tempeln genommen und יהודה pe‑
riphrasirt durch viri domus Jehuda; übrigens
die genaueste Harmonie mit unserm Texte. Syr.
Oblitus est Israel factoris sui, & extruxit
templa: Juda multiplicauit vrbes munitas, at
immittam ignem in urbes eius, consumet‑
que

que arces eius. Hier ist das ו vor היכלותיו mit
richtigem Nachdrucke durch at in der Uebersetzung
bezeichnet. Ar. Oblitus est Israel factoris sui
& aedificauerunt templa : Juda quoque multiplicauit vrbes munitas, sed immittam ignem
in urbes eius, deuorabitque fundamenta ea-
rum. Das τεμενη der LXX ist hier ganz richtig durch templa gegeben. Grotius verstehet
das ו im Anfange des V. so, wie das num der
Lateiner. Ueber – יהודה macht er die Bemerkung:
duae tribus, videntes incursus Assyriorum
sub Phule, Theglathphalasaro et Salmanasa-
ro in terram decem tribuum, vrbes suas diligenter muniuerunt, de Dei pace obtinen-
da securi Es. XXII, 8. Dathe: Israel crea-
toris sui est oblitus. Palatia quidem sibi ex-
struit, & Juda multas sibi facit vrbes munitas: ego vero ignem immittam in eius vrbes,
qui et eius palatia consumet. Vermuthlich hat
er unter palatia Schlösser verstanden, wie ich
es übersetzt habe. Herr D. Bahrdt nimmt
היכלות von palatiis in dem gewönlichen Sinne.
Seine Gründe sind: 1) quia sequuntur castella,
ita ut alterum ad magnificentiam, alterum
ad securitatem pertineat. 2) quia pro היכלות
postea ponuntur ארמנות. Allein diesen Gründen setze ich entgegen: a) eben weil feste Städte folgen, so wäre ich nach dem parallelismus
membrorum, welcher bey Hebräischer Poesie
so wichtig und entscheidend in der Auslegung ist,
ge-

geneigter auch das erste Wort von Schlöſſern oder Veſtungen zu nehmen. b) ארמנות kann ſehr wol von Schlöſſern gebraucht werden, daß der Hauptbegriff ſecuritas und nicht gerade magnificentia iſt. שכח erklärt er ferner durch negligere, deſerere. Michaelis: Iſrael vergißt deſſen, der es zum Volke gemacht hat, und bauet Palläſte; Juda legt Veſtungen an. Aber ein Feuer will ich in ihre Städte ſchicken, das ſoll die Palläſte verzehren. — Etwas mehr Känntnis jener Partikulargeſchichte würde uns hier mehr Auffſchlüſſe geben. Juda legte beſonders unter Uſſia Veſtungen an 2 Chron. XXVI, 9. 10. Schröer: Es hat Iſrael deſſen, der ihn gemacht hat, vergeſſen, und bauet Schlöſſer, auch Juda macht viel feſte Städte, darum werde ich Feuer in ihre Städte werfen, es wird ihre hohen Schlöſſer verzehren. — Er ſieht doch auch ſchon ein, daß היכלות mehr, als Götzentempel, heiſſe und führt Jeſ. 39, 3. an. Pfeiffer: Und Iſrael vergißt ſeines Schöpfers, und baut Tempel, Juda vermehrt beveſtigte Städte. — Ich aber werfe Feuer in ihre Städte, Das verzehret ihre Palläſte. Er nimmt היכלות mit den meiſten Alten von Tempeln, auch Luther hatte Kirchen. Hezel aber nimmt Palläſte an; und erklärt das übrige: Juda und Iſrael ſind beide ſicher, und benken ſich gut genug zu ſchützen: ohne mich zu verehren und auf meinen Schutz und Beiſtand rechnen zu können. Das

T   Kriegs-

Kriegsfeuer aber soll ihre Veſtungen, darauf ſie ſich verlaſſen, verzehren.

Kapitel VIIII.

Vierte Rede des Propheten, von gleichem Innhalte mit der vorigen.

Die Zeit, in welcher dieſer Vortrag geſchehen, iſt ungewiß. Nach dem Innhalte ſollte man ſchlieſſen, es ſey am Ende des Iſraelitiſchen Reichs geweſen. Auf dieſe Weiſe wäre dieſes Orakel gleichzeitig mit dem vorigen. Daher verbinden einige Ausleger dis Kapitel genau mit dem vorigen. Gleichwol ſcheint mir dis eine abgeſonderte Rede des Propheten zu ſeyn, meinem Gefühle nach. Die gräulichen Sünden Iſraels ſollen beſtraft werden und die Gefangenſchaft ſteht ihnen bevor.

V. 1.

Die ausgelaßne Freude und die Zuverſicht auf ihre Nationalreichtümer wird verboten, da ſie noch immer groſſe Sünden begingen und mit ihnen die göttliche Ungnade und ſeine gerechten Strafgerichte auf ſich lüden. אל־גיל bis zum Frolocken, zeigt einen hohen Grad der Freude an und geht auf die mancherley Ergözlichkeiten bey den heydniſchen Völkern. העמים geht wol auf die umherliegenden Völker. Den Iſ-

Hosea VIII, 1.

Ißraeliten sollen ihre Sünden nicht so frey, nicht so ungestraft hingehen, wie heydnischen Völkern, eben weil sie Gottes Volk sind. כִּי Hierinn ist der Grund enthalten, warum sie in ihrer Freude nicht so ausgelassen seyn sollen. Sie hätten nehmlich den wahren Gott, die lebendige Quelle, verlassen, und falsche Götzen, durchlöcherte Brunnen, aufgesucht. Die Redensart זָנוּת מֵעַל אֱלֹהִים ist vorher schon mehrmahls erläutert und ist auch sonst aus den Propheten bekannt. אֶתְנָן II, 14. ist die antreibende Ursache zur Abgötterey. Der Hurenlohn, allerley eingebildete zeitliche Freuden und Vortheile, trieben sie zu dieser geistlichen Hurerey, zur Abgötterey, an. Auch sahen Viele die Einkünfte ihres Landes als Vergeltungen an, welche ihnen ihre Buhlen, die falschen Götzen, zuflieffen ließen. עַל־דָּגָן. Nach der Wortfolge in unserm Texte müste man dieses mit אֶתְנָן in Verbindung setzen; als wenn auf allen Tennen voll Getreyde sich dieser eingebildete Hurenlohn zeigte. Ich habe aber diese Worte mit גִּיל in meiner Uebersetzung verbunden und sie als eine Ursache und als einen Gegenstand der Freude angesehen. Vgl. 2 Kön. XVII, 9 ff. גֹּרֶן, area, Dröschtenne. Diese Tennen schikten sich gut zu den Tänzen, welche gewönlich bey den Opfermahlzeiten angestellet wurden. Vulg. Noli laetari, Israel, noli exsultare, sicut populi: quia fornicatus es a Deo tuo,

tuo, dilexisti mercedem super omnes areas tritici. Sie haben statt אֶל die Partikel אַל gelesen und גִּיל nicht als ein nomen, sondern als den imperatiuum verbi mediae rad. Jod angesehen. LXX. Μη χαιρε Ισραηλ, μηδε ευφραινε; καθως οι λαοι, διοτι επορνευσας απο τε Θεε σε. ηγαπησας δοματα επι παντα αλωνα σιτε. Auch hier ist אַל gelesen und גִּיל als ein Zeitwort genommen. Vgl. Cappellus S. 538. 727. 776. und 864. und daselbst Scharfenberg. Jonath. Ne laetemini viri domus Israel, neque exultetis iuxta consuetudines populorum, aberrastis namque a cultu Dei vestri: dilexistis seruire idolis pro omnibus areis frumenti. Auch hier ist אַל gelesen und גִּיל als ein Zeitwort im imper. genommen. Aus dieser Paraphrase sieht man recht, daß jenes verblendete Volk reiche Ernbten als Gunstbezeigungen der Götzen ansahe. Syr. Ne lacteris Israel, neve exultes, more gentilium, eo quod aberraueris a Deo tuo et munera dilexeris ex omnibus areis. Er scheint כִּי זָנִיתָ und am Ende מִכֹּל gelesen und דָּגָן ausgelassen zu haben. Ueber נֶרֶנִית konnte leicht דָּגָן ausgelassen werden. Ar. Ne gaudeas, o Israel, neve laeteris, vt reliquae gentes; quoniam aberrasti a Deo tuo, amasti munera super omnes areas frumenti. Houbigant: Duplex esse po-

poteſt interpretatio; *dilexiſti meretricia mu-*
nera prae omnibus areis frumenti; i. e. ſatius
tibi viſum eſt ſervire Diis, tamquam mari-
tis alienis, quam vti abundantia ſrugum,
quam tibi promiſeram; in qua ſententia non
ſatis apparet, qualis ſit, *meretricia merces.*
(אתנן). Etenim aliud eſt *meretricari*, ſiue
ſervire Diis alienis, aliud habere cultus De-
orum mercedem. Quamobrem potior videtur haec altera interpretatio, *dilexiſti munera
— ſuper areas frumenti*, ſeu voluiſti habere
mercedem paratam tibi ex omnibus frumenti areis, vt pro munere idololatriae tuae
haberes frumenti decumas, quae Deo tuo
ſoluendae eſſent, ſi tu ei ſeruires. — Im
erſtern Falle kann ja aber אל nicht prae heiſſen. Houbiganten fehlt es oft an genauer Kennt-
nis der Grammatik. Ein anders wäre es, wenn
מכל da ſtünde, denn das מ praefixum heißt
oft prae. Auch die zweite Erklärung ſcheint mir
etwas Gezwungnes und Gekünſteltes zu haben.
Grotius erklärt es gut: noli tibi placere in
rebus proſperis, vt aliae gentes faciunt. Poena tibi imminet ob idololatriam, ſperaſti,
te mercedem habiturum eius cultus, proſpe-
ritatem per omnes areas frumentarias. Dathe: nolite laetari, o Iſraelitae, more alia-
rum gentium de frumenti in areis copia:
vos enim a vero Deo ad deaſtros deſciviſtis,

a quibus magnum quaestum exspectatis. Er hat die Leseart der Alten angenommen, גיל und שׂמח nur durch ein Zeitwort ausgedrükt und על-דן besser hinauf nach גיל gezogen, wie ich auch in meiner Uebersetzung gethan habe. Bahrdt bleibt bey der Leseart des Masorethischen Textes und übersezt אל גיל, iuxta exsultationem. vgl. Hiob III, 22. Die Heiden tanzten wol um die Altäre der Götter. Vor אהבת wiederholt er ganz richtig כ. Er übersezt unsern Vers: Freue dich nicht zu sehr darüber, daß du dich so delectiren kannst an deinem Hurenlohn, davon deine Korntennen voll sind. Er glaubt, vor על כל sey אשר ausgelassen, welches auf אמן gezogen werden müsse. Michaelis: Freue dich nicht, wie andre Völker, Ißrael, denn du hast dich hurerisch von Jehova deinem Gott abgewandt und Geschenke auf allen Frucht-Tennen genommen. — Das Bild, glaubt er, sey von einer unzüchtigen Frauensperson hergenommen, welche auf die Dröschtenne laufe und da für Geld preis sey. Schröder: Du sollst dich, Ißrael, nicht so freuen, wie sich die Heiden lustig machen; denn du hast wider die Hoheit (Majestät) deines Gottes durch Abgötterey gesündigt; und hast die Gaben, als einen Hurenlohn, auf allen Korntennen geliebt. — Er glaubt, dis Kapitel gehöre ohne Zweifel in die glüklichen Zeiten des Menahems, da der König Phul aus dem Lande gegangen, Ruhe und Friede und alles im

Flor

Flor war. Gott gab wieder gute Erndten und Weinlesen. Das Volk mehrte sich, trieb mit dem Handel unter den Heiden die Kaltsinnigkeit und Glechgültigkeit in der Religion aufs höchste. Wenn nun die Heiden auf ihren Erndtefesten lustig waren, frassen, soffen, spielten und tanzten, so wollte es Ißrael auch so machen. Er nimmt בג als ein Nennwort und übersezt בגד wider die Hoheit. Pfeifer: jauchze nicht, Ißrael, Jubilire nicht, wie die Nationen, denn du bist von deinem Gott gewichen. Du suchst dich an Hurenlohn zu ergözen, Des alle deine Tennen voll sind. — Im Anfange tritt er der Leseart der Alten bey und am Ende scheint er sich zu der Meynung derer zu halten, welche glauben, die Ißraeliten hätten den Erndteseegen ihren Gözen zugeschrieben. Hezel: denn du hurest wider deinen Gott, liebst Hurenlohn; (hofft) auf allen Tennen Getreyde— Gesegnete Arndten hoffst du von deinen Gözen, die du verehrest, zum Lohne.

V. 2.

Um recht deutlich zu zeigen, daß es nicht die Gözen seyn, von welchen der Erndteseegen herkomme, will Gott unfruchtbare Zeiten schicken und seine bisherigen grossen, aber unerkannten, Wohlthaten zurüknehmen. גרן ist der Singular von dem im vorhergehenden Verse vorkommenden Plu-

Plural, und יֶקֶב heißt die Kelter. לֹא־יֵרְעֵם wird (oder noch besser soll) sie nicht weiden, unterhalten, nähren. Dis waren die erglebigsten Quellen des Jsraelitischen Nationalreichthums. Wenn Oehl, Wein und Früchte nicht geriethen, was war denn anzufangen? Dis wird im andern Gliede des Verses, der Hauptsache nach, noch einmal angeführt. וְתִירוֹשׁ — Most; der junge Wein steht hier als ein Produkt von יֶקֶב. יְכַחֶשׁ בָּהּ. Dieses Zeitwort steht im Verhältnis mit לֹא יִרְעֵם. Es wird vom nicht entsprechen, die Erwartungen unbefriedigt lassen, hintergehen gebraucht. Das בָּהּ macht zu schaffen. Die Hallische Bibel zieht es auf meretriciam synagogam Israeliticam. Es bringt sich einem Ausleger fast wider Willen der Gedanke auf, statt בָּהּ, בָּם zu lesen, denn ה und ם können der Aehnlichkeit der Figur wegen nicht blos sehr leicht verwechselt werden, sondern sind auch würklich oft verwechselt worden. In dieser Vermuthung wird man gestärkt durch das Ansehen der alten Uebersetzungen und mehrerer Handschriften, zweyer bey Houbigant und des leztern Lilienthalischen. Vgl. *Lilienthal* Comm. crit. in codd. Reg. Cappellus S. 612. בָּם ginge dann auf Jßrael, welches hier collectiue steht. Vulg. Area et torcular non pascet eos & vinum mentietur eis. Hier תִּירוֹשׁ statt יַיִן genommen und בָּם gelesen. LXX. Αλων καὶ λη-

νος

νος ᾀ ϰ ἐγνω αυτ ϰαὶ ὁ' οινος ἐψευσατο αυτ. Statt ירעם ist hier ידעם gelesen, ו und ־ֹ sind sehr oft verwechselt worden. Vgl. Cappellus S. 590. auch haben sie in ihrem Exemplare schwehrlich בה, wohl aber בם vor sich gehabt. Jon. Ab area et torculari non nutrientur, vinum non sufficiet eis. Auch בם. Syr. At ab area & torculari non saturabuntur, et oleum fallet eos. Statt רעה hat er mehr שׁבע ausgedrükt und ו im Anfange gelesen, er scheint mehr dem Sinne, als den Worten nach, übersetzt, auch statt תי־שׁ, יצהר gelesen zu haben. Ar. Area & torcular non agnoscet eos, et vinum mentietur eis. Auch die wunderliche Leseart יד‌עם, wie die LXX. Houbigant nennt die beiden Handschriften, in welchen er בם fand, die eine eine Königliche, und die andre Cod. Oratoriensem. Grotius erklärt das suff. in ידעם ciues suos; und erläutert das übrige durch folgende Anmerkung: dedicasti arua & vineta tua diis falsis; egisti ἄλωα (ferias triturae). Deus ostendet, haec in non alterius, quam in sua esse potestate, & quam spes ista in diis falsis falsa fuerit. Auch glaubt er, daß diese Unfruchtbarkeit kurz vor der Ankunft des Tiglathpilesers gewesen sey. Dathe: sed area & torcular eos non pascet, mustum eis mentietur. Auch er zieht die Leseart בם vor; welches ich eben in meiner Uebersetzung auch gethan habe. Hr Bahrdt bemerkt richtig, daß unter

Ten.

Tenne und Kelter das zu verstehen sey, was sich darauf befinde, nemlich Getreyde und Wein. Man nennt diese Regel in der Auslegungskunst: continens pro contento saepe ponitur. רעה werde nicht blos von Thieren, sondern auch von Menschen gebraucht, wo es denn sättigen heißt. Er zieht auch בב und יצהר mit dem Syrer vor. Seine Gründe scheinen mir aber nicht erheblich genug. Michaelis: Tenne und Kelter soll sie nicht laben, der Most wird ihnen ausbleiben. Schröder: Weder Tenne noch Kelter wird sie erquicken (nähren), denn sie werden in selbiger (Kelter) nicht so viel Most finden, als wie sie sich versprechen. — Er ziehet בה auf יקב. Dis Nennwort ist aber ein Masculinum. Aus Mangel der Sprachkunde, glaubt er, könne man nicht sagen, ob בחש׳ der gewöhnliche Winzerterminus gewesen, wenn es am Most gefehlt. Wo aber nicht, so könnte der Prophet auf Jßraels Falschheit in der Religion gezielt haben. Pfeifer: Tenne und Kelter sollen sie nicht sättigen, der Most soll ihre Erwartung betrügen. Hezel erklärt: Ich will dir zeigen, daß ein Götze dir keinen Seegen geben könne, sondern daß er lediglich von mir abhänge. Verehre du deine Götter noch so treu; ich will dir doch Misjahre schicken, die dich von der Ohnmacht deiner Götzen ziemlich sollen überzeugen können.

V. 3.

V. 3.

Eine Gradation in den Strafen. Nicht nur sollen sie unfruchtbare Jahre haben, sondern ich will sie auch ihren Feinden Preis geben, welche sie nach Aegypten und Assyrien führen werden. לא ישבו — sie sollen nicht, wie sie sich vielleicht einbilden, in dem Lande Jehovens, das er sich zum Lieblingslande erwählet hat, bleiben, sondern ישב — Ephraim d. i. das Volk der zehn Stämme, soll wieder nach Aegypten seine Zuflucht nehmen. — Mit Aegypten hatten sie sich, gegen den Willen Gottes, vor dem Verfalle des Staates verbunden und da Hülfe gesucht. Dis wird ihnen jezt bitter vorgerükt. Beym Sturze und Umfalle des Volks flohen viele nach Aegypten. Hatte ihnen aber dieses falsche und betrügrische Volk vorher nicht geholfen, so stand jezt noch weniger Hülfe von daher zu erwarten. Die meisten musten nach Assyrien. יאכלו — Hier in Assyrien sollen sie denn genöthigt seyn, unreines zu essen. Die Speisen der Heiden waren den Juden überhaupt unrein und ein solches gefangnes Volk wurde gewiß mit seinen Speisegesetzen oft aufgezogen, manchmal auch wol vom muthwilligen Sieger genöthigt, sie zu übertreten, und aus Hunger und Zwange Dinge zu essen, welche ihr Gesetz sonst verbot. Vgl. Vitringa ad Jes. T. I. S. 213. a. 425. a. Vulg. Non habitabunt in terra Domini: reuersus fus eſt Ephraim in Aegyptum et in Aſſyriis pollutum comedit. Eben nicht paſſend ſind die ſo genannten praeterita in der vergangnen Zeit genommen. Das ן iſt vor שב ausgelaſſen. LXX. Ου κατωκησαν εν τῃ γῃ τȣ κυρίȣ. κατῴκητεν Εφραιμ εις Αιγυπτον, καὶ εν Ασσυριοις ακαθαρτα Φαγονται· Anfänglich ſind die Zeitwörter zu ſehr in der vergangnen Zeit genommen, da es doch eine Drohung ſeyn ſoll. Es kömmt faſt der Sinn heraus: das Herz der Iſraeliten habe ſo nach Aegypten gehangen, daß ſie nur mit dem Körper im Lande des Herrn geweſen, mit dem Geiſte ſich aber in Aegypten aufgehalten hätten. Sie ſcheinen ſtatt ושב geleſen zu haben שב׳. Jon. Non habitabunt in terra majeſtatis Domini, ſed reuertentur viri domus Ephraim in Aegyptum et ad Aſſur migrabunt, immundum comedent. Dieſer Paraphraſt hat den Text beſſer verſtanden, als ſeine beiden Vorgänger. Syr. Non permanebunt in terra Domini, ſed reuertetur Aphrem in Aegyptum et in Aſſyria contaminatione veſcentur. Auch richtiger, als Vulg. und LXX. Ar. Non habitabunt in terra Domini, habitabit Aphrem in Aegypto, inter Aſſyrios comedent immunda. Dieſer Ueberſetzer verbeſſert hier ſein Muſter, die LXX. Aq. überſezt das אמט μεμιασμενα, und Symm. αποβλητα· Houbigant: cum Salmanazar decem tri-

tribus fecit captiuas, qui victorem effugere potuerunt, in Aegyptum abierunt, cuius opem contra Assyrios aduocauerant. Ex hoc loco colligi potest, decem tribus, quamüis ad idololatriam prolapsas, tamen, priusquam captiuae essent, obseruasse leges de non edendis immundis cibis, etenim haec dicuntur per comminationem. Grotius erklärt den Anfang des Verses: et merito non habitabunt in terra Domini, quam illi idolorum terram esse dixerunt. Und das Uebrige: reuertentur, vnde ego eos eduxi. Nempe quia multi de decem tribubus ad primum aduentum Salmanasari in Aegyptum se recepere. Als Sclaven der Assyrier, glaubt er ferner; würden sie die verbotnen Speisen aus Zwange und bis zum Ekel geniessen. Hr D. Döderlein vergleicht Ezech, IV, 13. Dathe: non diu amplius in terra Jouae habitabunt, in Aegyptum reuertentur, in Assyria cibo immundo vescentur. Hr D. Bahrdt bemerkt, daß שוב überhaupt esse, versari, manere, commorari bedeute. Dann führt er Jerem. 42—44 an, wo gemeldet wird, daß zur Zeit des Assyrischen Krieges viele Juden nach Aegypten geflohen wären. Immunda edere, glaubt er ferner, sey so viel, als vluere inter barbaros. Michaelis: in Jehovens Lande sollen sie nicht wohnen, Ephraim mag nach Aegypten zurükgehen, und in Assyrien mögen sie unreines essen. Schröer:

Sie

Sie sollen nicht länger im Lande des Herrn bleiben, Ephraim soll nach Aegypten zurükkehren und in Assur sollen sie unreines essen. In der Anmerkung sagt er: Nun mochten sie unter der Regirung des Menahems und bey dem Schuße des Phuls denken: wer wird uns aus dem Lande jagen? Allein Gott zeigt es ihnen im voraus, wie sie theils nach Aegypten, theils nach Assyrien würden epuliren müssen, welches auch zu Hoseä, des lezten Regenten, Zeiten geschehen. Pfeifer: Sie wohnen nicht mehr im Lande Jehovens; Es kehre Ephraim nach Aegypten zurük. Und in Assyrien esse es unreines. Herr HR. Hezel erinnert: Assyrien sey gleichsam das zweite Aegypten für Ißrael, dahin es habe ins Elend wandern müssen. Er zeigt, theils sey es unmöglich gewesen, sich in der Gefangenschaft genau nach diesen Opfergesetzen zu richten, theils müsse es sehr ekelhaft gewesen seyn, etwas essen zu müssen; wogegen man von Jugend auf eine Abneigung bey sich durch die Religion unterhalten habe.

V. 4.

Das Unreine, welches sie essen müsten, dessen Hoseas eben erwähnt hatte, bringt ihn nun darauf, den gänzlichen Verfall der Opfer im Erilio und das Traurige ihres Gottesdienstes mehr auszumahlen. לא יסכו non libabunt. נסך,
liba-

libavit, effudit. Der gewönliche Ausdruck von Trankopfern. 3 Mos. XXXIII, 13. 18. ליהוה יין — Jehovae vinum — d. i. sie werden von Gottes Tempeln entfernt werden. ולא זבחיהם —Gesezt auch, sie brächten ihm noch Trankopfer dar, so werden ihre Opfer gar nicht angenehm seyn. ערב, gratus, acceptus, dulcis fuit. Ps. CIV, 34. CXIX, 122. Spr. Sal. III, 24. XIII, 19. Er wird ihre Opfer gar nicht annehmen. כלחם־להם. Wie Leichenmahlzeiten sind sie. אונים kömmt von און Entkräftung, oder von אנה, moestus fuit her. Die leztere Erklärung haben meist die Alten. Vgl. Jes. III, 26. XIX, 8. ein Ausdruck, welcher von Trauer gewönlich ist. יאמשו —die davon essen, werden verunreinigt. Es ist bekannt, daß Todte und was damit in Verbindung stand, mosaisch verunreinigte — לנפשם Jhre Speise, zur Unterhaltung ihres Lebens, wird nicht in den Tempel kommen. Man hat es wol: für ihre Seele, oder zur Versöhnung, geben wollen. Es ist aber besser, man nimmt נפש hier vom Leben, vom Essen zum Unterhalte. Nun wird der Sinn und der Grund meiner Uebersetzung Jedem einleuchten. Wenn sie aber die Erstlinge dem Herrn darzubringen versäumen, so werden sie überhaupt keine heiligen Speisen mehr geniessen, wie ehemals, als sie noch dem Herrn die Erstlinge opferten, und dis wird ein neuer Beweis ihrer gänzlichen

lichen Verstoſſung ſeyn. **Vulg.** Non libabunt Domino vinum, & non placebunt ei: ſacrificia eorum, quaſi panis lugentium: omnes, qui comedent eum, contaminabuntur: quia panis eorum animae ipſorum, non intrabit in domum Domini. Hier iſt זבחיהם zu dem folgenden כלחם אונים gezogen. Ob ſie anima von Seele oder Leben genommen habe, iſt ungewiß. **LXX.** Ουκ εσπεισαν τω κυριω οινον, καὶ ꙋκ ἡδυναν αυτω. αι θυσιαι αυτων, ως αρτος πενθꙋς αυτοις· παντες οι εσθιοντες αυτα μιανθησονται, διοτι οι αρτοι αυτων ταις ψυχαις αυτων ꙋκ εισελευσονται εις τον οικον κυριꙋ. Der Vulg. gleich. Hier ſcheint נפש mehr von der Seele genommen zu ſeyn. **Jon.** Non libabunt coram Domino libamina vini, nec ſuſcipientur cum beneplacito oblationes eorum; ſacrificia eorum erunt eis inſtar panis abominabilis: omnis qui eo veſcetur, contaminabitur, nequaqum enim eorum oblatio expiabit pro ipſis animas eorum in aede ſanctuarii Domini. Hier iſt לנפשם von der Verſöhnung der Seele genommen und es ſcheint, daß זבחיהם doppelt geleſen ſey. **Syr.** Non libabunt Domino vinum, neque condient eo ſacrificia ſua: perinde ac panis anguſtiae erit illis: omnes comedentes eum polluentur, quia panis animae eorum non ingredietur in domum Domini. Er hat זבחיהם zu ערבו gezogen. **Ar.** Non libabunt vinum Do-

Domino, neque placebunt ei sacrificia eorum, vt panis moeroris erunt eis; omnes comedentes contaminabuntur: panes enim eorum pro ipsis sunt, non ingrediuntur domum Domini. Dieser Ueberseher kömmt mit meiner Erklärung und Ueberseßung am meisten überein. Ludw. de Dieu überseßt die Hebräischen Worte: Non libabunt Domino vinum, neque miscebunt ei: sacrificia eorum tamquam panis lugentium erunt ipsis, quem quicumque edunt, polluuntur, quia panis ipsorum de cadauere ipsorum non intrat in domum domini. Er erklärt seine eigne Ueberseßung mit folgenden Worten: non sum in sententia eorum, qui existimant hic displicentiam Dei describi, qua sacrificia Israelitarum sit reiecturus, quin potius, quia v. praecedenti dicti sunt mansuri in terra Domini, sed in Aegyptum & Assyriam reuersuri, minatur ipsis Deus fore, vt in peregrina ista terra nec libamina nec sacrificia sibi sint oblaturi. De libaminibus prima verba clara sunt, *Non libabunt Domino vinum* quod sequitur ולא יערבו לו, Pagninus et alii referunt ad sequens זבחיהם. Vulgatus, Junius et alii ad praecedentia, quod nos laudamus propter accentum Segolta, quo notatur לו, et quia tum sequentia pleniorem faciunt sensum. Omnes autem, quos vidimus, *Et non placebunt illi*. nos malumus,

Et non miscebunt illi nempe vinum. Prior haec est hujus verbi significatio, et apprime huic loco videtur conueniens, vt idem sit, quod מסך, vnde et *libamen* ממסך *mixtum* dicitur Es. LXV, 11. Jam quod de libaminibus dixit, idem de sacrificiis pergit dicere, fore nempe, vt ab iis abstineant, quia tanquam panis lugentium vel luctuum (vtroque enim modo אונים exponi potest) ipsis futura essent. Panem enim funebrem studiose vitabant Hebraei, ad quos funus non pertineret. Sic, inquit, erunt vobis sacrificia: Cur autem panem funebrem vitabant? quia quicumque comederent eum, polluebantur. Cur autem eo polluebantur? quia cum panis esset de cadavere aut ad cadauer pertinens, non poterat intrare in domum Domini. Ich habe diese Stelle ganz abgeschrieben, da das Buch selten ist. Seine Erklärung ist eigen, nach dem parallelismo membrorum würklich den übrigen vorzuziehen. Houbigant erklärt אונים im Gegensatze von לחם לנפשם. Da er nun dieses übersezt: panis pro anima sua sive pro sua salute oblatus: so versteht er jenes vom sacrificio iniquitatis, seu iniquorum, seu victimae partae per fraudem ac furtum, quo sacrificio pollui, non mundari eum, a quo offeratur. Seiner Erklärung kann ich aber keinen Beyfall geben. Grotius sagt schön: omiserunt id, quum

quum poſſent: tempus veniet, vt libare Deo velint et non poſſint. Si victimas offerre velint, non erunt Deo gratae, quia contra legem in ſolo profano. Tamquam νεκροδειπνα ſiue περιδειπνα (parentalia), de quibus nihil ſolet inferri in templum. De talibus epulis vide Proverbiorum 31, 6. Jer. 16, 7. *Cibus eorum ipſis erit,* ipſorum tantum vſibus ſeruire poterit; quaſi dicat, ἔναιντο (fruantur). לחם Hebraeis eſt omne, quod editur. Nihil eius mittere ad templum poterunt, quod antehac quum facere poſſent, omiſerunt. Nimis longe ab ipſis aberit templum; poſtea & auferetur Dathe: Tunc non Jovae vinum libare poterunt; nec ei eorum ſacrificia placerent, perinde enim ac epulae funebres erunt, quibus, qui intereſt, polluitur. Cibus eorum, eorum vſibus tantum poterit inſeruire, nihil de eo ad templum Dei deferetur. Ohnſtreitig die beſte Erklärung, welche ich auch in meiner Ueberſetzung angenommen habe. Hr Bahrdt führt die verſchiednen Bedeutungen von ערב an, erklärt ſich aber nicht, welche er vorziehe. Das Wort זבחים nimmt er von Opfermahlzeiten, verſteht auch אונים von der Trauer. Ihre Opfermahlzeiten werden ihnen wie Trauermahlzeiten ſeyn i. e. eundem effectum, ſchreibt er, habebunt iſta epula, qualem habent conuiuia lugubria, ſcilicet ipſos *polluent.* Das כי, glaubt er, ſolle anzeigen, wie das vorhergehende verstanden werden müssen Michaelis: Wein werden sie Gotte nicht zum Trankopfer bringen, Opfer von ihnen werden ihm nicht angenehm seyn: sie sind, wie eine Trauermahlzeit, dadurch der verunreiniget wird, der davon isset, für ihre Leichen ist ihre Mahlzeit bestimmt, und nicht für das Haus Gottes. — Er nimmt (wie schon Ludw. de Dieu) נפש von Leiche, wie Ps. XVI. Ihr Brodt sollen sie in Kummer wegen steter Unglüksfälle essen, und auch nicht so viel haben, daß sie fröliche Opfermahlzeiten anstellen können. Zu den Trauermahlzeiten, welche als etwas unreines angesehen wurden, durfte man keine Zehnten nehmen. 5 Mos. XXVI, 14. Schröer: Sie sollen nicht dem Herrn Wein opfern, denn sie gefallen ihm nicht, ihre Opfer sind wie Todtenbrodt, alle die davon essen, werden unrein. Denn mit ihrem Opfer, das für ihre Seele verordnet ist, kommt man nicht in den Tempel des Herrn. — Ausser der zu misbilligenden Erklärung des Nennworts נפש von Seele, nimmt er יבוא impersonaliter. Hr HR. Pfeifer: nicht darbringen werden sie Jehoven Trankopfer von Weine, Nicht gefallen werden sie ihm. Ihre Opfermahlzeiten sind wie Trauermale für sie, Jeder Gast ist unrein, Denn ihr Opfer kommt nicht in den Tempel Jehovens. Nachdem Hr Hezel die Lutherische Uebersetzung nach den vorhergehenden Erläutrungen verbessert hat, macht er über diesen Vers folgende Sach-

er-

Hosea VIII, 4.

erklärung: Denn ausserhalb des Landes Canaan, und zwar ausserhalb des Tempels, konnten die Hebräer nicht opfern, wenn ihr Opfer ihrem Gott nicht äusserst misfällig seyn sollte. Sie würden sich durch ihre Dankopfer (mit welchen Gastmahle verbunden waren) ausserhalb ihres Landes, im Exil, mehr entweihen und versündigen, als sich Gottes Gnade damit erwerben. Ihre Speisen müssen sie denn blos für sich behalten, und dürfen nichts davon ihrem Gott opfern! wenn sie nehmlich ausserhalb ihres Landes — in den Assyrischen Staaten im Elende sind.

V. 5.

Daß sie ihre gewönlichen Feste im Elende nicht würden feyern können und also das Vergnügen, welches ihnen sonst diese Feyer gewähret hatte, würden aufgeben müssen, stellt der Prophet dem Volke in einer lebhaften Anrede vor Augen. מה־תעשו. Was werdet oder wollt ihr anfangen? Unsre Seelen gewöhnen sich an gewisse Beschäftigungen und es fällt uns hernach sehr schwehr, wenn wir sie entbehren und aufgeben sollen. ליום מועד — eigentlich an dem Tage der feyerlichen Zusammenkunft, von יעד. Da es aber mit dem folgenden חג־יהוה synonym steht, so ist es klar, daß unter יום מועד auch ein Festag zu verstehen sey. Nach dem ו vor dem zweiten ליום ist

aus dem Anfange zu wiederholen: מַה־תַּעֲשׂוּ.
Ohne Frage würde der simple Sinn seyn: eure
gewönlichen Festtage werdet ihr nicht mehr
feyern können und das wird euch schmerzen. Vulg. Quid facietis in die solemni, in
die festiuitatis Domini? LXX. τι ποιησετε
εν ημεραις πανηγυρεως, και εν ημερα εορτης τȣ
κυριȣ; Chald Quid facturi estis in die so-
lennitatis atque in die festiuitatis dominicae?
Syr. Quid facietis die festo, et die solemni-
tatis Domini? Ar. Quid facietis in diebus
nundinarum & in diebus festis Domini? Der
Araber hat einen Ausdruck gebraucht, welcher
von allerley feyerlichen Zusammenkünften gebraucht
wird. Aquila hat מוֹעֵד durch καιρος gegeben.
Houbigant schreibt über diese Stelle: Vatablus accipit diem conuentus pro tempore,
quo Deus sumet poenas de decem tribubus,
sententia a vocabulo מוֹעֵד prorsus aliena.
Melius Edm. Calmet festos ipsos Judaeorum
dies intelligi putat, quos suo more decem
tribus celebrabant, quamquam non ibant ad
templum Jerusalem. Atque ex hoc etiam
loco colligitur, summo studio eos festos dies retinuisse decem tribus, quandoquidem
Deus comminatur de illis festis apud Ephraim non iam celebrandis. Grotius: מוֹעֵד,
quod a Vulgata vertitur *dies solemnis*, exi-
mie dicitur de Paschate, & illis diebus, quibus ex omni terra in Templum conueniri

lex

Hosea VIII, 4.

lex praeceperat Ex. XIII, 10. XXIII, 15. XXXIV, 18. Lev. XXIII, 4. חג vero, quod hic Vulg. tranſtulit *diem feſtiuitatis*, latius patet, vt apparet Jud. XXI, 19. & Ezech. XXXXVI, 11. ubi *interlunia* intellexit Latinus interpres, quas *nundinas* appellat. *Quid facietis tunc*, ait Propheta, *cum venient tres illi dies ſolemnes*, *aut alii dies feſti?* voletis otiari; ſed domini vobis id non permittent; vrgebunt vos operibus. Vide ſupra II, 11. Etwas zu ſpeciell und beſtimmt ſcheint er mir hier מועד und חג יהוה genommen zu haben, da beide Wörter nach dem Parallelism der Glieder überhaupt Feſttage bedeuten. Dahe: quid facietis diebus conuentus ſolemnis, diebus Jouae ſacris? Viele Rükſicht auf die Derivation von מועד genommen; welches ich auch in meiner Ueberſetzung gethan habe. Herr Bahrdt: עשות de tempore dictum valet: zubringen. Michaelis: Was wollet ihr an den jährlichen Feſten und an den Feyertagen Jehovens thun? — Aehnlich der Grotiuſſiſchen Erklärung. Schröer: Was werdet ihr wol thun am Verſammlungstage, beſonders an dem Tage, welcher das Feſt des Herrn iſt? — Er verſteht nach dem Worte וליום das relat. אשר ausgelaſſen. Pfeifer: Wie bringt ihr da eure Feſttage und die dem Herrn geweihten Tage zu? עשות nach Bahrdts Idee, ſonſt יום מועד und יום חג ganz gut genommen. Herr Hezel verſteht unter

ter מועד יום die festgesezten Feste d.i. Ostern, Pfingsten, Laubhütten f. w. denkt ihr etwa, schreibt er, diese in eurem Cirkel zu feyern? Das würden weder eure Despoten leiden, noch würde es eurem Gotte, der nur in seinem Tempel zu Jerusalem (und dahin dürft ihr ni t,t — und bald wird auch der gar nicht, mehr seyn) verehrt seyn und seine Feste gefeyert haben will, gefallen.

V. 6.

Die weitern traurigen Schiksale des Volks werden angezeigt; das geliebte Vaterland werde von den Feinden verwüstet werden, die Flüchtlinge in der Fremde umkommen und das sonst schon angebaute Land werde öde und wüste stehen. הנה— Diese Partikel erregt nur die Aufmerksamkeit der Hörer und Leser auf das, was nun kommen soll. הלכו משר— Aus der Verwüstung (dem verwüsteten Lande) werden sie gehen. Sie werden fremde Länder suchen müssen, weil die Feinde alles verwüstet und nichts übrig gelassen haben. מצרים— Aegypten wird sie aufnehmen. קבץ collegit. Die verba colligendi werden aber auch de hospitio gebraucht. Schon im dritten V. war gesagt, daß sich ein grosser Theil des Volks nach Aegypten wenden werde. מף תקברם— Menphis, jener berühmte Siz der Aegyptischen Könige, wird sie begraben. Sie werden ihr übriges Leben daselbst
zu

zu bringen. Von Memphis kann man nachlesen
Cellar. Geogr. ant. II, S. 809. מחמד. Dieses Nennwort kömmt von dem Zeitworte חמד
concupiuit, desiderauit her. Desiderabilia
oder pretiosa eorum — Jes. 44, 10. לכספם
argento eorum — Die für ihr Geld ange-
schaften Kostbarkeiten. Auf silberne Gefässe kann es wol nicht gezogen werden, denn das
Prädicat zeiget an, daß es von liegenden Gründen zu verstehen sey. Es steht den Hütten
(אהלים) entgegen, Es muß also hier wol von
kostbaren, um hohen Preis augeschafften, Ge-
bäuden genommen werden. Die Leseart einiger
wenig bedeutenden Kennicottschen Handschriften
לנכסים ziehe ich der gewönlichen Leseart, wegen
des folgenden Gliedes, ganz und gar nicht vor.
Vgl. Michaelis Orient. Bibl. T. 19, S.
181. קימוש יירשם wird die Brennessel
besitzen. Es wird alles so wüste und unbewohnt
seyn, daß das Unkraut die bewohntesten Gegenden einnehmen wird. Celsius Hierob. II, S.
206 ff. versteht es von urtica vrens, maxima.
חוח באהליהם Dornen werden in ihren
Wohnungen (Hütten, Gezelten) seyn. יהיה
ist hier ausgelassen. Auch von חוח kann man
nachlesen, was Celsius L. c. I, S. 477 ff. hat.
Er versteht prunum sylvestrem darunter. Wo
Menschen ungestört wohnen und an den nöthig-
sten Bedürfnissen des Lebens keinen Mangel haben, da läßt man Brennesseln und Dornen nicht

aufkommen, aber, wo die Menschen fehlen, be=
breitet sich dieses an sich schon wuchernde Unkraut
immer mehr aus. Ich will nun die alten und
neuern berühmtesten Ausleger um Rath fragen
und auch hierdurch suchen, dem Verse noch gröſ=
ſeres Licht zu geben. Vulg. Ecce enim profecti sunt a vastitate. Aegyptus congregabit
eos, Memphis sepeliet eos: desiderabile argentum eorum vrtica haereditabit, lappa
in tabernaculis eorum. Dieſer Ueberſetzer
hat הלכו im praet. überſezt und כסף ohne ל
geleſen. LXX. Διὰ τϑτο πορευονται (richtiger Cod.
Al. πορευσονται) εκ ταλαιπωριας Αιγυπτϑ,
και εκδεξεται αυτϑς Μεμφις και θαψει αυτϑς
Μαχμας· το αργυριον αυτων ολεθρος κληρονο-
μησει αυτο, ακανθαι εν τοις σκηνωμασιν αυτων.
Dieſer Ueberſetzer weicht von unſerm Texte merk=
lich ab. Er zieht מצרים zu משׁר; nicht glük=
lich. Denn was ſoll das heiſſen: ſie gehen aus
dem Elende Aegyptens und Memphis ſ. w.
nimmt ſie auf? Liegt denn nicht Memphis auch
in Aegypten? Oder wollten ſie nur eine Retira=
de von der Seeküſte tiefer und Landeinwärts
ausdrücken? מס ziehen ſie zu קבצ.ת und מחמד
zu וסכרים. מחמד haben ſie כבמס geleſen
(Cappellus S. 561) und halten es vor ein nom.
propr. einer Stadt und überſetzen es Μαχμας,
darunter hier wol eine Aegyptiſche Stadt verſtan=
den werden müſte. קיםוש iſt durch ολεθρος ge=
geben, dis ſoll wol eine tropiſche Ueberſetzung
ſeyn,

seyn, darunter die Alexandriner, Unkraut, d.
i. verächtlich Nicht-juden verstanden haben.
Uebrigens ziehe ich die Alex. Leseart im futuro,
πορευσονται der Röm. πορευονται vor. Jon.
Ecce namque extorres erunt a facie vastato-
rum, in Aegyptum congregabuntur, in
Memphi sepelientur: in domo desiderabili
argenti eorum vrticae degent et cati erunt
in eorum praetoriis. Dieser Paraphrast erklärt ganz richtig מחמד von Wohnungen, חוח
wird durch החיל gegeben, davon vermuthet
schon Celsius Hierob. l. S. 480, daß es durch
einen Fehler der Abschreiber statt הרולים, welches Brennesseln heisse, in den Text gekommen
sey. התולין aber, welches cati in der Lat. Uebersetzung gegeben ist, sollen so viel seyn, als fe-
les siluestres, wie man aus den Anmerkungen
R. Salomon's und Kimchi's lernt. Vgl.
Celsius II, 206 f. Syr. Nam isti in prae-
dam abierunt, Aegyptus colliget eos, &
Mephes sepeliet eos, exquisitum argentum
eorum extranei possidebunt et spinae *orientur*
in tentoriis eorum. Dieser Uebersetzer hat
בשר gelesen, ס und ב sind gar leicht in Handschriften zu verwechseln. Mephes ist Memphis,
das jetzige Cairo oder Alcair. קמוש ist tropisch
von dem Unkraut derer, welche nicht Juden sind,
verstanden. Araber; Propterea ecce abeun-
tes eos a miseria Aegypti, excipiet Memphis, & sepeliet eos Machmas, calamitas
heres

heres erit argenti eorum et fentes in habitaculis eorum. Hier ist daſſelbige zu bemerken, was ich ſchon bey den LXX erinnert habe, nur zweifle ich noch, ob der Araber den richtigen Sinn, welchen die LXX mit ολεθρος verbanden, gehabt habe. Aquila überſetzt ○ gar beſonders ἐκ σοματος, und er ſo wol, als Symmachus, geben מחמד τα επιθυμηματα᾽ Houbigant bemerkt über מחמד לכסף: Nos *pretiofa, quae argento emerant*, ex ſententia potius, quam ex ipſis verbis. Suſpicamur deeſſe quidpiam. Graeci Interpr. pro מחמד conuertunt Μαχμας, quaſi legant מכמש. Sed, ſi agitur vrbs, agitur vrbs Aegypti, non vero *Machmas*, quae eſt terrae Juda, non longe ab Jeruſalem. Caeterum, quamquam verba obſcura ſunt, ſatis planum fit ex circumſtantibus rebus, ſignificari pretioſam ſupellectilem, quam terrae infoſſuri ſunt Jſraelitae, cum tentoria ſua deſerent, hoſte adueniente. Grotius: *Ecce abeunt* quidam e terra *vaſtata*. Sint quidam, qui Aſſyriorum manus effugiant, vt eveniſſe et ſupra notauimus 3. Das קבץ nimmt er von componere: pollincturam illis faciet, nec redibunt in patriam, ſo daß das folgende קבר, eine Eperegeſis des Vorigen wäre. Unter מחמד verſteht auch er domos magno pretio comparatas. אהלים gibt er durch praetoria und erinnert auch bey היה die ſchon oben beym Jonathan

Hosea VIIII, 6.

than von mir angeführte besondre Erklärung des Chaldäers. Hr D. Döderlein nimmt הלך vom Sterben nach 1 Mos. XX, 2. und שד vom Hunger. Diese Erklärung schreibt sich eigentlich von Schultens Animadvv. phil. in h. l. her. Dathe: Heu fame peribunt, Aegyptus eos colliget in sepulcrum, Memphis eos sepeliet, domos eorum magno pretio emtas vrtica occupabit, spinae succrescent in eorum tabernaculis. Diese Uebersetzung, welche sich auf die schon angeführte Schultensche Auctorität gründet, gefiel mir, als ich meine Uebersetzung verfertigte, am besten, darum habe ich sie vorgezogen. Jezt sehe ich auch ein, daß die Worte im gewönlichen Sinne ganz verständlich sind, und darum habe ich gleich im Anfange diesen Vers auf die gewönliche Weise erklärt. Hr Bahrdt: Wegen der allgemeinen Noth werden sie sich nach Aegypten verfügen. Er nimmt שד ohngefähr so, wie die LXX ταλαιπωρια. Er ist mit der Dathischen und Schultenschen Erklärung, welche auch durch Döderleins Beytritt ein Gewicht mehr bekömmt, unzufrieden, doch spricht er mit der Achtung, welche ein so würdiger Mann, als Hr D. Dathe ist, verdient. Dem לכסמם gibt er folgenden Sinn: für ihr baares Geld, das sie mitbringen, sollen sie da begraben werden. Das wird alles seyn, was sie dafür geniessen werden. Michaelis: Aus dem verwüsteten Lande flehen sie, Aegypten wird
sie

sie sammlen, Memphis begraben. Was ihre Begierde und Sehnsucht war, wird ihnen zur Schande Unkraut überziehen und Dornen in ihren Wohnungen wachsen. — Er scheint לנפשם vorgezogen zu haben, unter כהמד versteht er schöne Lustgärten. Schröder: Ach sie wandern dahin, weil alles verwüstet ist, Aegypten sammlet sie, Memphis begräbt sie, ihre schönen lieblichen Güter, die ihr Geld gekostet haben, wird die Nessel erblich besitzen, Dornen werden in ihren Wohnungen seyn. הלך nimmt er so, wie 1 Mos. XV, 2. vom Abraham, er ist gegen die Schultensche Erklärung von שד. כסף nimmt er rem argento paratam. ירש nimmt er hier zu eigentlich vom erben, es heißt auch überhaupt occupare. Pfeifer: Denn siehe! Verwüstung vertreibt sie, Aegypten treibt sie in die Enge, Memphis ist ihr Grab, Ihre kostbaren Lusthäuser sind Erbtheil der Nessel, Dorne (sproßt) in ihren Wohnungen auf. — Er bemerkt dabey: das vorgesezte מ vor כהמד macht localia im Ebräischen, um so wahrscheinlicher ist mir diese Erklärung des Grotius, die der Parallelismus אהל und die aufsprossende Nessel (oder was sonst קימוש für ein Unkraut seyn mag) verlangt. Hezel: Seht! Hunger reibt sie auf; Aegypten sammlet sie; Memphis begräbt sie; Das Reizendeste, mit ihrem Geld gekauft, — das nehmen Nesseln ein; (die darüber herwachsen — über ihre prächtigen theuer, gekauften, nun aber zerstört daliegen-

Hosea VIIII, 6. 7.

liegende Palläste und Gärten ꝛc.) Dornen wachsen in ihren Wohnungen. (nachdem sie nehmlich von Salmanasser zerstört worden). — Er glaubt, Aegypten und dessen Hauptstadt Memphis stehe hier wieder, wie K. 8, 13. 9, 3. figürlich für Assyrien. — Weil ihnen dieses wieder eben das werden oder seyn werde, was ihren Vätern ehedem Aegypten gewesen — Elend — Sclaverey!

V. 7.

Die Tage der Ahndung kommen. Im Unglücke erst werden die Israeliten einsehen, wie thöricht sie handelten, daß sie sich von den wahren Propheten, welche Gott sendete, abwendeten und falschen Propheten so leichtsinnig Gehör gaben. Der Anfang des Verses ist leicht und erhaben. פקדה und שלם sind Synonyma. Jenes Ahndung, Strafe, dieses Vergeltung Vgl. VIII: 13. Beide Ausdrücke werden wol in den Propheten von der Zeit der Strafe gebraucht. ישראל muß hier collective genommen werden, weil das vorhergehende Zeitwort im Plural stehet. Vor אויל דנביא ist wol die Partikel כ ausgelassen anzunehmen. Das Prädikat stultus. simplex (Jes. XVIII, 11.) zeigt, daß das Subjekt von falschen Propheten verstanden werden müsse. Correspondirende Sätze sind אויל הנביא und איש הרוח עשוב. Das איש הרוח

schein,

scheint mir, nach dem Französischen Ausdruck, ein Prophete soi-disant zu seyn, der gern davor gehalten werden möchte, welcher höhere Eingebung erlügt; und משגע, unsinnig gemacht, Part. von שגע. Vgl. Jerem 29, 26. Der Grund dieses Unglüks wird darauf angegeben, blos der Menge und Grösse ihrer Sünden sey es zu zuschreiben. Hier scheint mir die Ellipse zu seyn: זאת לכם, haec vobis eueniunt. Das erste Glied על רב עונך ist nicht schwehr. Ich nehme עון von der Sünde, nicht von der Strafe der Sünden. Vor רבה משטמה ist wieder על zu suppliren. Das leztere Wort zeigt eine recht wütende Verfolgung an. Hiob XXX, 21. Auf den rasenden Haß des Volks gegen den Jehova wollte ich es nicht ziehen, eher auf die Verfolgung der wahren Propheten. Wer עון von Strafe für die Sünde nimmt, der könnte bey משטמה an die Verfolgung, welche die Jsraeliten von ihren Feinden ausstehen mußten, gedenken. Vgl. Vitringa ad Jes. T. I. 253. b. 261. a. 309. b. Vulg. Venerunt dies visitationis, venerunt dies retributionis: scitote, Jsrael, stultum prophetam, insanum virum spiritualem, propter multitudinem iniquitatis tuae & multitudinem amentiae. Der Text ist mit dem unsrigen übereinstimmend; nur haben sie ידע im imper. gelesen. משטמה, welches recht die äusserste Bosheit bezeichnet, ist hier durch amentia gegeben. Der recht Zornige, der
auf-

Hosea VIIII, 7.

äufferst Boshaftige scheint den Verstand verlohren zu haben. LXX. Ηκασιν αι ημεραι της εκδικησεως (Al. σε), ηκασιν αι ημεραι της ανταποδοσεως σε, και κακωθησεται Ισραηλ ωσπερ ο προφητης ο παρεξεστηκως, ανθρωπος ο πνευματοφορος. υπο τε πληθες των αδικιων σε επληθυνθη μανια (Al. μνεια) 68. Statt יָדְעוּ haben, sie gelesen entweder יָרְעוּ oder יְרֹעוּ, daher das κακωθησεται. Vgl. Cappellus S. 590. Ueber dis haben sie אֱוִיל mit אִיךְ, ωσπερ, verwechselt, welches desto leichter geschehen konnte, ehe man Endbuchstaben gebrauchte, und noch אִיךְ schrieb; מְשֻׁגָּע haben sie denn zu הַנָּבִיא gezogen und אִישׁ דָּרִיךְ vor eine spöttische Apposition zu הַנָּבִיא gehalten. Denn πνευματοφορος und πνευματοφορειν wird vom Wahnsinne bey den Hellenisten gebraucht. S. Bahrdt ad h. l. כִּשְׁמוֹמָה geben sie, wie die Vulgata. Jon. Advenerunt dies animaduersionis, ingruerunt dies retributionis peccatorum: scient qui ex domo Israel, prophetas illis praedixisse veritatem: tenebras vero illis offudisse pseudoprophetas, ita vt adaugerent iniquitates tuas et confortarent peccata tua. Im Anfange ganz übereinstimmend mit unserm Texte; hernach ist, nach Art der Paraphrasten, mehr der Sinn, als die Worte, ausgedrükt. Syr. Advenerunt dies animadversionis, instant dies retributionis: agnoscet Israel demens

pro-

prophetam ſtultum, virum indutum ſpiritu ſtultitiae: propter multitudinem ſceleris tui, creuit laſcivia tua. Er hat איל zu ישראל gezogen, משע zu הנביא und die Worte איש רוח ſo genommen, wie die LXX ανθρωπος ο πνευματοφορος verſtanden haben, und das lezte Wort hat er mit dem Suffixe משטמתך geleſen. Ar. Aduenerunt dies vltionis, aduenerunt dies retributionis tuae: et laedetur Israel vt propheta inſanus, homo ſpiritum ſimulans, propter multitudinem impietatum tuarum: multiplicata eſt amentia tua. Den LXX gleich, welche auch nach פקדה und שלם das Suff. der 2ten Perſon, ſo wie an dem lezten Worte des Verſes, geleſen haben רבה haben beide vor 3 perſ. praet. fem. folglich für ein Zeitwort und für kein Nennwort gehalten. Aquila hat משגע durch επιληπτος und Symmachus durch ενεος überſezt. משטמה gibt jener durch εγκοτησις und ein andrer alter Ueberſezer in Montfaucon's Hexapl. Orig. εκτασις. Glorius nimmt בא in der zukünftigen Zeit. Nach ידעו ישראל nimmt er mit dem Chaldäer gleiche Ellipſe an: me verum dixiſſe, und zieht das folgende im Nominativ auf die falſchen Propheten. Den leztern Theil des W. nimmt er ſo: omnia illorum verba nihil aliud, quam culpas veſtras odiumque in bonos accendunt. Hr. D. Döderlein überſezt: quodſi venerint dies poenae: cognoſcent Jſraelitae, inſanos fuiſſe Prophetas falsos & inspiratum fuisse mente captum. Hoc autem fiet (ista mala euenient) propter tot peccata vestra et tantas *erga Deum* inimicitias. Aehnlich habe ich auch übersezt und erklärt. Dathe: Veniunt dies animaduersionis, imminet tempus vindictae destinatum, *tunc* intelligent Israelitae stultum esse *falsum* prophetam, mente captum qui iactat inspirationes. Propter tot vestra peccata odiumque implacabile ista vobis euenient. Meine Uebersetzung richtet sich in diesem Verse sehr nach der Dathischen. Herr Bahrdt bemerkt ganz richtig, daß פקדה ein Wort sey, welches im guten und bösen Verstande gebraucht werden könne; hier aber werde es durch das folgende Wort שלם für die Bedeutung im bösen Sinne bestimmt. Das ενεος des Symmachus, mutus, surdus, leitet er von αυω ab, in den man hineinschreyen muß. Struensee übersezt משגע durch Fanaticismus. Michaelis: Die Tage der Strafe sind gekommen, die Zeit der Vergeltung, und Israel wird es inne werden. Der Prophet wird zum Thoren, der Begeisterte zum Unsinnigen. Dis ist die Folge deiner vielen Sünden und der vielen Verstrickung. — Er macht eine Theilung und lieset: ורב המשטמה und wegen Menge der Fallstricke, denn dis will er durch Verstrickung sagen, auf die viele Verführung ist es gemeynt. Vgl. Oriental.

Bibl.

Hosea VIIII, 7.

Bibl. T. XIX, 181. Schröder: Es kommen die Bestrafungstage, es kommen die Vergeltungstage, die Israeliten werden erfahren: Thöricht bist du, Nabi, falscher Prophet, wahnsinnig bist du, begeisterter Mann, wegen deiner vielen Sünden, ja der Religionshaß ist groß. — Er glaubt, der Prophet rede im Vocativo den Propheten gleichsam an, auch das Suff. 2 perf. nach עליך zieht er nicht auf Israel, sondern auf den Nabi. Pfeifer: Sie kommen, die Tage der Strafe, Sie kommen, die Tage der Vergeltung. Israel solls merken, daß der Prophet ein Narr, Ein Phantast der Inspirirte sey. Bey der Grösse deiner Missethat Und der Menge der Bosheit. — Es ist die Rede, schreibt er in der Anmerkung, von den falschen Propheten, die dem Volke, so wie dem Regenten, zu schmeicheln suchten, immer Glück und Seegen verkündigten, aber dem Volke nicht wehe thun wollten. Nie seh'te es an dergleichen Leuten. Hezel nimmt באו in d. gegenwärtigen Zeit, פקדה von Strafen, Ahndung, איש רוח הנביא und von falschen Propheten, und משטמה vom Hasse gegen Gott. Newcome, welchen ich eben von der hiesigen Königlichen Bibliothek durch die Güte des Herrn HR. Heyne erhalte und von welchem ich in der Vorrede zu diesem Theile mehr sagen will *, übersezt also: The days of visita-

* An Attempt towards an improved *version,*

tation are come: The days of recompence are come. Jſrael ſhall know *that* the prophet *was* fooliſh, *That* the man of the ſpirit *was* mad: For the greatneſs of thine iniquity, and *thy* great hatred. Gröſtentheils nach meiner Erklärung. Aus dem Vorhergehenden wird deutlich werden, in welchen Worten er den maſorethiſchen Text verlaſſe und den Lesarten der alten Ueberſetzer folge. Er vergleicht recht gut die ſchönen Worte Virgils: venit ſumma dies &c. denkt auch an falſche Propheten und nimmt den Haß vom Haſſe gegen Gott.

V. 8.

Wie ſehr das Volk falſchen Propheten nachgehangen habe, wie ſehr es dadurch in ſeinem abgöttiſchen Sinne beſtärket und unglüklich geworden ſey, dis lehret dieſer Vers. צופה אפרים עם אלהי, *Ephraim blikt umher neben meinem Gotte* d. i. es wendet ſich nicht nur zu den wahren Propheten und ſucht durch dieſe ſeine Schikſale, welche der wahre Gott über daſſel-

on, a metrical arrangement, *and* an *explanation of the twelve minor prophets.* By *William Newcome* D. D. Biſhof of Waterford. London 1785 gr. 4. 246 Seiten, ohne XXXXIV Seiten Vorrede.

selbe verhängt hat, zu erfahren, sondern es gafft auch nach falschen Propheten umher, und läßt sich von ihnen lügen und Erdichtungen aufbürden. צפה wird sonst häufig von den wahren Propheten gebraucht, welche auf die Schiksale des Volkes Acht geben musten, hier aber scheint es die Bedeutung zu haben: sich nach fremder Hülfe umsehen. Klaglied. IV, 7. Daß Ephraim statt des ganzen Israelitischen Reiches stehe, habe ich schon mehrmahls erinnert. נביא־דרכיו Der Prophet ist ein Vogelstellerstrik auf allen seinen Wegen. פח ein Strik und יקוש ein Vogelfänger sind bekannte Wörter. Vgl. Von der Sache V, 1. Ps. 91, 3. Jerem. 5. 26. Sprüche. 6, 5. Offenbar ist auch hier die Rede von falschen Propheten, welche Israel dadurch, daß sie es in seinen Sünden bestätigten, eben so gefährlich wurden, als den armen Vögeln die Schlingen. משטמה ־אלהיו. Haß gegen das Haus seines Gottes d. i. gegen den Tempel, den Dienst des wahren Gottes und die Folgsamkeit gegen die wahren Propheten spüren sie bey sich die gröste Abneigung. Diese leztern Worte werden in sehr verschiednem Sinne von den alten und neuern Auslegern genommen. Vulg. Speculator Ephraim cum Deo meo: propheta laqueus ruinae factus est super omnes vias eius, insania in domo Dei eius. Diese Uebersetzung ist dunkel, bindet sich zu sehr an die Worte,

übri=

Hosea VIII, 8.

übrigens ist משטמה wieder eben so übersetzt, als im vorigen Verse. LXX Σκοπος Εφραιμ μετα θεȣ προφητης παγις σκολια επι πασας τας οδȣς αυτȣ, μαγιαν εν οικω θεȣ (Al. κυριȣ κατεπηξαν· Sie müssen אלהיו, ohne Suffixum gelesen haben, statt יוש wahrscheinlich עמו. Das κατεπηξαν kömmt wol daher, daß sie den Anfang des folgenden Verses ועמיקו hieher gezogen haben. Jonath. Prospicientes qui sunt ex domo Israel, quo permaneat eis cultus idolorum suorum; prophetis suis laqueos tendunt super omnes eorum vias, multiplicant laqueos in domo sanctuarii Dei sui. Dieser Paraphrast scheint אלהיו gelesen zu haben, ferner לנביאם; und משטמה übersetzt er am Ende ohngefähr so, wie Michaelis im vorigen Verse gethan hatte. Syr. Speculator est Aphrem cum *Deo* meo, propheta laqueus offensionis est ad omnes vias eius et lasciuia in domo Dei. Er hat ומשטמה gelesen. Ar. Aphrem speculator est cum Deo suo; Propheta laqueus est obliquus; super omnes vias eius adest amentia: descendere fecerunt in domo Domini. Einige Abweichungen von den LXX. So ist אלהיו oben, und am Ende אלהים gelesen, auch העמיק aus dem folg. V. hieher gezogen, משטמה aber, das die Alexandriner mit העמיקו verbinden, ist zu dem vorhergehenden referirt. Aquila übersetzt יקוש εσκωλωμενη, in offendiculum cadens.

Er hat wahrscheinlich so gelesen, als die LXX.
Symmachus ενεδρα, infidiae. Cappellus
erklärt משטמה odium h. e. res odio et exſe-
cratione digna, idolum nempe ſ. vitulus
aureus. *Crit. ſacr.* p. 551. Ludw. de Dieu:
Varie haec exponuntur. Vatablus, *Eſt ſpeculator ipſi Ephraim cum Deo meo*. Pagninus, *ſpeculatorem Ephraim poſuit ſibi cum
Deo meo*, Junius, *ſpeculator Ephraimum con-
iunctim Deo meo*, Geneüenſes, *Speculator
Ephraimi eſt cum Deo meo*. At ſic fuerat
ſcribendum צוֹפֶה per tſere in regimine. Addimus, etiam ſic verti poſſe: *ſpeculatur E-
phraimus apud Deum meum*. i. e. Ephraim,
(tribus Jſraeliticae nomine Ephraim ſaepe ex-
preſſae) non vult videri penitus defeciſſe,
videtur adhuc Deo meo adhaerere, ſed ſo-
lummodo ſpeculatur apud ipſum, ſpectat
quid commodum ſibi ſit ac vtile: vnde fit,
quod ſtatim ſequitur, vt omnis *Propheta*
eius fit יָקוֹשׁ פַּח, *laqueus aucupis in omnibus
viis ſuis* vel *in omnibus viis eius*, nempe Dei,
vt ſenſus fit: Ephraim cum videatur velle adhaerere Deo, ſpeculatorem tantum agit a-
pud eum, & Propheta, cum videatur velle
inſiſtere viis Dei, laqueus aucupis eſt in omnibus vſis eius, cumque domo Dei ſui delec-
tari videatur, mera eſt משטמה, *aduerſatio*
in ea. Vel ſic, *ſpeculator eſt, o Ephraim,
apud*

apud Deum meum. Dixerat verſu praecedenti, Prophetam eſſe ſtultum, virum ſpiritu praeditum eſſe inſanum, idque propter multitudinem peccatorum et magnam aduerſationem populi. At, inquit Propheta, apud Deum meum, o Ephraim, eſt verus ſpeculator, qui et tuam adverſationem & prophetarum tuorum inſaniam optime perſpicit. Praefero tamen prius. Houbigant glaubt, die LXX hätten ſtatt משמר das Wort משמה geleſen. Grotius findet die bisherigen Erklärungen dieſes Verſes ſo unzuläſſig, daß er עם in עִם verwandelt und alſo überſezt: *Speculator Ephraimi, qui populus Dei fuit* i. e. *Propheta* (qui nempe talem ſe dicit) *laqueus ad ruinam factus eſt in omnibus viis eius, odio aduerſus domum Dei eius.* i. e. templum Hieroſolymitanum. Pſeudoprophetae iſti inſidias tendebant per omnes vias viris bonis ire volentibus ad templum VI, 9. Hr D. Döderlein nimmt im Anfange die Bahrdtſche Erklärung an, davon ich bald mehr reden will. Das leztere nimmt er nach den LXX ſo, daß er העמים mit משמרו verbindet und überſezet: *celare ſtudent odia ſua erga domum Jehouae* i. e. Iſraelitas. Er verweiſet auf ſeine 5, 3 gegebne Erklärung. Burk, von deſſen Gnomon ich in der Einleitung geredet habe, überſezt עם *contra, aduerſus,* ſo daß Hoſeas ſage: *Ephraimus*

imus quaſi in ſpecula excubat aduerſus Deum meum d. i. ſtudioſe omnia conquirit, quae poſſit Deo inuidioſe imputare, ſiniſtre interpretari, in praetextum impietatis ſuae convertere, vti non ſervus Dei, ſed eius cuſtos & cenſor eſſet. Zum Beweiſe dieſer Bedeutung von עם führt er 5 Moſ. IX, 7. an. נביא verſteht er auch vom falſchen Propheten und das Suff. in דרכיו zieht er auf Iſrael. Nach משטמה nimmt er ein verbum nomini conueniens als ausgelaſſen an. Dathe: Ephraimitae praeter Deum meum alia auxilia ſpectant, prophetae *falſi* illis vbique inſidiantur, animo *in Deum* infenſiſſimo ſunt in templo idolorum ſuorum. — Zum Beweiſe, daß עם praeter heiſſe, führt er Pſ. 73. 25 an; und daß עפה aliorum auxilia anquirere heiſſe, Klaglied. VI, 17. Meine Ueberſetzung hat ſehr viel ähnliches mit der Dathiſchen. Hr Bahrdt fängt die Conſtruction mit נביא an und nimmt den Sinn alſo: *Propheta decipit Ephraimum cum Deo meo*, dum inſpirationes diuinas ſimulat. Er glaubt nehmlich, עלה heiſſe ſpeculari, inſidiari, decipere. Die leztere Bedeutung findet man bey den LXX Sprüch. 26, 23. Das übrige nimmt er: *laqueus aucupis eſt* (ſc. pſeudopropheta) *in omnibus viis ſuis* (i. e. omnes actiones ſuas ita dirigunt, vt plebs credula decipiatur). Am Ende

Ende ließt er אלהי und überſetzt: in ipſo templo *Dei mei* mendacia ſua audaciſſima proclamare conantur iſti effrenes. Er glaubt, in Handſchriften ſey das ב oft halb verblichen, daß daraus leicht ' oder ו habe entſtehen können, und man auch umgekehrt, wo ' oder ו eigentlich ſeyn müſten, ein ב vermuthet habe. Daher denn dieſe vielen verſchiednen Lesearten. Michaelis: Ephraim lauret auf das Volk meines Gottes, der Prophet iſt eine auf allen ſeinen Wegen gelegte Schlinge, ein Fallſtrick im Hauſe ſeiner Götter. — Er ließt mit Grotius עם, nimmt den Sinn aber anders, als jener, ſo daß der Sinn herauskömmt: Der herrſchende Stamm ſucht zu verführen, eine Klage, die ſchon oft da geweſen iſt. Unter dem Propheten nimmt er den gedungnen Propheten der güldenen Kälber oder gar der Götzen. Schröer: der die Aufſicht über Ephraim führt, (Ephraims Biſchof) iſt bey meinem Gott: Aber der falſche Prophet legt auf allen ſeinen Wegen Strick und Netz als ein Vogelſteller, das iſt der tödliche Haß wider das Haus ſeines Gottes. — Er erklärt aus 1 Pet. 2, 25. צופה und verſteht darunter den Heiland. Zwiſchen ihm und dem Nabi (dem falſchen Propheten) macht er einen Gegenſatz. Seine Anmerkungen mögen recht gut gemeynt ſeyn, im Hebräiſchen ſind ſie aber nicht gegründet. Pfeifer: Ephraim lauert auf das Volk meines Gottes, die Propheten ſind Schlingen überall. Zur Verführung im Tempel

ſei-

seines Gottes — Er zieht mit Grotius und Michaelis die leseart עִם vor, versteht diesen Vers vom schlechten Verhalten der Jßraeliten gegen die Juden, welche sie auch gern zur Abgötterey reizen wollten und glaubt, daß die Verführung der Brüder hier getadelt werde. Hezel hat wieder eine ganz eigene Erklärung: Ephraim will in die Ferne (Zukunft) sehen mit meinem Gott! (d. i. ihre falschen Propheten geben Offenbarungen vor, die sie von dem wahren Gott erhalten haben wollen, Jßrael glaubt ihnen, weils schmeichelhafte Prophezeyungen sind, ob sie gleich den Weissagungen und Drohungen der wahren Propheten, die vom wahren Gott würklich belehret sind, gerade zu widersprechen) der Prophet (nehmlich diese falschen Propheten) ist eine Voglersschlinge auf allen seinen (Ephraims oder Jßraels) Wegen (d. i. diese falschen Propheten führen die Jßraeliten ins Unglük. Sie verheissen ihnen, ihres schändlichen Betragens gegen ihren Gott ohngeachtet, lauter glükliche Aussichten und glaubt denn das Volk keine Bewegungsgründe zur Besserung zu finden. Es bleibt, wie es ist und die göttlichen Strafen treffen desto sicherer ein) Gotteshaß in seinem Tempel (verursachen diese falschen Propheten nämlich. d. i. sie machen, daß das Volk seinen Haß gegen Jova und seine reine Religion, gegen seinen reinen Gottesdienst, behält und sein Unwesen

fen fortführt). Newcome: The watchman of Ephraim *taketh part* with my God: The prophet *is as* the snare of the fowler Jn all his ways. They have made deep *their* hatred against the house of my God. — צֹפֶה nimmt er von wahren Propheten, wie Ezech. III, 17. XXXIII, 7. erklärt עִם aus Richter II, 18. zieht die Leseart einiger Handschriften, אָרְחִי vor, und referirt הַעֲמִיקוּ aus dem folgenden Verse noch hieher. Er richtet sich oft nach Bahrdten.

V. 9.

Die Grösse und Menge der Versündigungen im Jsraelitischen Reiche wird noch bestimmter ausgedrukt. Ueber הַעֲמִיקוּ, welches einige Alte und Neuere noch zum vorigen Verse ziehen, sind wieder die Ueberseher nicht gleich, indem das profunde fecerunt bald intensiue von der Grösse ihrer Versündigungen, bald von der Stille und Heimlichkeit, mit welcher sie gesündigt hätten, genommen wird. Wer הַעֲמִיקוּ hieher zieht, der kann שִׁחֵתוּ, welches Zeitwort in Piel schändliche Werke thun heißt; als eine Eperegesin des vorigen Wortes ansehen. Wie die LXX הֶעְמִיקוּ genommen haben, erinnerte ich schon beym vorigen V. Man vergleiche aber darüber noch Cappellus S. 551. כִּימֵי הַגִּבְעָה־

wie

wie in den Tagen oder zur Zeit Gibea. Die Einwohner dieser Stadt trieben Knabenschande und versündigten sich ausserordentlich an einem Leviten und seinem Kebsweibe, so daß beinahe der ganze Stamm Benjamin ausgerottet wurde. Richter K. 19. 20. Der gegenwärtige Sittenverfall und die Gottlosigkeit dieser Zeit wird mit jener Ruchlosigkeit der frühern Zeit in Vergleichung gestellt. Siehe von diesem Gibea *Cellar.* Geogr. ant. II, 469. 50. יזכר־חטאותם. Ein Subjectum ist nicht ausgedrükt; entweder muß man Gott subintelligiren, oder, wie es der Genius der Hebr. Sprache mit sich bringt, man muß ein Partic. als ausgelassen annehmen und den Satz impersonaliter verstehen: *ihre Vergehungen wird man anmerken, ihre Sünden ahnden.* Die alten und neuern Ausleger werden uns auch hier auf mehrere Erklärungen leiten: *Vulg* Profunde peccauerunt sicut in diebus Gabaa: recordabitur iniquitatis eorum. Ihr Text ist mit dem unsrigen ganz übereinstimmend. Daß man ja nicht glaube, sie hätten da, wo wir zwey Zeitwörter lesen, etwa nur eins gehabt. Vielmehr ist ihre Uebersetzung zu loben; denn da die Hebräer mehrmahls Partikeln durch Zeitwörter ausdrücken: so könnte hier העמיקו blos den Begrif tief oder sehr, verbunden, mit שחתו ausdrücken. LXX. Εφθαρησαν κατα τας ημερας τυ βυνυ. μνησθησεται αδικιας αυτων (Al. αυτυ), και εκδικησει αμαρτιας ἥσας αυτων (Al. αυτȣ). Sie haben, wie vorher schon erinnert worden, הֶעְמִיקוּ noch zum vorigen W. gezogen, הַגִּבְעָה nicht als ein nom. propr. sondern appellat. Collis überseßt, und übrigens die impersonelle Redensart nicht verstanden, weil sie solche in der Ueberseßung nicht ausdrücken. Jon. Adauxere corruptionem ficut in diebus Gabaa; poenas fumet peccatorum eorum, puniet illorum iniquitates. Hier sind die beiden ersten Zeitwörter sehr gut ausgedrükt. Ihr אסגיאו להבלא ist eigentlich: ad faſtigium perduxerunt peruerfitatem. Am Schluſſe ſoll vermuthlich Gott als ausgelaßnes Subjectum verſtanden werden. Syr. In ima penetrarunt & corruptionem commiſerunt, vt diebus collis: proinde recordabitur iniquitatis eorum, & vifitabit peccata eorum. Im Anfange הֶעְמִיקוּ zu wörtlich, im Uebrigen den LXX gleich. Vor יִזְכֹּר iſt eine Partikel מכיל. Eine Handſchrift und 5 Ausgaben leſen עַתָּה. S. Newcome. Ar. Corrupti ſunt ut diebus collis, Recordabitur impietatis eorum vlciſcetur peccata eorum. Den LXX vom Anfange bis zu Ende gleich. Grotius drükt den Nachdruck von הֶעְמִיקוּ so aus: Jmprudentiſſime ſe corruperunt. Non in fuperficie natat illis improbitas, ſed in imo corde refidet. Burke drükt die beiden erſten Zeitwörter alſo aus: profundiſſima corruptione corruperunt vias ſuas.

ſuas. **Dathe:** aeque grauiter peccant, ac tempore Gibeae, ſed memor erit iniquitatis eorum, puniet eorum peccata. Das Subject des lezten Gliedes iſt hier nicht ausgebrükt. Ich habe deswegen in meiner Ueberſetzung es mehr imperſonaliter ausgebrükt. **Bahrdt** glaubt, das העמיקו brücke ohngefähr das aus, was wir im Deutſchen ſagen: **aufs höchſte treiben.** Modum excedunt in ſceleribus ſuis. Et ſummus gradus turpitudinis (quaſi שחמה) cernebatur v:re in Gibea. **Michaelis:** In den Tiefen treiben ſie Böſes: Gott wird ſich ihrer Schuld erinnern, wie zur Zeit Gibea, und ihre Sünden ſtrafen. — Er gedenkt an die tiefen grauſichten Thäler, davon V, 2. Auch drükt er gut das Subjekt im zweiten Gliede des Verſes aus. **Schröer.** Sie führen ein allzutiefes Verderben ein, wie ehemals zu Gibea: Er wird zeigen, daß er ihren Abfall anrechne, er wird ihre Sünden beſtrafen. **Pfeifer:** Aufs höchſte treiben ſie es, wie zu Gibea's Zeiten. Jezt denkt er ihrer Miſſethat, Straft ihre Bosheit. — Er nimmt von den beiden Zeitwörtern die Barthiſche Erklärung an. Da aber zu Gibea viele Gottloſigkeiten vorgefallen ſeyn mögen, ſo wagt er es nicht zu beſtimmen, ob hier gerade an die gewönlich angeführte Geſchichte gedacht werde. Herr Hezel: ſie machen's zu arg. Uebrigens bleibt er bey den gewönlichen Erklärungen. **Newcome:** They have corrupted themſelves, as

in

in the days of Gibeah. He will remember their iniquity, he will visit their sins. — Er zieht הימים zum vorigen, bleibt übrigens bey den gewönlichen Erklärungen. In dem Appendix nimmt er die Bahrdtische Erklärung von העמיקו an und überſezt: they have *deeply* corrupted themſelves &c.

V. 10.

Hier wendet ſich die Vorſtellung zu einem andern Bilde. Es wird vorgeſtellt, wie ſich Gott des Volks annahm, es einer beſſern und vernünftigern Religion würdigte, als die übrigen Völker der Erde hatten: wie es aber bald durch Abgötterey wieder von ihm abfiel. כענבים־ישראל. Wie Trauben in der Wüſte fand ich Iſrael. Es würde dem Wandrer ſehr erquickend und Durſtlöſchend ſeyn, wenn er in der Wüſte Trauben finden würde. Dis iſt das erſte Bild; dann folgt das zweite: כבכורה־אביתיכם Wie die erſte Frucht am Feigenbaume, wenn er zum erſtenmahle trägt, ſah ich eure Väter. Der Feigenbaum trägt in Paläſtina dreymal. Die erſte Frucht, welche im Junius reift, nennt man wol mit dem Arab. Namen Bockore. Vgl. Buhle Calend. Palaeſt. S. 15 Die Worte ſelbſt haben keine weitere Schwierigkeit; aber die Abſicht und der Sinn des Bildes wird nicht von allen Auslegern gleich genommen. Es würde gegen die Geschichte seyn, wenn man dis von dem vortreflichen Gehorsame des Volks bey der Ausführung aus Aegypten verstehen wollte. Ich denke an die grosse Liebe, welche Gott gegen die Israeliten hegte, und welche machte, daß ihm dis Volk so lieb und werth war, als jene Früchte den Reisenden zu seyn pflegen. Bey אבות denkt man wol am richtigsten an Abraham, Isaak und Jakob. Vgl. 2 Mos. II, 24. IV, 22. 31. Aber das Volk erwiederte Gotte diese ausnehmende Liebe mit schnödem Undancke. Statt ihn über alles zu lieben, hängten sie sich an schändliche Götzen. המה־פעור. Sie gingen zum Baal Peor. Von diesem Götzen redet die Bibel oft. S. 4 Mos. XXIII, 28. XXV, 3. 5. Pf. CVI, 28. Seldenus de diis Syris II, 5. Drusius b. d. St. וינזרו־בשת Sie weiheten sich der Schande d. i. dem schändlichen Götzen. Dis נזר wird in der Bibel mehrmals vom Heiligen, Widmen und Aufopfern an die Götzen gebraucht. S. Mos. XXII, 2. Zachariä VII, 3. 4. In der Stelle Pf. CVI, 28. steht ein andres Wort. Eine Hauptstelle ist 4 Mos. XXV, 1—9. בשת ist ein sehr gewönlicher Name von den Götzen, ein Synonymum von בעל. S. Jerem. III, 24. XI, 13. ויחיו שקוצים Und sie waren Greuel, nehmlich vor Gott durch die schändlichen Werke der Abgötterey. Dis Nennwort kömmt auch als ein Name der Götzen selbst vor, so wie von jeder

ab-

Hosea VIIII, 10.

abscheulichen Sache. 3 Mos. VII, 21. XI, 10. 11. 13. אהביהם — Der Infinit. mit dem Suff. secundum amare eos, um ihrer abscheulichen Brunst willen. Vgl. Vitringa ad Jes. T. I 46a. b. Die alten Uebersetzer werden uns noch auf mehrere Ideen über diesen Vers leiten. Vulg. quasi vuas in deserto, & inueni Israel: quasi prima poma ficulneae in cacumine eius, vidi patres eorum: ipsi autem intrauerunt ad Beelphegor, & abalienati sunt in confusionem & facti sunt abominabiles, sicut ea quae dilexerunt. Vor מצאתי ist hier noch ein א gelesen. ראשית, die Zeit, da Früchte reif werden, ist hier durch Gipfel oder Krone des Feigenbaums gegeben. אבותם statt אבותם ist gelesen. בא in dem Sinne des Eingehens, nehml. in den Tempel, genommen. הנזר durch abalienari, denn es ist eigentlich darinn der Begrif des abgesondert werden. Bey manchen Götzendiensten war eine gewisse heilige Absonderung in Hayen oder Nichen des Tempels nöthig. בשת Verwirrung, die aus Schande entspringt. Diese Bedeutung hat das Wort zuweilen in der Bibel, hier aber ist es gewiß nicht diejenige, welche in der Uebersetzung zu wählen war. Das אהבם ist von dem Gegenstande dessen, was sie liebten, von den Midianiterinnen, mit denen sie hurten recht gut übersezt. LXX. Ὡς σαφυλην εν ερημ ευρον τον Ἰσραηλ. καὶ ως σκοπον εν συκῃ πρω ιμον πατερας αυτων ειδον· αυτοι εισηλθον προ του Βεελφεγωρ, καὶ απηλλοτριωθησαν εις αι σχυνην, καὶ εγενοντο οι εβδελυγμενοι, ως οι ἠγαπημενοι· Bey σκοπος ist καρπος zu verstehen. σκοπος ist hier ein Adject. und steht statt dessen, was alle Leute ansehen d. i. vortreflich, herrlich. Vgl. Bahrdt und aus ihm Schleusner Spicileg. I. ad *Biel. Thef.* ראשית ist hier recht gut durch πρωιμος übersezt; in dem übrigen ganz der Vulg. ähnlich. Sie scheinen das lezte Wort als das Part. Paul. gelesen zu haben. כאהבם Vgl. Cappellus p. 534. Jonath. Sicut vitis, quae plantata est iuxta fontem aquarum, sic in deserto occurrit verbum meum Jsraeli: quasi primos fructus in ficu, quos in principio producit, dilexi patres vestros: ipsi vero adiunxerunt se Beel Peor & errauerunt in confusione, & facti sunt abominabiles, secundum quod dilexerunt. Im Anfange läßt sich diese Paraphrase mit unserm Texte nicht gut vereinigen. Hernach wird die Harmonie grösser und dis wird ein Hülfsmittel richtiger Ueberseßung. Statt אבותים der LXX ist אבותיבם gelesen, statt יהי, das er durch errarunt übersetzet, scheint er auch anders gelesen zu haben; wenn es nicht mehrere Erklärung in der Paraphrase seyn soll. Syr. Vt uvas in deserto repereram Jsraelem, atque vt ficum praecocem videram patres eorum: verum ipsi ingressi sunt ad Beel-Phegor, & nazareos se fecerunt ignominiae, & dediderunt se abominationi prout amaueruut. Vor כִּבְכּוּרָה ist noch '. Hier ist das נזר, davon die Mönche des A. T. die Nasiräer, den Namen haben, recht gut ausgedrükt. Ar. Vt vuam in deserto repererunt Jsraelem, & vt custodem primum in ficu repererunt patrem eorum. Jpsi ingressi sunt ad Baalphegor &, abalienauerunt se turpitudini; & qui erant dilecti, facti sunt vt despecti. Im Anfange ist in der 3ten Person plur. gelesen, statt אֲבוֹתָם, אֲבֹהָם oder אֲבֹתָם· Σκοπος der LXX ist nicht verstanden, sondern vom Hüter der Früchte genommen. Statt כְּאָהֳבָם, glaube ich, hat dieser Uebersetzer מֵאָרְבָם in seinem Exemplare gehabt. Ein alter Griechischer Uebersetzer, beym Montfaucon Αλλος bezeichnet, übersetzt ως συκον. Ich glaube, er laß vor הַתְּאֵנָה statt des ב ein כ. Jedoch bemerkt schon Hr Bahrdt, daß diese Griech. Worte versetzt wären, zu כִּבְכּוּרָה gehörten, und eine Variante der LXX statt ως σκοπον wären. Grotius: Si cui per desertam Arabiam peregrinanti uvae obueniant, valde eis laetatur: sic et Deus laetatus est, cum vidit populi Jsraelitici in deserto actiones bonas. — Aber führten sie sich dann in der Wüste so gut auf? Die Geschichte lehrt ja das gerade Gegentheil Noch führt er aus Plinius N. H, XVII, 27. die Stelle an; ficus praematurae amantur, sed facile pereunt. Burk hat nichts eignes in der Erklärung. Er macht aber die richtige Bemerkung: omnis amor amantem quodammodo similem facit amato. Dathe: Vt uvas in deserto inveni Israelitas, vt ficus praecoces, quando primi eius fructus maturescunt, vidi patres vestros. Illi vero ad Baal Peorem discesserunt, atque sacris his pudendis initiati, tradiderunt se idolis abominabilibus, pro turpi quo feruntur amore. — Das Bild erläutert er durch folgende Anmerkung: Summo amore & cura amplexus sum patres vestros, vt hortulanus solet arborem, quae primos fructus fert, in primis diligenter curare. In meiner Uebersetzung habe ich hieraus Manches entlehnt. Bahrdt erklärt נצא nach der Deutschen Redensart; wie finden Sie den Wein? statt: wie schmekt er ihnen? Er erklärt daraus מצאתי also: saporem mihi pararunt tam gratum, qualem uvae in deserto iter facienti. Das Ingredi ad aliquem sey ein Hebraism, welcher nichts weiter bezeichne, als conuersari, iungere se alicui. Das באתם gibt er: vt feruntur pruritu suo, nach ihrer herrschenden Neigung. Michaelis: Wie Weintrauben fand ich Israel in der Wüste, wie frühreife Feigen in der ersten Feigenzeit ward ich eurer Väter gewahr: aber sie giengen zum Baal Peor; heiligten sich dem stummen Götzenbilde und wurden ein Abscheu, wie das, was sie liebten. — Er erklärt in der Anmerk. das Bild; um eine Zeit, da das ganze menschliche Geschlecht zum tief-

tiefsten Aberglauben und Vielgötterey herabgesunken war, fand Gott ein Volk in der Wüste, das den wahren Gott erkannte, gleichsam eine frühreife Frucht und Vorspiel dessen, was Gottlob! jezt so viele Völker geworden sind, vernünftig und Verehrer eines einzigen Gottes. Von den frühzeitigen Feigen s. seine Supplem. ad Lex. p. 176. Von Baal Peor Mos. Recht T. II. 157. 158- V, 285=288. Suppl. ad Lex. Hebr. p. 205. Unter dem Gegenstande dessen, was sie liebten, versteht er den Baal Peor selbst, oder die Midianiterinnen, welchen ihm zu Ehren die Jungfrauschaft genommen wurde. Schröer: Wie man Weintrauben in der Wüste findet, so traf ich Israel an; und ich sahe eure Väter mit Lust an, wie die ersten Früchte am Feigenbaum bey seinen ersten Trieben: allein sie kamen zum Baal-Peor und fielen ab zum Schandgözen und wurden zu greuelhaften Leuten, wie ihre Buhlen. Pfeifer: Wie Trauben in der Wüste fand ich Israel; Wie frühreife Feige in ihrer Blüthe, sah ich eure Väter: Sie aber giengen zum Gözen Peor, Weihten sich der Schande Und wurden Greuel durch ihre Neigung — In der Anmerkung führt er das schön aus, was ich auch vorher schon erwähnt habe. Luther hat diesen Vers so gut übersezt, daß Hr Hezel keine Verbesserung nöthig hatte. Newcome: As grapes in the desert, I found Israel; As the early fruit on the fig-tree in its beginning of *bearing*, saw

your

your fathers: *But they went after Baal Peor and separated themselves unto shame, and became abominable as the object of their love.* In seinen Anmerkk. erläutert er für Englische Leser den V. recht gut.

V. 11.

Für diese schlechte Erwiedrung der so großen göttlichen Liebe wird nun dem Volke das größte Unglück gedroht. אפרים steht hier absolute, oder es ist, wie man sonst zu sagen pflegt, ein Subject, das von seinem Prädicate abgesondert ist. Was anlanget Ephraim. ככבוד– Wie ein Vogel, d. h. mit Vogelschnelligkeit, wird seine Ehre, der herrliche blühende Zustand des Volkes, und hier besonders wegen der Folge, seine Kinder, seine emporblühende junge Mannschaft, verfliegen, ausgerottet werden. Ephraim muß damals ein noch recht blühender Stamm gewesen seyn. מלדה– der Infin. mit dem מ priuatiuo: daß nicht gebähren, die Gebährenden, die Mütter, ומבטן, daß die Gebär-Mutter die Frucht nicht zur Zeitigung bringe, also viele Umschläge, und unzeitige Geburten vorfallen, ומהריון und daß gar nicht empfangen werde. Von הרה concepit. Man kann aber alle drey Ausdrücke synonym nehmen, daß blos die Ursache angegeben werde, warum Ephraims blühende Mannschaft so abnehme. Der Krieg

Krieg frißt viele, und der Zuwachs durch neue Geburten fällt weg. Vulg. Ephraim quasi avis avolauit, gloria eorum a partu, & ab utero, & a conceptu. Man sieht, dieser Uebersetzer hat Ephraim nicht vor einen absoluten Nominativ gehalten, sondern mit כעוף יתעופף verbunden, hingegen כבודם mit den folgenden Wörtern construirt. Er band sich nicht an die Accente, die später sind. Der Sinn gewinnt dadurch nichts, eher wird der Sinn noch undeutlicher, denn es erhellt nicht, was das zweite Glied des V. vor einen Sinn haben solle. LXX. Ἐ-φραιμ ὡς ὄρνεον ἐξεπετάσθη, αἱ δόξαι αὐτῶν ἐκ τόκων, καὶ ὠδίνων καὶ συλλήψεων· Construirt haben sie die Worte, wie die Vulgata; nur scheinen sie כבודים in der mehrern Zahl gelesen und מ nicht priuatiue, sondern caussaliter genommen zu haben, so daß der Satz herauskömmt: „Mit Ephraim ist es vorbey, dessen Glük hängt „von den Geburten ab (und diese schlagen fehl, „erfolgen nicht, wie sie sollten„). Es scheint auch, das בנין mit רחם verwechselt sey. Jon. Domus Israel, sicut auis, quam abegerunt a nido suo, transfert se; sic recessit gloria eorum: liberos non multiplicabunt, & ob fructum ventris sui non laetabuntur, quod prohibuerint pedes suos, ne comparerent in domo sanctuarii mei. Zu sehr Paraphrast mit Zusätzen, als daß man den reinen Gehalt des vor sich gehabten Textes richtig herausbringen könnte.

te. Syr. Aphremitarum gloria tamquam volucris avolauit, inde a partu, a ventre, & a conceptu. Eine ganz leichte Erklärung, nur würde dann auch hier מ nicht priuatiue, sondern confecutiue genommen werden müssen. Ar. Aphrem volauit, vt auis, gloriae eorum inde a natiuitate, partu & conceptu. Den LXX gleich. Aq. Symm. Theod. und E. beym Montfaucon geben die lezten drey Wörter: απο τοκετων, καὶ απο γαϛρος, 'καὶ απο συλλη ψεως· Γαϛηρ ist die Gebärmutter, worinn der Embryo ist. Daher εν γαϛρι εχειν schwanger seyn. Grotius bemerkt bey כבוד intellige hic foecunditatem, de qua se iactabant; bey מלדה, i. e. infantes a matre recentes morientur. ומבטן, abortient foeminae, und das lezte Wort: concubitus erunt infoecundi. Burk nimmt אפרים richtig, als einen abfoluten Nominativ, כבוד aber erklärt er weniger richtig: optimum quemque & praestantissimum. Von den leztern drey Wörtern bemerkt er: Gradatio trimembris, ordine inverso posita: *non parient*, immo vero ne *uterum* quidem gestabunt: imo vero ne *concipient* quidem. Dathe: Ephraimitarum gloria sicuti auis auolabit, infantes recens nati morientur, matres abortum patientur, concubitus erunt infoecundi. Wie man sieht, nach Grotius hat sich der Hr D. gerichtet; eines solchen Führers braucht man sich selten zu schämen. Meine

Ue-

Uebersetzung nähert sich auch diesen beiden Auslegern am meisten. Bahrdt nimmt אֶפְרַיִם richtig als ein subject. divis. a praedicato, *Ephraimitas quod attinet*; und כבוד erklärt er auch
gut: *honos, decus* h. l. est id, in quo gloriam
suam ponebant i. e. *larga soboles*. Nam sum-
mum decus apud Judaeos florere sobole.
Hinc Luc. I, 47. ταπεινωσις pro sterilitate.
(Ohngefähr eben so gebrauchen die ächten Griechen
ihr κλεος) כ erklärt er: vt non sit. לדה, ex-
clusio partus. בטן grauiditas und הריון, con-
ceptio. Michaelis: Ephraims zahlreiche Mannschaft wird wie Vögel verfliegen, gleich von der
Geburt, von Mutterleibe, und von der Empfängnis an. — Nähert sich den alten Uebersetzern
am meisten. Schröer: Was Ephraim betrifft,
so wird ihre Herrlichkeit, das ist, ihre Jugend,
(junge Kinder) wie ein Vogel entfliehen, von
der Geburt und Mutterleibe; ja von der
Empfängnis an. — Er ist mehr Paraphrast,
als Uebersetzer. Er kann es nicht lassen, bey jeder Gelegenheit dem Grotius und seinen Nach-
folgern einen Hieb zu versetzen. So erinnert er
hier הרה komme nie vom concubitu, sondern
von der Conception vor. Läßt sich denn aber diese ohne jenen gedenken? Pfeifer: Ephraimiten!
wie ein Vogel entfleucht ihr Ansehen, In der
Geburt, in Mutterleibe, in der Zeugung! —
Dieser Uebersetzer unterscheidet sich dadurch von
allen seinen Vorgängern, daß er die lezten drey
Worte nicht eigentlich nimmt. Er schreibt in
der

der Anmerkung: der Verstand ist: Ephraim hätte ein angesehener Staat werden können: aber vom ersten, allerersten Entstehen desselben, ging alles schief. Dis soll die gradatio inuersa: von der Geburt, Mutterleibe, Zeugung, anzeigen. Man mag nun die Zeugung anfangen, wo man will. Etwa da, als Moses das Volk in der Wüste gleichsam formte, und dann dessen weitere Ausbildung bis auf Jerobeam 1. unter welchen dessen Geburt angenommen werden kann, da es ein eignes Königreich wurde. Zu Mosis Zeiten vergiengen sie sich mit dem Peor und zu Jerobeams 1. Zeiten kam der Apis=Dienst wieder auf. Wahre Ehre, eigner Vorzug der Jsraeliten, sollte Jehovens Religion seyn. Nie dachte man daran. Etwas für diese Erklärung liegt im vorigen Verse; doch scheint sie mir etwas zu gekünstelt. Hr Hezel nimmt den Vers sim Sinn des Grotius und macht noch die Bemerkung: So ein Schiksal dürfte nur einmal ein Volk haben, um in der nächsten Generation äusserst geschwächt und ausser Stand zu seyn, sich gegen den kleinsten Feind zu schützen und unversehens aus der Völkerzahl zu verschwinden. Newcome: *As for* Ephraim, their glory shall fly away as a bird; So that there shall be no birth, no carrying in the womb, no conception. Aus dem Appendix erhellt, daß Secker נבכ durch fruitfulness erklärte.

V. 12.

Hosea VIIII, 12.

V. 12.

Der Gedanke des vorigen Verses wird hier mehr ausgeführt. Wenn auch das Unglük ihre Kinder nicht klein überfallen sollte, so will ich sie, wenn sie erwachsen sind, wegraffen, so daß der Menschen unter ihnen immer weniger werden. Die Bothschaft von der Geburt eines Sohnes soll ihnen wenig Freude bringen, weil sie vorher schon ahnden und durch mehrere Erfahrung bestätigt fürchten müssen, daß er nicht lange werde am Leben bleiben. כי אם־בניהם. Gesezt auch, sie brächten ihre Kinder auf. — Das Piel von גדל drükt das Deutsche aufbringen, groß ziehen sehr gut aus. ושכלתים מאדם so will ich sie derselben berauben, so daß sie keine Nachkommen behalten sollen. שכל orbus fuit, Pi. orbum facio, orbo. Das מ vor אדם ist wieder, wie im vorhergehenden Verse, priuatiue zu nehmen. Die göttlichen Strafen werden gewönlich so geschildert, und es ist nicht nöthig, daß man alles zu eigentlich nehme und gerade die gänzliche Ausrottung verstehe. כי־מהם. Gewönlich nimmt man die Worte so: denn auch wehe ihnen, wenn ich von ihnen gewichen bin. Vgl. Cappellus S. 641. Vitringa ad Jes. T. I. 261. a. Wenn aber dieses Wort recedere heissen soll, dann wird es mit einem ם geschrieben. So lesen nun freylich wol einige Handschriften: allein der Sinn fällt matt ab,

gegen

gegen das Vorhergehende. Ich billige also die Conjektur eines neuern Auslegers, davon ich mehr reden will, wenn ich in der Ordnung an ihn komme. Vulg. Quod & si enutrierint filios suos, absque liberis eos faciam in hominibus: sed & vae eis cum recessero ab eis. Ihr Text scheint dem unsrigen völlig gleich gewesen zu seyn, ausgenommen, daß sie statt מֵאָדָם scheint בְּאָדָם gelesen zu haben. Ihr folgt Struensee am meisten. LXX. Διοτι καὶ εαν εκθρεψωσι τα τεκνα αυτων, ατεκνωθησονται εξ ανθρωπων· διοτι καὶ οὐαι αυτοις εςι· σαρξ μου εξ αυτων. Ganz unserm Texte gleich, ausgenommen ein Wort, wo sie eine possirliche Leseart, nehmlich בְּשָׂרִי gehabt haben. Wie sehr man ehedem alles begierig aufrafte, was auf die Lehre von Christo gedrehet werden konnte, siehet man selbst aus folgendem Urtheile eines grossen Critikers von dieser Lesart. Cappellus schreibt davon am a O. sensu quidem non incommodo, quo significatur Jesu Christi incarnatio iuxta illud Jo. I, 14. quam carnem adsumpsit J. Chr. ex gente Judaica. Jon. Nam etiamsi enutrient filios suos, orbabo eos, ne in viros euadant; quia etiam vae illis, cum sustulero majestatem meam ab eis. Sehr gut gefällt mir die Erklärung dieses Paraphrasten von בְּאָדָם. Dis paßt in den Zusammenhang sehr gut. גדל heisse das Großziehen bis zum Jünglingsalter, als-

denn

denn raffte sie Gott hinweg, daß sie das männliche Alter nicht erreichten. Syr. Etiamsi filios educaverint, extinguam eos ex hominibus: nam, vae illis, ultionem sumpturus sum ab eis. שכל hat er in dem allgemeinen Sinne extinguere genommen, und von שׁכר gebraucht er ein solches Wort, womit er sonst השׁיב auszudrücken pflegt. Ar. Nam etsi filios suos educauerint, orbabuntur ex hominibus: quia vae illis est: corpus meum ex ipsis est Aphrem. Damit er aus der albernen Leseart der LXX doch einen bessern Sinn herausbringen möchte, zieht er aus dem folgenden V. אפרים noch hieher, so daß nach seiner Uebersetzung und Abtheilung der Sinn herauskömmt: Ephraimitae inter iudaeos sunt corpus meum. Alsdenn stände der Vers mit sich selbst im Wiederspruche. Ich will ihnen die Kinder sterben lassen: Denn die Volk habe ich sehr wehrt. — Wie hängt das zusammen? Der Sinn Menanders: ον οι θεοι φιλουσι αποθνησκει νεος kann hier nicht allegirt werden, weil dieses Sterben der Kinder durchaus nach dem vorigen Zusammenhange göttliche Drohung seyn soll. Aq. gibt das streitige מהם כשׂורי, εκκλιναντος με απ' αυτων Houbigant will lesen בשׁובי. cum ego avertar ab eis. Er meint, die LXX hätten שׁראו gelesen. Warum fiel ihm das leichtere und natürlichere בשׂרי nicht ein? Grotius gibt den Anfang so: Si quibus contingat liberos ad

ali-

aliquam aetatem educere, faciam in loca Af-
fyriaci imperii auehantur. Praeterea multa
mala iſtis euenient in iſto exilio, ubi eos penitus dereliquero. Eine recht fließende Erklärung des Maſorethiſchen Textes. Burk gibt das
מאדם: vt non ſit homo ſuperſtes und vertheidigt übrigens mit Gebhardi die Leſeart
בשׁורי in dem Sinne von recedere. Dathe:
Si quibuſdam forte contingat, liberos ad
aliquam aetatem educare, tamen illos his iterum priuabo. Vae enim illis, a quibus dif-
ceſſero! — Jeder ſieht nun, in Vergleichung
mit dem vorigen, wie dieſer Ausleger die Worte
nimmt. Meine Ueberſetzung unterſcheidet ſich
darinn von der Dathiſchen, daß ich das מאדם
beſtimmter ausgedrükt habe. Bahrdt gibt das
כי־אם, ja wenn ſie auch und das ו vor
שׁכלתים dennoch. מאדם, trucidabo ante
quam virilem aetatem adſequantur. Er folgt
darinn dem Chaldäer. Er glaubt auch, daß
בשׁרי ſtatt בכורי ſtehe. Jn *recedere me* b. i.
cum fauorem opemque omnem detraxero.
Michaelis: Zögen ſie auch ihre Kinder groß,
will ich ſie doch an Volk arm machen: ſelbſt die
Bothſchaft von der Geburt eines Sohnes ſoll
ihnen eine Trauerbothſchaft ſeyn. — Er drükt
zuvörderſt das מאדם mit einigem Nachdrucke
aus, dann weicht er von den Puncten ab und
theilt die lezten Worte ſo: בשׁורים הם; namque

que et laeti nuncii (de nata sobole) vae illis sunt. Ich muß gestehen, daß ich diese Conjektur sehr glüklich finde, sie ist natürlich und gibt einen leichten und guten Sinn. Schröer: Wenn sie auch ihre Kinder erziehen sollten, so will ich sie doch alles dessen, was Mensch ist, berauben; Ja ihnen selbst (als Eltern) soll Weh geschehen, wenn ich von ihnen gewichen bin. — Ein wenig gezwungen, nicht fliessend genug! Pfeifer: Ziehen sie gleich ihre Kinder groß: so rott ich sie doch aus der Zahl der Lebenden aus: Ja! wehe ihnen! daß ich von ihnen weiche. — Auch in diesem V. sezt er die uneigentliche Erklärung fort. Der Staat, bemerkt er, mochte also immer sich etwas heben: so war dis doch nie der wahre Weg zum Glück zu gelangen Es war der gerade Weg zum Unglück und göttlichen Strafen. Hezel: Und zögen sie auch Kinder groß — doch sollen sie verwaiset von Menschen werden (d. i. arm an Menschen seyn — durch Krieg, Hungersnoth und Seuchen). Wehe denen, von welchen ich weiche. Newcome: Yea, if they bring up their children, I will destroy them from among meh, For surely woe unto them, when I depart from them. Er vergleicht 5 Mos. XXXII, 25. Michä VI, 14. und bemerkt, daß 3 Handschr. und gebr. Ausg, מכסף lesen. In dem Appendix wird eine Anmerk. von Secker angeführt: they shall become childless among men as 1 Sam. XV, 33.

Z

13.

V. 13

Sehr glüklich hätte Ephraim seyn können, die Natur hatte seine Lage und seine äussern Vortheile sehr begünstigt. Da es aber nicht den richtigen Gebrauch davon machte, sondern seines Wohlthäters vergaß: so soll auch nun sein Unglück desto grösser seyn. אפרים steht wieder statt des ganzen Israelitischen Reichs. כאשר ראיתי Als ich es sahe, habe ich diese Worte übersezt. — Dis kann aber nicht wol statt finden, da keine bestimmte Zeit angegeben wird, worauf sich diesesals beziehen könnte, man müste denn glauben, daß auf den 10 V. Rüksicht genommen wäre. Jezt wäre ich geneigter zu übersetzen; wenn ich es so sehe, nehmlich vor mir liegend. לצור שתולה בנוה— diese Worte übersezt man gewöhnlich: wie Tyrus gepflanzt in seinen Weideplätzen! Vgl. Ezech. XXXIV. 14. 2 Sam. VII. 8. Wenn ich auch glaubte, daß ל stat. כ hier stehen könnte, so ist doch ein gewisser Zwang in dieser Uebersetzung. Wie kömmt Tyrus natürlicher Weise hieher? Und wie wird ein ganzes Reich mit einer Stadt glüklich verglichen? Man glaubt, darauf werde gezielt, daß die Tyrier dem Salmanasser so glüklichen Wiederstand leisteten. Vgl. Josephus antiq. IX, 14. ed. *Haverc.* Andre geben das ל bis. Das Gebiet Israels habe sich bis nach dieser Stadt hingestreckt, so daß also die Weite und
Grösse

Gröſſe dieſes Landes hier gemeynt werden ſolle. נוה kömmt in der Bibel von Weideplätzen mehrmals vor. Alle waſſerreichen und an die See gränzenden Länder haben daran keinen Mangel, folglich auch nicht das Iſraelitiſche Reich. Da aber die ältern Ueberſetzer nicht an Tyrus gedacht haben: ſo iſt auch kein neuerer Erklärer verpflichtet, das Wort gerade als ein nomen proprium von jener Stadt zu nehmen, um deſto weniger, da es ein nomen appellativum ſeyn und als ein ſolches einen guten Sinn geben kann. צור heißt auch ein Felſen. Wenn man auch an die Gebirge, welche das Reich begränzen, gedenkt, ſo gibt doch dieſe Erklärung nicht den Sinn, welchen ich vorziehen würde. צור heißt auch oft formare, pingere, in den geſammten Morgenländ. Sprachen. לצור kann alſo ſo viel heiſſen, als לסין, כתמת ſ. w. ad formam arboris, veluti plantata. Nun folgt der Nachſaz des Perioden oder das Prädikat. להוציא־בניו. Das ל ſteht im kurzen Reden oft abſolute — es muß dem Würger ſeine Kinder herausführen, gleichſam zur Schlachtbank in den grauſamen Kriegen des Salmanaſſers. Vgl. Pſ. 128. 3. Waren ſie ehmals mit Kindern geſegnet, wie ein fruchtbarer Baum mit Früchten geſchmükt iſt, ſo ſollen ſie nun alle ihre Kinder hergeben. Dieſer und der folgende Vers ſcheinen ein Einſchiebſel des Propheten, ein Ausruf, welcher zwiſchen der Weiſſagung mitten inne ſteht, zu

ſeyn

seyn. Dis scheint die folgende Veränderung der Rede zu bestätigen. Vgl. Vitringa ad Jes. T. I. 666. a. Die alten und neueren Uebersetzer geben dem Ausleger Stoff genug an die Hand, mehrere Betrachtungen anzustellen. Vulg. Ephraim, vt vidi, Tyrus erat fundata in pulcritudine: & Ephraim educet ad interfectorem filios suos. Er hat צור ohne ל gelesen und vielleicht statt להוציא etwa יציא. LXX. Εφραιμ, ον τροπον ειδον, εις θηραν παρεστησαν τα τεκνα αυτων, και Εφραιμ, τȣ εξαγαγειν εις αποκεντησιν τα τεκνα αυτων. Statt לצור gelesen רציד, statt שתולה בנוה hingegen שתו בניהם, oder שתו לה בניה. Vgl. Cappellus S. 590. 600. 688. und daselbst Scharfenberg. Jon. Donec coetus Jsrael opere compleuit legem, par erat Tyro in prosperitate sua atque abundantia: peccauerunt qui de domo Ephraim, mactando cultui idolorum filios suos. Abgerechnet das, was zur Paraphrase gehört, hat der Chaldäer im Anfange mit uns so ziemlich gleich gelesen; aber am Ende ist er ganz auf andre Gedanken gerathen, hat nicht an Salmanassers Kriege, sondern an das Aufopfern der Kinder an den Moloch gedacht. Syr. Aphrem, quemadmodum vidisti Tyrum consitam aedificiis suis, ita Aphrem producet filios suos ad necem. Er hält also die Worte von כאשר bis בנוה für die Vergleichung,

nimmt

nimmt נוה für Gebäude, so daß das erste Glied des Verses den blühenden Wohlstand des Reichs bezeichnen und das andre Glied ausdrücken soll, wie dieser Wohlstand durch die blutigen Kriege vermindert werden solle. As. Prout vidi, addixerunt filios eorum venatui, & Aphremum vt produceret filios suos ad confossionem. Schon beym vorigen V. habe ich erinnert, daß dieser Uebersetzer das erste אפרים noch dorthin ziehet. Uebrigens ist hier die Leseart, wie gewöhnlich, den LXX gleich. Aq. und Symm. geben die Worte לצור שתלה בנוה ως ακροτομον πεφυτευμενην εν κατοικια. Von ακροτομος, praeruptus s. w. ist Biel Thes. s, h, v. nachzulesen. Theod. εις πετραν πεφυτευμενοι, οἱ υιοι αυτης. Sein Sinn ist: Israelitae sic viuunt, vt Deus non possit non ipsos furori hostium tradere, qui nec infantibus parsuri sint. Vielleicht שתולים gelesen und בניה. Houbigant will lesen ראיתיו und nimmt ל in der Bedeutung von כ. Grotius bemerkt zwar die Verschiedenheit in den alten Uebersetzern, gibt es aber doch: Gens Ephraimitica, quasi adspicerem Tyrum, ita stabilita erat in amoenis locis v. Ezech. XXVIII, 12. Hr. D. Döderlein weicht hier, wie ich glaube, richtig von Grotio ab: Ex mea sententia, schreibt er, ציר vim habet communem et significat petram. Verto: video Ephraim (Ephraimitas) destinatos esse rupi vel petrae, ut in ea infantes allidan-

Hosea VIII, 13.

lidantur. Eine schöne, für die Folge sehr gut passende, Erklärung. Vgl. Pf. 137. 8. 9. Den Nachdruck vor להוציא nimmt Grotius so: ab hostibus cogetur producere. Burk supplirt aus dem Vorderfatze den Nachsatz: sic Ephraim quoque plantatus fuit in loco amoeno. Er ist gegen die Erklärung von einem Felsen, aber ohne Grund. Dathe: Jam quidem Ephraim similis est Tyro in loco amoenissimo sitae. Sed idem Ephraim cogetur filios suos necandos hostibus suis producere. Das כאשר ראיתי hat er entweder ganz ausgelassen oder durch das jam quidem ausdrücken wollen. Meine Uebersetzung richtet sich noch nach der gewöhnlichen Erklärung; aber bei einer neuen Auflage werde ich Tyrus daraus verbannen. Hr Bahrdt glaubt, wir hätten den richtigen Text nicht; weil die Alten so verschieden übersetzen. Er hält folgendes für den ächten Text: אפרים כאשר ראיתי לציר שת לו בניו. אפרים להוציא אל הורג בניו.
Ephraim vt video venationi destinauit liberos suos. Ephraim in educere (in eo est vt educat) ad laniatorem liberos suos. Ich sehe aber nicht, warum die Aenderung vorzunehmen; es ist ja klar, warum die alten verschieben übersezt haben und unser gewöhnlicher Text kann, wie mich dünkt, sehr gut erkläret werden. Michaelis: Wenn ich nach Tyrus hin sehe, liegt Efraim wie ein in einer schönen Gegend angelegter Garten: aber Efraim muß seine Kinder dem

Mör-

Mörder Preis geben. — In der Anmerkung erinnert er, daß das Land, welches ehedem den Efraimiten gehört hat, wirklich eines der schönsten in ganz Palästina gewesen sey und sich gegen Tyrus gewendet habe. Er hält seine Uebersetzung für die beste, welche er habe finden können, glaubt aber doch, es sey ein Schreibfeler im Texte, den wir nicht im Stande wären zu verbessern, weil er vermuthlich zu alt sey. Schröer: Ephraim ist, wie ichs bis Tyrus hin ansehe, in einer angenehmen Gegend gepflanzt; Allein Ephraim ist nur dazu da, daß es seine Kinder zu dem, der sie tödtet, herausführe. — Er nähert sich in seiner Erklärung der Michaelischen. Hier wird, schreibt er in der Anmerkung, das Land der 10 Stämme gar nicht Tyrus verglichen, sondern, wie es die Sprachart der Hebräer gibt, nach der Lage bis nach Tyrus als ein Lustgarten, beschrieben. Dfeifer: Ephraim wohnt wie Tyrus in schöner Gegend: Ephraim, herausführen soll es zum Würger seine Kinder. — Er erläutert diesen W. also: die Länder, welche das Königreich Israel ausmachten, waren herrlich; waren so herrlich, als das benachbarte Tyrus. Es hätte seine ruhigen Einwohner glüklich ernähren können. Aber — statt dessen liefern sie sich selbst dem Würger in die Hand. Rufen Feinde ins Land, werden Beute der Ausländer. Hezel: Ephraim, als ichs ansah (besuchte, d. i. mich dessen annahm, dessen Wohlstand beförderte) war zu

einem

einem Tyrus. Eben bis Ephraim muß nun (bald) dem Würger vorführen seine Söhne! — Dis versteht er nun von den damaligen Kriegen, vom Hunger und von der Pest. Newcome: As J have seen Ephraim planted on a rock in a desirable place. So likewise shall Ephraim bring forth his sons to the murtherer. Er nimmt die Bedeutung von Fels an. Er ließt ferner ביאוה. The situation, schreibt er, of Samaria on a mountain was both strong and pleasant. Vgl. Amos III, 9.

V. 14.

Das bevorstehende Elend der Jsraeliten, die unbarmherzige Weggraffung ihrer mit Schmerzen gebohrnen und mit Sorgen und Mühe so weit erzognen jungen Mannschaft preßt dem darüber gerührten Propheten den Wunsch ab, daß doch Gott lieber den Leib und die Brüste der Mütter verschliessen möchte, daß sie lieber keine Kinder gebähren, als solches Herzeleid erleben möchten. מה-תתן — תן-יהיה. Gib ihnen, Herr! Nicht, wie es einige genommen haben; was du ihnen gegeben hast, oder geben willst: sondern ich nehme lieber eine Frage an; doch was willst du geben? Er ist noch zweifelhaft, fluchen will er nicht gern. תן-משכיל. Gib ihnen lieber unfruchtbaren Leib. רחם kömmt von der Gebärmutter mehrmals vor, משכיל ist das Part.

Part. Hiphil, von שכל vgl. v. 12. Einen abortirenden Leib, welcher zwar empfängt und die Frucht eine Zeitlang trägt, aber sie nicht zur Reife bringt. ושדים צמקים und trockne oder welke Brüste, welche keine Milch, keinen Saft und keine Kraft haben. צמק flaccescere. Eine ähnliche Stelle finden wir Lucä XXIII, 29. Vgl. Vitringa ad Jef T. II. S. 218. a. Vulg. Da eis Domine. Quid dabis eis? Da eis vuluam sine liberis & vbera arentia. Ihr Text ist dem unsrigen völlig gleich und ich halte ihre Uebersetzung für die beste. LXX. Δος αυτοις κυριε, τι δωσεις αυτοις; Δος αυτοις μητραν ατεκνουσαν, και μασθες ξηρους. Eben so, wie die Vulgata. Beide haben להם nach כה־תתן wiederholt. Jon. Da eis Domine retributionem operum suorum, tribue eis vuluam orbantem & vbera arentia. Es scheint, er hat gelesen מה יתני, quae dederunt sc tibi. Vergilt ihnen gleiches mit gleichem. Syr. Da eis, Domine, quod daturus es: da eis vuluam sterilem & vbera arida. Diese Uebersetzung von מה־תתן macht eine unangenehme Tautologie. Ar. Da illis, o Domine, quid dabis eis? da illis uterum non generantem & vbera sicca. Wie bei den LXX, so ist auch hier das להם nach כה־תתן wiederholt. Grotius will b. Vulg verbessern und übersetzt: quod daturus es. Dis erklärt er; quomodo daturum te dixeras, nempe sterilitatem aut infantes

ωκυμόρꝰς (morte morituros immatura). Propheta, schreibt er, cum audiuit futurum, vt parentes hostibus filios suos proderent, orauit Deum, vt minore poena contentus esset. Das משכיל gibt er abortientem und die beiden lezten Worte: non sint vlli, quos lactent infantes. Burk moralisirt hier, statt zu interpretiren. Dathe: Da illis, o Deus! & quid? vuluam partus abiicientem atque vbera arida! Er macht die richtige Anmerkung: sunt verba prophetae ex amore erga populares suos optantis, vt steriles potius sint Jsraeliticae seminae, quam vt liberi ab eis nati & educati ab hostibus interficiantur. Ich habe das מה-תתן gegeben: was soll ich bitten? Der Sinn ist gleich; aber mich dünkt, dis klinge im Deutschen besser. Michaelis: Gib ihnen, Jehova, — — doch was sollst du ihnen geben? — unfruchtbaren Leib und trokne Brüste. — dem Sinne nach gut, aber die Worte sind nicht genau nach dem Masor. Texte hier übersezt. Vor רחם ist das תן-להם nicht ausgedrükt. Schröer: Gib ihnen, Herr, was solst du wohl geben? gib ihnen einen unfruchtbaren Leib und vertroknete Brüste. Pfeifer: Gieb ihnen unzeitig gebährende Leiber, vertroknete Brüste. — Auch dis nimmt er, wie die vorigen Verse, uneigentlich. Ist wol, schreibt er in der Anmerkung, ein frommer Wunsch des Propheten, der lieber gar keines, als dies unglükliche Zunehmen des Staates wünschte. Lieber gar keine
Kin-

Kinder, als böse Kinder! Luther hatte versiegne Brüste. Dis verbessrt Jezel durch trockene, welches er erklärt, wie die der nicht säugenden Frauen. In dem Uebrigen der Anmerkung wird nur die von mir schon angegebne Absicht dieses Verses bestimmt. Newcome: Give them, o Jehovah what wilt thou give? Give them a miscarrying womb, and dry breasts.

V. 15.

Nun fährt Gott wieder in seiner Rede fort. Er zeigt, wie sie durch ihre Abgötterey seinen gerechten Unwillen erwecket hätten, und wie freylich von dem gemeinen Volke kaum etwas besseres zu erwarten stehe: da dessen Häupter nichts taugten. Man kann auch diesen Vers als eine Antwort Gottes auf das Einschiebsel des Propheten ansehen. כל־בגלגל. Alles ihr böses, ihr Hauptverbrechen, geschieht zu Gilgal. Von Gilgal ist bey IV, 15. schon das Nöthige erinnert worden. כי־שׂנאתים. Denn daselbst habe ich Haß gegen sie gefaßt, meine bisherige Liebe gegen sie in Abneigung und Haß verwandelt. על־כל־אנשם. Um aller ihrer bösen Werke, der Abgötterey, willen, werde ich sie aus meinem Tempel vertreiben, sie sollen mir nicht vor mein Angesicht kommen. Eine Folge des Vorigen. Hierdurch zeigt sich Gottes Abneigung gegen sie thätig. לא־אהבתם. Ich

Ich will sie nicht weiter lieben, so lange sie nehmlich in solchen Sünden beharren und nicht zur ernstlichen Reue, Umänderung und Besserung ihres Lebens kommen. כל־סוריהם. Alle ihre Fürsten, Vorsteher, Häupter des Volks, welche den Geringern gute Beyspiele durch Gesetze, Lehren und den eignen Lebenswandel geben sollten, sind Rebellen, welche sich gegen meine Propheten, gegen meine Verordnungen und Anstalten auflehnen Vgl. Vitringa ad Jes II, 607. b. Vulg. omnes nequitiae eorum in Galgal, quia ibi exosos habui eos: propter malitiam adinuentionum eorum, de domo mea eiiciam eos: non addam vt diligam eos, omnes principes eorum recedentes. Unserm Texte ganz gemäß: nur ist das אסף zu wörtlich durch addere übersezt, welches hier doch blos eine Partikel ausdrücken soll I.XX. Πασαι αι κακιαι αυτων Γαλγαλ, οτεκει εμισησα αυτυς δια τας κακιας των επιτηδευμάτων αυτων εκ τυ οικυ μυ εκβαλω αυτυς, υ μη προσθησω τυ αγαπησαι αυτυς· παντες οι αρχοντες αυτων απειθυντες· Unserm Texte gemäß und mit der Vulg. gleich übersezt. Jonath. Omnes illorum nequitiae manifestae fuerunt coram me in Galgal, nam ibi exsecratus snm eos; propter malitiam operum suorum de domo sanctuarii mei eiiciam eos, nec addam illos amore prosequi cum omnes principes eorum sint rebelles. Mehr Uebersetzung

ſetzung als Paraphraſe und mit unſerm Terte übereinſtimmend. Die Ellipſe im Anfange iſt hier ſo ſupplirt גלי קדם, manifeſtae fuerunt coram me. Syr. Omnia ſcelera eorum in Galgale *fuerunt*, nam ibi odi eos propter nequitiam facinorum ſuorum: e domo mea eiiciam eos & non pergam miſereri eorum: omnes principes eorum ſunt refractarii. Etwas iſt hier anders conſtruirt. Zu שנאתים ſind die Worte על־מעלליהם gezogen, welche die Meiſten und auch die Accente zu dem folgenden Zeitworte אגרשם rechnen. Ar. Omnes turpitudines eorum in Galgale *perpetratas*: illic enim odi eos propter turpitudines actionum ſuarum: e domo mea expellam eos & non diligam eos amplius: omnes principes eorum ſunt rebelles. Er conſtruirt, wie der Syr. Houbigant erklärt den Ausdruck מביתי אגרשם alſo: non quidem tota ex terra, quam promiſi patribus eorum, vt Grotius interpretatur; neque enim vſquam terra Iſrael venit pro domo Dei. Sed domus Dei ſic accipienda, vt ipſa *domus*; quia decem tribus domus Dei pars aliqua erant, quoniam Dei leges multas retinuerant, nec eius cultum penitus abjecerant; ita vt populis extraneis viderentur adhuc eſſe populus, vel domus Dei. Viel dunkles und nicht deutlich Gedachtes liegt in dieſer Erklärung. Grotius hat doch noch etwas Myſtiſches in ſeiner Erklärung, darauf ihn

ihn hier wol seine Gelehrsamkeit führt. Non
nunc primum incipiunt peccare in Gilgale,
schreibt er, iam dudum id fecerunt, cum Sa-
muelem contemserunt 1 Sam. XI, 15. itaque
merito eum locum odi. Myſticus ſenſus
eſt: Judaeos per ſummum ſcelus effecturos,
vt Chriſtus crucifigatur in גלגלתא (*Golga-
tha*): nam hoc nomen idem eſt cum גלגל
(*Gilgal*), niſi quod Syriaca eſt pronunciatio.
Wie er בית hier nehme, erhellt schon aus dem,
was ich von Houbigant angeführet habe. Das
סרים erklärt er von der Abgötterey oder Vorstellung Gottes durch Kälber. Aus Burk ist
hier nichts wichtiges anzuführen. Dathe: Sum-
mam malitiam Gilgale exercent; ibi adeo
mihi exoſi ſunt, vt eos non poſſim non
propter ſumma ſua ſcelera e domo mea eiice-
re: non amplius eos amabo; omnes principes
eorum ſunt rebelles. Hier ist in besserm Latein
das ausgedrückt, was andre mehr nach den Hebräischen Worten gegeben haben. Bahrdt meynt:
das כל führe auf confluxum ſcelerum. *Gilgal*, schreibt er, erat locus, vbi Joſua (c. 5.)
circumciſionis foedus renouauerat & cultus
poſtea idolorum inſtitutus eſt. Propterea
ibi odium in eos concepi i. e. hinc mala
omnia deriuanda, quibus Iſraelitas et coer-
cui et coercebo. בית nimmt er vom Tempel,
dis ist viel natürlicher und richtiger, als Houbigant's Erklärung. Ich habe es gleich so genommen

men, bis ist die erste Idee, welche sich einem aufdringt. Michaelis: Alles ihr Böses üben sie zu Gilgal, da sind sie mir verhaßt: wegen ihrer Uebelthaten will ich sie aus meinem Lande treiben, und aufhören sie zu lieben. Alle ihre Obrigkeiten sind Uebelthäter. — Er nimmt בית, wie Grotius, von Palästina. Schröer: Alle ihre Bosheit ist zu Gilgal, daher habe ich daselbst meinen Haß bezeiget; Ich werde sie um der Bosheit ihrer Werke willen aus meinem Hause stossen (wie einen untreuen Ehegatten), ich werde sie nicht wieder lieben; alle ihre Obrigkeiten sind widerspenstig. — Von בית hat er eine eigne der Grotiussischen nahe Erklärung. Gott siehet hier, schreibt er in der Anmerkung, sein ungehorsames Volk als eine Ehebrecherin, die man aus dem Hause stößt, an, und will es aus seinem Lande stossen. Das אוסיף gibt er gut durch eine Partikel, und nimmt den Satz in dem Sinne: Ich will sie nicht wieder ins Land Canaan aufnehmen, ob er ihnen gleich nicht die geistliche Liebe und Gnade unter den Heiden im Exsilio versagte. Pfeifer: All' ihre Bosheit war schon in Gilgal Daß ich sie da haßte. Wegen ihrer bösen Werke Trieb ich sie von meinem Hause; Kann sie auch nicht mehr lieben. Denn alle ihre Fürsten sind Rebellen. — Er glaubt auf einen alten, schon sehr frühzeitig in dieser Gegend eingerißnen, Götzendienst beziehe sich das. Aber das Nähere fehle in der Geschichte: Es müsse ein

ein grosses Verbrechen gewesen seyn, weil Gott seinen Haß darauf setze. בית versteht er von der Absonderung der Jßraeliten vom Tempel in Jerusalem unter Jerobeam I. Dis habe nun wol Jerobeam I. aus politischen Ursachen gethan. Der Prophet sehe aber die Sache an, als habe Gott eben dadurch die Jßraeliten strafen wollen. Der völlige Entschluß Gottes sey hier auf alle Zukunft, vgl. v. 11. Gleich Anfangs hätten die Jacobiten Gott aufgebracht — sie hätten in Beleitignngen fortgefahren. Nun könne Gott gar nicht mehr gnädig werden, wie dis die folgenden V. zeigten. Hezel nimmt auch בית vom Lande, weil Gott darinn, als in seinem Hause, wohne Jes. 48, 19. 49, 5. Weil sie ihn nicht liebten, sondern Bilder und Götzen: sollten sie auch keine Gegenliebe von ihm zu geniessen haben. Newcome: All their wickedneſs in Gilgal *is before me* (die Ellipse des Chaldäers): For there have J hated them. For the evil of their doings J will drive them from mine houſe (wie VIII, 1. Statt family, heritage) J will no longer love them: All their Princes *are* revolters.

V. 16.

Was bereits vorher versichert war, wird aufs neue wiederholt, Ephraim solle durch Unfruchtbarkeit gestraft und seines blühenden Wohlstanſtandes beraubt werden; wer aber doch gebohren würde, ſolle im Kriege und der damit verbundenen Noth aufgerieben werden. הכה אפרים Ephraim iſt geſchlagen, von einer Krankheit, von einem Unglücke getroffen, die Metapher iſt von einem Baume entlehnet, welchen ein Zufall und eine Krankheit betrifft, ſo daß er allmählig vertroknet. נכה iſt der Radix. שרשם יבש ſeine Wurzel iſt verdorret oder vertroknet, die Folge von jenem Zufalle. פרי בל־יעשון Frucht bringen ſie, die Iſraeliten, an deren ſtatt Ephraim geſezt war, nicht; eine natürliche Folge, wenn die Wurzel verdorret. Die Abnahme des innern Wohlſtandes machte, daß auch die Fruchtbarkeit der Ehen abnahm. גם כי ילדון Geſezt auch, ſie würden gebähren — das ן paragog. ſo wie bei dem vorhergehenden Zeitworte. והמתי במנם — ſo will ich ihre geliebten Leibesfrüchte (deſideria vteri ipſorum) tödten, durch den Krieg und die damit verbundnen Landplagen aufreiben. Vgl. Vitringa ad Jeſ. T. I. 131. a. Vulg. Percuſſus eſt Ephraim, radix eorum exſiccata eſt: fructum nequaquam facient. Quod & ſi genuerint, interficiam amantiſſima vteri eorum. Ganz unſerm Texte gemäß. LXX. Επονεσεν Εφραιμ. τας ριζας αὐτȣ εξηϱανϑη, καϱπον ȣκ ετι μη ενεγκῃ. διοτι καὶ εαν γεννησωσιν, αποκτενω τα επιϑυμηματα της κοιλιας αυτων· Es ſcheint, ſie hätten gelesen. עשוֹ יׂסִפוּ בֶּל non addent facere fructus. Jonath. Domus Israel similis est arbori, cuius radix vredine percussa est deorsum, & siccatur ramus eius sursum; fructum non faciet: etiamsi educauerint filios, interficiam viscerum eorum pulcritudinem. Als Paraphrast erklärt er mehr, als daß er übersetzen sollte. Doch scheint er, mehr ירדון als ידרון gelesen zu haben. Wie v. 12. Syr. Percussus est Aphrem in radice, exaruit, ne fructus afferat: & si forte filios genuerint, morte afficiam optatum viscerum eorum. Hier ist anders construirt, שרשם ist zu הכה gezogen, und יבש mit dem folgenden verbunden. Araber. Fatigauit Aphrem radices suas, exaruit, neque proferet fructum deinceps: quia licet genuerint, occidam desideria vterorum eorum. Die Construction ist, wie im Syrer, und dadurch ist eine Abweichung von den LXX entstanden. Grotius will הכה im Futuro nehmen: percutietur sc. sterilitate. v. 11. Ps. 102, 5. שרש erklärt er durch vis genitrix. Er glaubt, der Urheber der Vulg. habe amatissima geschrieben d. i. liberos diu optatos, und daraus sei amantissima entstanden. Burk ist hier zu mager, als daß sich etwas von ihm nehmen liesse. Darbe: Ephraimitae percutientur, radix eorum exarescet, fructum non feret. Liberos, si quos pepererint, adamatos licet perimam. Er nimmt die Zeitwörter

Hosea VIIII, 16.

ter in der zukünftigen Zeit; und macht selbst über seine Version die Anmerkung: Tropum in versione retinui intellectu non difficilem & in altero membro ab ipso propheta explicatum. Sumtus est a stirpibus, quae vermibus, ardore solis aut caeli asperitate tactae exarescunt. Eaedem minae sunt sterilitatis, quae supra v. 11. & sequenti leguntur. Meine Uebersetzung ist dem gewönlichen Texte gemäß und wird leicht verständlich seyn. Hr. Bahrdt bemerkt: הכה dicitur de stirpibus, quae solis ardore aut vermis morsu laeduntur, ita vt exarescant. Jon. IV, 7. Sensus: Ephraim hat seinen Rest! בל ist die richtigere Leseart, בלי heißt sine und erfordert ein Nennwort, wie auch schon Houbigant bemerkt. עשׂי ץ kömmt Ps. 1. eben so vor, de arboribus, quae fructum ferunt. Daß unter fructus soboles verstanden werden müsse, lehrt die Folge. desideria ventris sind liberi desideratissimi. So schreibt auch Cicero: valete desideria mea, valete! Michaelis: Ephraim ist so geschlagen, daß die Wurzel vertroknet ist, Früchte werden sie nicht tragen; bekämen sie auch Kinder, so will ich die geliebte Frucht ihres Leibes tödten. — Er nimmt auch richtiger die Verba im praerito. Schröer: Zerschlagen ist Ephraim, ihre Wurzel vertroknet, sie bringen keine Frucht; (sie zeugen nicht viel Kinder). Wenn sie auch was Kinder zeugen sollten, so will ich das Verlangen (die Frucht) ihres Leibes tödten.

In Abſicht des Deutſchen erinnere ich nur, daß das was ſtatt etwas ſchon in der erhabnen Sprache nicht zu billigen, und überhaupt etwas Kinder keine gute, hieher paſſende, Redensart ſey. Aus מחמד נשים will er Dan. XI, 37. erklären; welches mir aber e was zu geſucht ſcheint; beide Stelle ſind verſchieden. Pfeiffer: Geſchlagen iſt Ephraim, Ihre Wurzel trofnet aus, Bringt keine Frucht mehr. Wenn ſie auch Kinder zeugten; Würd' ich ihre Lieblinge tödten. Hezel führt Krieg, Hunger und Peſt an, wodurch Ephraims Wohlſtand ſo abnahm. Newcome: Ephraim is ſmitten: their root is dried up: They ſhall not yield fruit. Moreover if they bring forth, J will ſlay the beloved children of their womb.

V. 17.

Ihres Ungehorſams wegen werde ſie Gott unter fremde Völker verſtoſſen. ימאסם אלהי Mein Gott wird ſie verſtoſſen. Nach dieſer Leſeart redet der Prophet, welcher Gottegehorſam geweſen war und ihn alſo noch mit Recht ſeinen Gott nennen konnte. Ich werde aber hernach zeigen, daß nicht alle Alte das ſuff. 1 perſ. nach Gott ausgedrückt haben; dieſes ziehe ich vor, weil es ſehr viel gewönlicher iſt, daß die Propheten in ſolchen Verbindungen lieber Gott ſchlechtin, als mein Gott ſagen. DND reiecit, ſpreuit,

Hosea VIIII, 17.

uit, improbauit ist ganz bekannt und gewöhnlich in den Propheten. כִּי לֹא־. Weil sie ihm nicht gehorchen; der natürliche und hinlängliche Grund, warum er sie, als ungehorsame Kinder verstößt und diejenigen, welche nicht hören wollen, fühlen und seine g'rechten Strafgerichte empfinden läßt. שמע heißt in solchen Verbindungen audire cum effectu, also gehorchen, folgen. וְיִהְיוּ־ נֹדְדִים und sie werden unter den Völkern umherschweifen; ohne König, ohne Fürsten umher irren. Es war die natürliche Folge, da sie ins Elend geführet wurden, daß sich theils manche verliefen, hier und da auf dem Marsche hängen blieben, die an dem Orte ihrer Bestimmung selbst aber Angelangten doch nicht alle an einem Orte bleiben konnten, sondern verlegt und vertheilt wurden. Vulg. Abiiciet eos Deus meus, quia non audierunt eum: & erunt vagi in nationibus. Ihr Text ist mit unserm jetzigen ganz conform gewesen und ihre Uebersetzung ist genau und fliessend deutlich. Sie hat auch ein suffixum primae personae nach Gott ausgedrukt. LXX. Απωσεται αυτες ο Θεος, οτι εκ εισηκεσαν αυτε, και εσονται ως πλανηται εν τοις εθνεσιν· Diese für die Critik und Interpretation des A. T. so sehr wichtigen Uebersetzer haben hier kein Suffixum hinter Θεος gelesen und ich wäre wol geneigt, ihre Leseart vorzuziehen, als viel bequemer, leichter und dem Sprachgebrauche der Bibei angemeßner. Jonath. Reprobabit eos Deus meus, quia non attentionem praebuerunt verbo eius, atque errones erunt inter populos, שמע ist in dieser Paraphrase ganz richtig und gut erklärt. Syr. S ernetque eos Deus meus, quia non auscultauerunt ei; & erunt errabundi inter gentes. Ar. Procul amouebit eos Deus, quia non obtemperauerunt ei; & erunt vagi inter gentes. Der Leseart der LXX auch hier ganz gemäß. Grotius nimmt das Suffixum nach Gott ohngefähr so, wie ich es, wenn man es ja beibehalten will, oben erklärt habe: Deus posthac futurus Prophetarum, non et populi. Zum Beweise des נדדים בגוים führt er 2 Kön. XV, 29. XVI, 6. 1 Chron. V. 26. an. Burk findet hier das ius talionis. Weil sie Gott verschmähten und ihm nicht gehorchten, so will sie Gott wieder verschmähen. Zur Vertheidigung des Suff. nach Gott beriest er sich auf v. 8. und 14. An den Sohn Gottes hier zu gedenken, das verwirft er mit Recht und nimmt den Propheten redend an. Am Ende dieses Capitels macht er eine lange Zergliederung von dem, was bisher in diesem Capitel abgehandelt war, damit ich aber meinen Lesern nicht beschwehrlich fallen will. Dathe: Repudiabit eos Deus meus; qui ei obedire noluerint, ideo vagi inter gentes errabunt. Das שמע ist auch hier richtig durch gehorchen gegeben. Ich habe in meiner Ueber-

Hosea VIII, 17.

bersetzung נוררים in der vergangnen Zeit übersetzt und es davon verstanden, daß sie bald bey den Aegyptern, bald bey den Assyriern Hülfe suchten, bald diesen, bald jenen Götzen aufsuchten und ihm in ihrem Lande folgten und Sitz gaben. Babrdt bemerkt zuvörderst, daß שמע und ακουειν die Bedeutung von obtemperare haben und erklärt denn נוד richtig: sedem fixam non habere, vagari, exulari. Michaelis: Mein Gott verwirft sie, weil sie ihm ungehorsam sind: unter den Heiden sollen sie unstät und flüchtig seyn. — Er behält die gewönliche Leseart bey; nimmt שמע richtig und erklärt נדדים als Drohung in der zukünftigen Zeit. Schröer: Es wird sie mein Gott verwerfen, weil sie ihm nicht gehorchen: Dahero sollen sie als Landstreicher (Vagabonden) unter den Völkern herumlaufen. — Er zieht in einer Note gegen die LXX zu Felde, welche im 8 und 9 Kap. dem gewönlichen Terte bey weitem nachstehen müssen und wol nicht richtig abgeschrieben auf unsere Zeit gekommen wären; worinn ihm aber ächte Critiker wol nicht beystimmen werden, wenigstens nicht zum Vortheile des gewönl. Textes. Pfeifer: Verwerfen muß sie mein Gott, Weil sie ihm nicht gehorchten. Sie sollen unter die Völker verjagt werden. — Eine gewisse Kraft und ein Nachdruck ist ohnstreitig in dieser Uebersetzung sichtbar und fühlbar. Hr Hezel zieht das לו hinter שמעו nicht auf Gott,

son-

sondern auf den Propheten, welchen sie nicht hätten gehorchen wollen und deswegen sollten sie als Exulanten unter andern Völkern umherirren. Dis scheint mir aber gezwungen und dis Pronomen viel natürlicher auf Gott gezogen werden zu müssen. Newcome: My God will reject them, because the have not hearkened unto him: And they shall be wanderers among the nations.

Anzeige der wichtigsten Druckfehler.

Seite 2 nach 3 ff. ist) ausgelassen.
— 15 statt genituros ließ geniturus.
— 44 Z. 22 statt ארחתיה — ארחתיה.
— 45 — 10 — Assiriorum — Assyriorum.
— 64 — 27 — in einen — in einem.
— 73 — 15 — זבה — זבח.
— 76 — 17 — von ihn im — von ihm in
— 81 — 24 — Hezrl — Hezel
— 84 — 9 — Steuensee — Struensee
— 86 — 25 — begangen — begiengen
— 93 — 5.25. מתהת — מתחת
— 95 — 12 — כלות — כ ות
— 102— 19 — הגית — הנח
— — — 15.21 — Ar Mich. — Ar. Mich.
— 103— 18 — bey diese — bey dieser
— 110— 10 — שוש — שוש
— 120— 18 — Gericht — Gericht
— 149— 1 — וכחכי — וכחכי
— 157— 22 — Reich der Stämme — Reich der zwey Stämme.
— 160— 11 — שרא קציר — שראקצ יר
— 180— 24 — ihnen — ihm
— 204— 6 — des nicht recht ausgedrückten Worts — עת
— 213— 11 — ענה — ענה
— 216— 9 — fferi — fieri.
— 218— 7 — בשמע — בשמע
— 223— 28 — redidimitur — redimitur
— 227— 6 — χρεμετεζειν — χρεμετιζειν
— 228— 10 — praecibus — precibus

S. 235 Z. 7 statt עבריהם ließ עבדתהם.
— 239— 24 — חכה — חֹזָךְ
— 245— 9 — Tepte — Texte
— 246— 3 = זנה — זנח
— 250— 7 — ינח — זנח
— 251— 10 — חנסות — הנקות
= 254— 14 — יהיא — נהוא

www.ingramcontent.com/pod-product-compliance
Lightning Source LLC
Chambersburg PA
CBHW032021220426
43664CB00006B/322